北京国际商贸中心研究基地研究报告

（2023）

北京国际商贸中心研究基地　编

中国商务出版社

·北京·

图书在版编目（CIP）数据

北京国际商贸中心研究基地研究报告 . 2023 / 北京
国际商贸中心研究基地编 . -- 北京：中国商务出版社，
2024.3

ISBN 978-7-5103-5014-6

Ⅰ . ①北… Ⅱ . ①北… Ⅲ . ①国际贸易中心—研究报
告—北京— 2023 Ⅳ . ① F752.81

中国国家版本馆 CIP 数据核字（2024）第 021113 号

北京国际商贸中心研究基地研究报告（2023）

BEIJING GUOJI SHANGMAO ZHONGXIN YANJIU JIDI YANJIU BAOGAO

北京国际商贸中心研究基地　编

出　　　版：中国商务出版社

地　　　址：北京市东城区安定门外大街东后巷 28 号　邮编：100710

责任部门：商务事业部（010-64269744　bjys@cctpress.com）

责任编辑：张高平

总 发 行：中国商务出版社发行部（010-64208388　64515150 ）

网购零售：中国商务出版社商务事业部（010-64266119）

网　　　址：http://www.cctpress.com

排　　　版：廊坊市展博印刷设计有限公司

印　　　刷：廊坊市蓝海德彩印有限公司

开　　　本：710 毫米 ×1000 毫米　1/16

印　　　张：16　　　　　　　　　　字　　数：283 千字

版　　　次：2024 年 3 月第 1 版　　　印　　次：2024 年 3 月第 1 次印刷

书　　　号：ISBN 978-7-5103-5014-6

定　　　价：69.00 元

审 图 号：京审字（2024）J 第 006 号

序　言

　　北京国际商贸中心研究基地（简称"研究基地"）是由北京市社会科学界联合会、北京市哲学社会科学规划办公室和北京市教育委员会2013年批准建立、北京财贸职业学院主办的北京市哲学社会科学研究基地，2022年成功入选CTTI来源智库。研究基地以建设高水平的"北京商业智库"为目标，以服务北京商贸服务业现代化为使命，发挥积聚力量、整合资源、融合创新的功能，联合在京高校、科研机构、政府部门、行业组织和知名企业，搭建产学研协同创新平台，为北京商贸服务业提供理论支撑、政策参考、案例借鉴和实施建议。

　　从2022年起，研究基地开启新一轮建设。根据理事会和学术委员会的建议，我们制定并实施"五年建设规划（2022—2026年）"。研究基地立足新发展阶段，贯彻新发展理念，融入新发展格局，以服务党和国家、市委市政府决策为宗旨，围绕京津冀协同发展、北京城市副中心建设、国际消费中心城市建设、"两区"建设等重大理论和现实问题，以改革创新为动力，以实践应用为根本，深入开展前瞻性、针对性、储备性政策研究。经过一段时间的建设，研究基地在咨政建言、理论创新、舆论引导、社会服务等方面推出了一系列高质量的研究成果。

　　研究基地坚持开展开放课题立项工作，集中力量培育更多高层次科研项目，2021—2022年，吸引了来自多所高等院校和科研机构的专业人员参加课题研究。经过两年的努力，研究基地完成9项课题研究，选取其中7篇研究报告，结集出版。这些研究报告，主要针对首都文化产业与旅游产业融合发展、国际消费中心城市建设下北京零售品牌创新发展、新发展格局下北京新城区扩大商业消费路径、双循环背景下北京旅游者消费行为、北京环球影城主题公园游客消费行为意向、通州区街区尺度商业空间结构特征分析及优化、北京全国文化中心建设背景下老字号品牌文化传承创新等问题，进行了深入研究，提出独立的见解或政策建议，具有较高的理论价值和应用价值。

感谢北京市社会科学界联合会、北京市哲学社会科学规划办公室和北京市教育委员会对研究基地工作的大力支持，感谢参与研究的老师们的辛勤劳动，感谢中国商务出版社对本书出版给予的支持。由于编写时间仓促，书中疏漏、不足，乃至错误在所难免，敬请读者批评指正。

北京财贸职业学院党委副书记、院长

北京国际商贸中心研究基地理事长、学术委员会主任

杨宣

2024 年元月

目 录
CONTENTS

报告七

北京全国文化中心建设背景下老字号品牌文化传承创新研究 　 /牛　晶

北京国际商贸中心研究基地项目

项目编号：ZS202006

项目名称：首都文化产业与旅游产业融合发展研究

首都文化产业与旅游产业融合发展研究

王丽娟

一、研究背景与研究意义

（一）研究背景

1. 国家积极推进文化产业和旅游产业融合发展

文化产业和旅游产业融合发展可以为我国高质量发展提供新的动力源，而文旅融合政策是文旅融合发展的重要推动力。21 世纪以来，党和国家高度重视文化旅游的融合发展，制定出台一系列政策与措施，为文旅融合发展指明了方向，从国家政策层面上积极推进文化与旅游两个产业的融合发展。

根据对 2009—2021 年颁布的 32 项重要政策进行梳理，结合我国文旅融合发展的不同阶段，可以将我国文化旅游融合政策制定及发展分为四个时期：文旅融合发展初期（2009—2014 年）、文旅融合发展上升期（2014—2018 年）、文旅融合发展稳定期（2018—2020 年）、文旅融合发展深入期（2021 年至今）。目前我国文旅融合已进入深度融合时期。

2009 年国家发布了《关于促进文化与旅游结合发展的指导意见》，这标志着我国文化旅游经过多年的发展实践已经在国家政策层面获得支持和重视，此后国家支持文旅融合的政策陆续出台。对 2009—2021 年国家文旅融合政策进行系统梳理，如表 1-1 所示。

（1）我国文旅融合政策分析

①文旅融合发展初期政策分析（2009—2014 年）

自 2009 年，我国文化产业与旅游产业开始真正结合发展，文旅融合进入发展初期阶段。该阶段是融合发展的早期阶段，主要是文化与旅游的浅层次的连接，标志政策为原文化部与原国家旅游局联合发布的《关于促进文化与旅游结合发展的指导意见》。同年9月，《文化产业振兴规划》首次把文化产业确定为"战略性产业"，将我国文化产业发展提高到了崭新的高度。同年12月，国务院出台《关于加快发展旅游业的意见》，把分属不同领域的旅游产业和文化产业联系到了一起。

2010年4月，《国务院关于文化产业发展工作情况的报告》指出，要"以文化提升旅游，以旅游传播文化"，加快推进文化产业和旅游产业的结合发展。同年8月，《关于做好首届中国国际文化旅游节有关工作的通知》中明确表示，举办中国国际文化旅游节不仅是为了落实2009年的文旅结合发展工作计划，更是为了通过文化旅游发展成果的展示，加快文旅市场的繁荣发展，推动文化与旅游更深层次的结合。旅游演出是文化与旅游结合发展的重要领域和切入点，2010年10月，《国家文化旅游重点项目名录——旅游演出类》公布评选出的第一批名录，进入名录的重点演出项目对于文化旅游演出品牌的塑造和旅游演出市场的健康发展及繁荣起到了重要的示范引导和推动作用。

表1-1　2009—2021年我国文化旅游融合发展重要政策

时间	政策或事件	发布部门
2009.08.31	《关于促进文化与旅游结合发展的指导意见》	原文化部、原国家旅游局
2009.09.26	《文化产业振兴规划》	国务院办公厅
2009.12.01	《关于加快发展旅游业的意见》	国务院
2010.04.28	《关于文化产业发展工作情况的报告》	国务院
2010.08.19	《关于做好首届中国国际文化旅游节有关工作的通知》	原文化部、原国家旅游局
2010.10.16	《国家文化旅游重点项目名录——旅游演出类》	原文化部、原国家旅游局
2011.03.14	《中华人民共和国国民经济和社会发展第十二个五年规划纲要》	全国人民代表大会
2011.10.18	《关于深化文化体制改革推动社会主义文化大发展大繁荣若干重大问题的决定》	中国共产党中央委员会
2011.11.16	《关于进一步加快发展旅游业促进社会主义文化大发展大繁荣的指导意见》	原国家旅游局
2012.02.23	《文化部"十二五"时期文化产业倍增计划》	文化部
2012.12.19	《关于进一步做好旅游等开发建设活动中文物保护工作的意见》	国务院

时间	政策或事件	发布部门
2013.02.02	《关于印发国民旅游休闲纲要（2013—2020年）的通知》	国务院办公厅
2014.02.26	《关于推进文化创意和设计服务与相关产业融合发展的若干意见》	国务院
2014.03.20	《关于贯彻落实〈国务院关于推进文化创意和设计服务与相关产业融合发展的若干意见〉的实施意见》	文化部
2014.08.09	《关于促进旅游业改革发展的若干意见》	国务院
2015.08.04	《关于进一步促进旅游投资和消费的若干意见》	国务院办公厅
2016.03.16	《中华人民共和国国民经济和社会发展第十三个五年规划纲要》	全国人民代表大会
2016.11.20	《关于进一步扩大旅游文化体育健康养老教育培训等领域消费的意见》	国务院办公厅
2016.12.07	《"十三五"旅游业发展规划》	国务院
2017.02.03	《"十三五"时期文化旅游提升工程实施方案》	国家发展改革委等八部门
2017.02.23	《文化部"十三五"时期文化发展改革规划》	文化部
2017.04.12	《文化部"十三五"时期文化产业发展规划》	文化部
2017.05.08	《国家"十三五"时期文化发展改革规划纲要》	中央办公厅、国务院办公厅
2018.03.09	《关于促进全域旅游发展的指导意见》	国务院办公厅
2018.03.21	《深化党和国家机构改革方案》	中国共产党中央委员会
2019.05.07	《文化和旅游规划管理办法》	文化和旅游部
2019.06.26	国务院关于文化产业发展工作情况的报告（2019）	国务院
2019.08.12	《关于进一步激发文化和旅游消费潜力的意见》	国务院办公厅
2020.05.22	2020年政府工作报告	国务院
2021.03.11	《中华人民共和国国民经济和社会发展第十四个五年规划和2035年远景目标纲要》	全国人民代表大会
2021.04.29	《"十四五"文化和旅游发展规划》	文化和旅游部
2021.12.22	《"十四五"旅游业发展规划》	国务院

资料来源：北大法宝法律法规数据库 http://www.pkulaw.cn/。

中华人民共和国文化和旅游部网站 https://www.mct.gov.cn/。

2011 年，文化产业和旅游产业经过两年多的结合发展，已进入较为快速的发展阶段，再加上 2011 年出台的三项重要政策的支持和鼓励，文化旅游在发展的广度和深度上都有所加强，相互促进和共同推动的效果也开始显现，各地区自觉践行文化旅游结合发展的意识也在不断增强。无论在"十二五"发展规划纲要中，还是在文化和旅游发展的具体文件中，都着重强调要更好地推动文化与旅游的结合，不断深化体制改革，促进共同繁荣和发展。

2012年2月，《"十二五"时期文化产业倍增计划》将文化旅游业作为重点行业，以推动倍增目标的实现。

2013年2月，《国民旅游休闲纲要（2013—2020年）》明确休闲旅游发展方向，鼓励开展城市周边乡村度假，积极发展骑游、自驾游、体育旅游、康养旅游、冰雪游等旅游休闲产品，开发休闲、观光、演艺、教育等文化旅游项目，推动休闲旅游发展，弘扬优秀传统文化。

②文旅融合发展上升期政策分析（2014—2018年）

经过2019年到2013年文化与旅游结合发展的具体实践，2014年，我国文化与旅游结合发展已经进入较为深层次的融合阶段，并且迎来了融合发展的上升期。在这一阶段，政府重点鼓励相关产业之间的融合发展，并制定了相关政策。

2014年2月，《关于推进文化创意和设计服务与相关产业融合发展的若干意见》将"提升旅游发展文化内涵"作为重点任务，并明确了文化与旅游之间相互提升与促进的关系。同年3月，文化部根据这些指导意见，制定了具体贯彻落实的方法。同年8月，旅游部门根据《国务院关于促进旅游业改革发展的若干意见》，制定提升文化旅游融合发展的旅游方面的改革举措。

2015年，国务院办公厅制定相关政策，对旅游投资和消费提出了具体的指导意见：鼓励开展研学旅行活动；推出一批中医药健康旅游示范产品；深入挖掘乡村文化内涵，鼓励文化界专业人员在有条件的乡村进行创作创业，建设一批高水准文化艺术旅游创业就业乡村。

2016年，伴随着我国进入"十三五"发展时期，相应的"十三五"发展规划陆续出台，在这些规划中都明确提出要推进文化与旅游的深度融合，加大投入力度，创新融合业态，加强供给侧改革，提升消费需求，广泛地开展文化旅游融合发展工作。《"十三五"旅游业发展规划》中，明确将旅游业作为传播中华传统文化、弘扬社会主义核心价值观的重要渠道。

2017年2月，《"十三五"时期文化旅游提升工程实施方案》发布并实施，这一方案将文化旅游发展作为重点工程加以实施指导，八部委联合制定文化旅游提升良策。方案明确指出文化旅游发展面临的主要矛盾和突出问题，计划到2020年，文化旅游将在公共文化服务、遗产保护利用、旅游设施方面取得显著提升。同年，文化部"十三五"时期文化产业发展规划出台，规划中明确指出，文化旅游业是文化产业提升为战略产业的重要支撑，要积极推进文化与旅游的深度融合，实现 2020 年文化与旅游双向深度融合的目标。

2018 年 3 月出台的《关于促进全域旅游发展的指导意见》明确提出，要大力推动旅游与文化的融合发展，创新文旅产品供给，发展融合新业态。

③文旅融合发展稳定期政策分析（2018—2020 年）

2018 年，我国文旅融合发展经过快速上升期后开始进入稳定期，文旅融合在广度和深度上全面平稳地发展。2018 年 3 月，根据《深化党和国家机构改革方案》部署，文化和旅游部正式成立。

2019 年 6 月，《国务院关于文化产业发展工作情况的报告（2019）》总结了党的十八大以来我国文化产业发展情况，也对文化旅游融合发展进行了梳理，提出文化旅游深度融合发展思路，特别强调要注重发展的开拓性和创新性，文化和旅游融合互促，共同发展。

2019 年 8 月，《国务院办公厅关于进一步激发文化和旅游消费潜力的意见》作为文化和旅游消费领域的第一个"国字号"专项推进措施，也是《中共中央　国务院关于完善促进消费体制机制进一步激发居民消费潜力的若干意见》以及《完善促进消费体制机制实施方案（2018—2020 年）》中提出的服务消费领域七大市场中第一个出台的具体政策举措，表明活力十足的文旅消费首先得到了政策层面的落地支持。

2020 年，中国脱贫攻坚取得全面胜利，文化和旅游融合发展也进入高质量发展阶段。2020 年 5 月，政府工作报告中明确提出要强化新冠疫情阶段性政策，助力市场主体纾困发展，免征文化、旅游等服务增值税，推动消费回升，支持餐饮、商场、文化、旅游、家政等生活服务业恢复发展，推动线上线下融合。

④文旅融合发展深入期政策分析（2021 年至今）

2021 年，我国进入"十四五"发展时期，文化与旅游也进入深度融合发展阶段。2021 年 3 月，"十四五"规划和 2035 年远景目标纲要中明确提出要坚持以文塑旅、以旅彰文，积极推动文化和旅游深度融合发展。2021 年 4 月，《"十四五"文化和旅游发展规划》提出"十四五"时期文化和旅游发展的总体要求、发展目标、主要任务、重要举措等，强调文旅融合发展要加强体制机制的完善，积极推进文旅与其他相关领域的融合。同年 12 月，国务院发布了《"十四五"旅游业发展规划》，这一规划以推动旅游业高质量发展为主题，提出了"十四五"旅游业发展的目标和重点任务，为新时期文化和旅游深度融合绘制了清晰蓝图。

（2）文旅融合政策分析对融合发展的启示

①文旅融合政策为文旅融合发展指明了行动方向

文旅融合政策既为文旅融合发展确定了从结合、整合到融合的整体发展思路，也为文旅融合每一阶段的发展确定了明确的目标、发展方向及行动纲要。

2009年，《关于促进文化与旅游结合发展的指导意见》的发布标志着我国文旅融合发展正式开启，进入文化与旅游结合发展阶段。自从促进文化与旅游结合发展的相关政策实施以来，全国形成了良好的文化与旅游结合发展的局面，各地的结合发展实践也纷纷展开。

2014年，文旅融合政策开始集中于产业之间的融合发展，为文化创意和设计服务产业与旅游产业、体育产业等重点领域的相互融合提出了清晰的思路，为我国文化产业与旅游产业的融合发展指明了方向。

自2018年，文旅融合发展受到国家和各地区的高度关注和重视，各地区纷纷组建成立文化和旅游局，积极开展文化旅游融合发展的顶层设计和宏观管理，政策引导着文旅融合开始向更深层次加速发展。

2021年之后，出台的政策侧重于大力推动文旅融合向更广、更深、更高层次发展，提高文旅融合质量，努力实现文旅融合高质量发展目标。

②文旅融合政策为文旅融合发展确定了实施路径

文旅融合政策为文化与旅游的具体融合确定了实施路径，具体包括政府推动、市场推广、产业融合、产品开发等方面。按照政策文件精神，各地区在推进文化与旅游融合发展的具体实践中，重点围绕规范企业经营管理、培养文旅创新人才、加强市场推广、开发文化旅游产品（旅游演艺产品、文化主题公园、旅游工艺品与纪念品等）、打造文化旅游品牌等方面推动文化旅游融合发展。

通过开展中国文化旅游主题年、中国国际文化旅游节、地方文化旅游节庆活动扶持名录等系列活动，丰富旅游发展的文化内涵；树立发展典型和优秀案例，例如，将全球第一部山水实景演出《印象·刘三姐》确立为广西文化旅游的名片，公布评选国家文化旅游重点项目名录，倡导各地区充分借鉴好的发展经验；产业融合发展方面，先重点制定文化产业与旅游产业的融合政策，然后逐步推进文化产业、旅游产业与支持生活性服务业、体育、康养、教育等重点领域的融合互促；政策明确旅游业与文化业在深度融合发展中要努力加强科技融合和数字融合，鼓励创意产品设计与开发，注重旅游开发过程中有关文化的保护、传承和创新，深入挖掘文化内涵，在文化旅游产品开发中创新文化旅游产品，组织群众参与性强的文化旅游活动，积极推动演艺旅游、节庆活动等文化旅游精品项目开发和示范区建设。

各地结合当地的资源与实际发展，积极建设国际知名的文化旅游目的地，具体产业融合的优秀项目不断涌现。深圳华侨城、天创国际演艺制作交流有限公司、四川德阳杂技团等单位在旅游演出的创作和运营上表现出突出特色和较高水准，在商业模式、运营团队和保障机制方面也已形成较完善的工作体系，各单位可以进行推广和借鉴；九寨沟、张家界等知名旅游景区积极开发旅游演出项目，这些项目之间优势互补、各具特色，在区域协调发展及有序竞争方面为其他区域融合发展提供了可供参考的经验。

③文旅融合政策为文旅融合发展提供了有力保障

文旅融合相关政策的出台，为文化与旅游的融合发展提供了长效的保障机制，在这些政策提供的保障下，全国各地区文化旅游融合发展的实践广泛而深入地开展起来。

在文化旅游融合发展规划、指导意见和实施方案等具体的政策中，不断完善文旅融合的相关制度，构建文旅融合制度体系，解决文旅融合中的各种热点、难点、痛点，针对消费者、企业、行业等制定务实的制度和规范，为文旅融合发展提供了有力的制度保障。2012 年 12 月，国务院发布的《关于进一步做好旅游等开发建设活动中文物保护工作的意见》为进一步做好旅游等开发建设活动中的文物保护工作提出具体意见和规范制度；2019 年 5 月，文化和旅游部出台了《文化和旅游规划管理办法》，该文件是文旅融合发展的纲领性文件，对文旅融合发展做出了科学化、规范化、制度化的统一规划和全面管理，在规范和促进文化和旅游融合发展中发挥重要作用。

2018 年，文化和旅游部及各地文化和旅游局的组建，打通了文化和旅游两大行政机构，消除了文化与旅游融合发展的组织障碍，增强了文旅融合发展的行政体制保障。自此，"宜融则融，能融尽融，以文促旅，以旅彰文"的文旅融合工作全面开启，相关部门出台了一系列文件支持文旅产业的融合，掀起了文旅融合的新高潮。

整合各方面力量和资源的文旅融合政策以提高文化旅游发展质量和效益为中心，统筹规划并加大每一时期文化旅游提升发展的支持范围和投入力度，尤其在文旅服务设施建设方面，这些都为文旅融合发展提供了基础设施方面的保障。

在各项政策以及制度的有力保障下，我国文旅融合发展顺利平稳经过每一发展阶段，文化旅游产品精品和品牌日益增多，文化旅游新业态不断出现，文化旅游产品开发水平和质量有所提升，文化旅游服务设计更加注重创意和特色创新，特色文化旅游区大量涌现，文化旅游融合发展呈现出欣欣向荣的景象。

在上述国家政策的积极推动下，我国文化旅游经过近十余年的融合发展，已进入由表及里的深度融合阶段，也开启了高质量融合发展的新篇章。

2. 经济常态化发展与产业结构优化升级的客观需求

中国经济发展进入新常态时期，产业结构的转型升级势在必行，文化产业和旅游产业同属国民经济中的第三产业，同时作为绿色朝阳产业和战略性支柱产业，为社会经济发展提供了新的增长点，对经济社会发展的带动作用越来越显著。

自 2013 年习近平总书记作出我国经济发展已经进入了"新常态"这一重要论断开始，我国的经济发展已进入新常态时期，"要不断优化产业经济结构"大政方针及远景目标的确立，使得产业融合发展已成为促进传统产业转型升级的不二之选，文旅深度融合发展也是迫在眉睫。

在全国经济走向新常态的大背景下，机遇与挑战并存，低碳化发展势在必行。作为"绿色朝阳产业"的文化和旅游产业逐步成为各省实现寻找经济增长点的优先考虑方向，文化与旅游两大产业的融合发展成为我国产业全面转型和国民经济结构升级中的重要环节。

3. 文化产业和旅游产业进入高速发展的快车道

文化产业是国民经济发展的重要载体，也是满足广大人民群众精神文明需求的重要途径，我国文化产业已获得快速发展，并呈现出大众化、融合化、国际化等总体发展趋势。不同文化之间的融合、文化产业和其他产业的融合，逐渐代替原来由单一产业成为促进经济转型的新动力。在旅游产业的发展中注入文化元素，不仅能提升产品的内涵，而且有助于构建新业态，推动经济的高质量发展。

旅游业是现代服务业的重要组成部分，对国民经济的带动作用巨大。随着经济、社会、技术的不断发展，旅游业也进入了快速发展的黄金时代，短短几十年旅游已经成为一项大众化、常态化的休闲活动。但传统的观光度假旅游现在已无法满足游客需求，文化旅游快速发展起来，各种创意新颖、文化内涵丰富的旅游活动层出不穷，文化旅游产品不断创新和丰富，文化与旅游的融合发展不断深入。

4. 首都文化产业与旅游产业融合发展是必然趋势

文化是旅游的灵魂，旅游是文化的载体，文化和旅游之间存在着高度的关联性。文化产业与旅游产业在国民经济中均属于第三产业，他们之间存在着天然的耦合性，两者相互影响、相互带动。这些都为文旅融合发展提供了必要的基础，文旅融合对于增强文化自信、促进经济增长、带动首都相关产业发展以及贯彻新发展理念均具有重要意义。

作为首都的北京拥有丰富的文化旅游资源，文化旅游产业快速发展。随着首都文化产业和旅游产业的快速发展，文旅深度融合发展对首都经济的贡献愈发明显。寻找文化产业与旅游产业融合的切入点，拓宽文化旅游产业发展渠道，提升文化旅游产业发展质量，形成一种以文化提升旅游，以旅游促进文化的新发展模式。

5. 系统研究文化产业与旅游产业融合发展是一项重要课题

国外关于文旅产业融合的探索始于 20 世纪 70 年代，以麦金托什（McIntosh，1977）阐述文化旅游为起点，之后大量国外学者开展相关研究，且将研究视角主要聚焦于文化与旅游产业之间的关系及融合后所产生的相关产品与产业形态上。

相较于国外，国内文化产业与旅游产业融合的研究虽起步较晚，但研究成果更为丰富，主要集中于文旅产业融合发展的理论与机理、演化过程及定性定量研究、融合效率与效果研究、融合模式与实证研究、融合动力与影响因素、融合路径与对策研究等诸多方面。在研究方法上，学者们多采用定性、定性与定量相结合的方法，定量化研究近年来快速增加，且日趋丰富，主要有耦合模型、空间分析、BP 神经网络等量化方法；在研究视角和研究内容方面，已经非常广泛，但研究深度相对不足，对文旅产业融合的概念、机理、模式等方面的研究尚未达成共识，尤其对文旅产业的融合演化过程及影响因素未能得以很好的诠释，并缺少一些区域的实证研究。仅有个别学者探讨了首都文化产业与旅游产业的融合发展问题，但尚未深入探讨融合发展程度、影响因素等方面，该领域的可研究空间较大。

基于此，本研究结合产业融合理论的深入分析以及融合度的量化测评，分析首都文旅融合发展现状及影响因素，提出发展对策，不仅能够在一定程度上丰富我国目前在省域文旅产业发展及融合方面的研究，为省域文旅产业融合的创新发展提供实际参考案例，而且能够弥补首都当前文旅产业融合发展方面研究的不足，促进首都文旅产业更好地融合发展。

（二）研究意义

2019 年，北京市出台《关于推进北京市文化和旅游融合发展的意见》，提出"北京文旅融合 26 条"，它作为全国首个省级层面出台的推进文旅融合的规范性文件，引起社会和业界的广泛关注。我国首都北京，作为全国的文化中心和世界著名的旅游城市，在推动文化与旅游产业融合发展方面肩负着重大的责任与使命，深入研究首都文化产业与旅游产业的融合发展，具有很强的学术价值和应用价值。

1. 学术价值

在文旅产业融合不断加深的背景下，文化产业与旅游产业的融合发展研究，不仅能够建立二者间的联系，也能使两产业独立的理论体系进行相互交叉补充。本研究结合产业融合理论的深入分析以及融合度的量化测评，准确分析出首都目前的文旅融合发展现状及影响因素，提出有效的解决方案和应对措施，能够在一定程度上丰富我国目前在省域文化产业和旅游产业融合方面的研究，特别是弥补首都当前文化产业与旅游产业融合方面研究的不足，为省域文旅产业融合的创新发展提供实际参考案例，具有一定的学术价值。

从文献检索来看，以北京市文化产业与旅游产业融合为研究对象的论著只有 1 篇，而且该论著没有对融合水平进行测度和分析，其他涉及北京文旅融合的相关研究也尚缺乏系统性。因此，对于首都文化与旅游产业的融合发展研究可以作为理论研究的有益补充。

通过借鉴已有的研究成果，综合运用相关的学科理论与研究方法，以文化产业与旅游产业融合发展为切入点，基于时间与空间两个维度对首都 15 年来的文化与旅游产业融合发展进行量化分析，在一定程度上拓宽了相关研究的思路和方法。

2. 应用价值

2021 年是"十四五"的开局之年，首都北京着眼于加强"四个中心"功能建设和国际一流旅游城市建设，立足深厚的文化底蕴和丰富的旅游资源，把握文旅融合发展新趋势、高质量发展新导向，积极推进文化和旅游的深度融合，努力推动文化和旅游业高质量发展，这为首都文化产业与旅游产业融合发展研究提供了很好的契机。

本研究既可以为更好地发展首都文化产业与旅游产业融合提供帮助和参考，也可以为其他省市的文化产业与旅游产业融合发展提供重要的示范作用和切实可行的指导。在推进首都文化和旅游产业转型升级、提高文化产业和旅游产业占比、增强文化产业与旅游产业的竞争力和影响力、提升北京的综合实力、提升国家文化旅游形象等方面具有一定的现实意义和应用价值。

二、首都文化产业与旅游产业融合发展评价指标体系与模型构建

（一）指标选取与数据来源

1. 指标选取

（1）文化产业与旅游产业融合度评价指标体系构建

文化产业与旅游产业均是综合性产业，产业链长、涉及面广、关联性强，两产业融合发展评价指标的选择难度较大，因此必须遵循科学性、层次性、代表性、可操作性原则严格进行选取。

本研究依据《文化及相关产业分类（2018）》《国家旅游及相关产业统计分类（2018）》，从基础保障、服务队伍、服务受众、产业经营四个方面分别选取两产业的各 20 个指标建立评价指标体系，如表 1-2 所示。

表 1-2　首都文化产业和旅游产业融合发展评价指标体系

产业类型（目标层）	一级指标（准则层）	二级指标（指标层）	指标性质
文化产业	基础保障	公共图书馆个数（个）	正向指标
		博物馆个数（个）	正向指标
		群众艺术馆、文化馆和文化站个数（个）	正向指标
		文化产业企业单位数（个）	正向指标
		公共图书馆总藏数（万件）	正向指标
		博物馆文物藏品数（万件）	正向指标
	服务队伍	公共图书馆从业人数（人）	正向指标
		博物馆从业人数（人）	正向指标
		群众艺术馆、文化馆和文化站从业人数（人）	正向指标
		文化产业企业从业人数（万人）	正向指标
	服务受众	公共图书馆总流通人次（万人次）	正向指标
		博物馆参观人次（万人次）	正向指标
		群众艺术馆、文化馆和文化站组织活动次数（次）	正向指标
		电影放映场次（万场次）	正向指标

产业类型（目标层）	一级指标（准则层）	二级指标（指标层）	指标性质
文化产业	产业经营	文化产业增加值（亿元）	正向指标
		文化产业增加值占地区生产总值比重（％）	正向指标
		文化产业资产投入（亿元）	正向指标
		文化产业营业收入（亿元）	正向指标
		文化核心领域产业收入（亿元）	正向指标
		文化娱乐休闲服务收入（亿元）	正向指标
旅游产业	基础保障	星级饭店数量（个）	正向指标
		旅行社数量（个）	正向指标
		A级及以上和重点旅游景区数量（个）	正向指标
		住宿和餐饮业法人单位数（个）	正向指标
		旅行社成本投入（万元）	正向指标
		住宿和餐饮业资产投入（亿元）	正向指标
	服务队伍	星级饭店从业人数（人）	正向指标
		旅行社从业人数（人）	正向指标
		A级及以上和重点旅游景区从业人数（人）	正向指标
		住宿和餐饮业从业人数（万人）	正向指标
	服务受众	星级饭店接待人数（万人次）	正向指标
		旅行社接待人数（万人次）	正向指标
		A级及以上和重点旅游景区接待人数（万人次）	正向指标
		接待游客总人数（万人次）	正向指标
	产业经营	国际旅游收入（亿美元）	正向指标
		国内旅游收入（亿元）	正向指标
		星级饭店营业收入（万元）	正向指标
		旅行社营业收入（万元）	正向指标
		A级及以上和重点旅游景区营业收入（万元）	正向指标
		住宿和餐饮业营业收入（亿元）	正向指标

（2）文化产业与旅游产业融合发展影响评价的指标体系构建

通过对外部环境因素与量化融合关系的研究与分析，我们发现高度开放的经济体系、成熟完善的市场机制、投资消费的积极理性、财政支持的稳定有效以及基础设施完备的建设、科技创新的有力支撑等都对文化旅游产业的融合发展提供坚实的保障。因此，我们选取6个一级指标、22个二级指标作为影响文旅产业融合度的基础指标（见表1-3），通过灰色关联分析法研究影响文化旅游产业融合发展的重要外部环境。

表1-3　影响文化旅游产业融合发展的指标体系

一级指标	二级指标
经济环境	人均地区生产总值（元）
	居民消费水平（元）
	第三产业社会劳动生产率（元/人）
消费需求	人均可支配收入（元）
	人均消费支出（元）
	人均教育文化娱乐消费支出（元）
人力资源	第三产业从业人数占全市比重（%）
	普通本专科学校在校学生数（人）
科技创新	研究与试验发展（R&D）人员折合全时当量（人年）
	研究与试验发展（R&D）经费内部支出（万元）
	专利授权量（件）
	技术合同成交总额（亿元）
政府支持	文化旅游体育与传媒政府预算支出（亿元）
	文化、体育和娱乐业固定资产投资（亿元）
	科学研究和技术服务业固定资产投资（亿元）
基础保障	基础设施投资占固定资产投资比重（%）
	道路总里程（千米）
	客运量（万人）
	邮电业务总量（亿元）
	固定互联网宽带接入用户数（万户）
城市环境	人均公园绿地面积（平方米）
	城市绿化覆盖率（%）

2.数据来源

文化产业、旅游产业、外部影响因素的相关统计资料，数据主要来源于《北京统计年鉴（2010—2021）》《北京区域统计年鉴（2010—2021）》《北京市国民经济和社会发展统计公报（2010—2021）》《中国统计年鉴（2010—2021）》《中国旅游统计年鉴（2010—2018）》《中国文化文物统计年鉴（2010—2018）》《中国文化和旅游统计年鉴（2019）》《中国文化文物和旅游统计年鉴（2020—2021）》《中国第三产业统计年鉴（2010—2021）》，部分数据来源于北京市统计局、国家统计局、中华人民共和国文化和旅游部、北京市文化和旅游局等官方网站，以及中国知网中国经济社会大数据平台。因2009年国家发布的《关于促进文化与旅游结合发展的指导意见》可以作为文旅产业融合的起始点，所以研究数据统计年份区间确定为2009至2020年。个别年份缺失数据，采用插值法补全。

（二）模型构建

1.灰色关联模型

灰色关联分析法是以灰色系统理论为基础，主要目的是用判断参考序列和比较序列之间关联程度的大小，在信息不完全和不确定的基础上，能够较好地解释确定因素之间的关联程度，也能较好描述引起系统变动的主、次因素，并且对样本大小和分布无特殊要求，在一定程度上可弥补计量分析方法的不足。

本研究将灰色关联模型用于首都文旅产业内部的关联度分析和文旅产业融合度的内外部影响因素分析两个方面。

文化产业和旅游产业的互相作用存在很大的随机性和不确定性，作用于两者间关系的因素繁杂；同时，由于文化产业起步较晚，统计口径不一致，相关数据的统计方面不健全，所选的研究指标受此限制反映的样本信息具有灰色性，因此采用灰色关联模型计算首都文化产业和旅游产业各指标间的关联度是合理可行的。

文化产业与旅游产业融合发展的运行系统中内在包含着诸多影响指标，这些指标之间的共同作用决定了融合发展中融合协调度的大小与趋势。考虑到文化产业和旅游产业融合协调机制的复杂性、关联性和交叉性，想要正确分析影响两产业融合协调度的指标，就需借助灰色关联度分析这一经典分析方法。剖析厘清影响融合协调度的主要指标和次要指标，便可以提出针对性地提升首都文化与旅游产业融合协调度的对策建议，切实提升文化与旅游融合发展水平。

（1）确定参考序列和比较序列

代表系统发展趋势和行为特征的序列被我们称为参考序列，影响系统发展趋势和行为特征的序列我们将其称为比较序列。

设定参考序列为 x_0： $x_0 = [x_0(k), k=1,2,3,\cdots,n]$。

设定比较序列为 x_i： $x_i = [x_i(k), k=1,2,3,\cdots n; i=1,2,3,\cdots,m]$。

（2）数据标准化处理

为了消除量纲的影响，需要对原始数据进行标准化处理，本部分采用无量纲化处理方法为初值化法，处理公式如下。

$$x_i'(k) = \frac{x_i(k)}{x_i(1)}, \quad k=1,2,3,\cdots,n; \ i=0,1,2,3,\cdots,m \qquad (1.1)$$

（3）求差序列，公式如下

$$\Delta_i'(k) = |x_0'(k) - x_i'(k)|, k=1,2,3,\cdots,n \qquad (1.2)$$

$x_0'(k)$ 为参考序列数据初值化后所得的数值，$x_i'(k)$ 为比较序列数据初值化后所得的数值。绝对值中最大值即为最大差，最小值为最小差。

（4）求关联系数，公式如下

$$\zeta(x_0(k), x_i(k)) = \frac{\min\limits_{i}\min\limits_{k}|x_0'(k)-x_i'(k)| + \rho\max\limits_{i}\max\limits_{k}|x_0'(k)-x_i'(k)|}{|x_0'(k)-x_i'(k)| + \rho\max\limits_{i}\max\limits_{k}|x_0'(k)-x_i'(k)|}$$

$$= \frac{\min\limits_{i}\min\limits_{k}\Delta_i(k) + \rho\max\limits_{i}\max\limits_{k}\Delta_i(k)}{\Delta_i(k) + \rho\max\limits_{i}\max\limits_{k}\Delta_i(k)} \qquad (1.3)$$

式中，$\min\limits_{i}\min\limits_{k}\Delta_i(k)$ 为最小差，$\max\limits_{i}\max\limits_{k}\Delta_i(k)$ 为最大差，$\zeta(k)$ 为比较序列 x_i 的第 k 个指标与参考序列 x_0 的第 k 个指标之间的关联系数，ρ 为分辨系数，参考已有研究，ρ 取 0.5。

（5）计算关联度，公式如下

$$\gamma(x_0, x_i) = \frac{1}{n}\sum_{k=1}^{n}\zeta(x_0(k), x_i(k)) \qquad (1.4)$$

（6）对关联度排序和评价

依据参考序列关联度值进行排序，关联度值越大，指标对于系统影响越大，反之，指标对于系统影响越小。

2. 融合协调度模型

文化产业与旅游产业融合的过程是两产业之间相互关联、相互渗透、相互协作的双向动态发展过程，并最终达到协调有序发展的程度。融合协调度模型是用来描述不同的系统之间相互影响、相互作用、相互协作程度的模型，近年来逐渐应用到研究文化和旅游产业之间相互融合程度，分析两产业之间协调发展水平。

（1）构建指标数据矩阵

假设有系统评价指标有 n 个，年份数据为 m 年，形成原始指标数据矩阵：

$$x_{ij} = (x_{ij})_{m \times n} = \begin{bmatrix} x_{11} & x_{12} & \cdots & x_{1n} \\ x_{21} & x_{22} & \cdots & x_{2n} \\ \vdots & \vdots & \cdots & \vdots \\ x_{m1} & x_{m2} & \cdots & x_{mn} \end{bmatrix}$$

式中，x_{ij} 为第 i 年的第 j 个评价指标（i =1,2,3,$\cdots$,m；j=1,2,3,$\cdots$, n）。

（2）数据标准化处理

由于所选指标量纲单位不一样，为保证分析结果的准确性，这里采用极差标准化的方法进行无量纲化处理。为避免在计算熵值时出现无意义的情况，采用惯常做法，对数据统一加 0.0001 进行非负化处理，具体计算公式为：

$$x'_{ij} = \frac{x_{ij} - \min(x_j)}{\max(x_j) - \min(x_j)} + 0.0001 \quad (i=1,2,3,\cdots,m; \ j=1,2,3,\cdots,n) \quad （1.5）$$

式中，x'_{ij} 表示无量纲化处理后的标准值，$\max(x_j)$－$\min(x_j)$ 分别表示第 j 项指标的最大值和最小值，$\max(x_j)$－$\min(x_j)$ 表示第 j 项指标的极差值。

（3）利用熵值法确定指标权重

首先计算第 i 年第 j 项指标占该指标总和的比重：

$$P_{ij} = \frac{X'_{ij}}{\sum_{i=1}^{m} X'_{ij}} \quad (i=1,2,3,\cdots,m; \ j=1,2,3,\cdots,n) \quad （1.6）$$

然后计算第 j 项指标的熵值 e_j；

$$e_j = -K\sum_{i=1}^{m} P_{ij} \ln P_{ij}, \quad K = \frac{1}{\ln m} \quad\quad (1.7)$$

式中，e_j 为第 j 项指标的熵值。P_{ij} 为第 i 组数据，第 j 项指标的概率或者权重。ln 为自然对数，且 $e_j \geqslant 0$。

再计算第 j 项指标的差异性系数 g_j：

$$g_j = 1 - e_j \quad\quad (1.8)$$

某项指标的信息效用价值取决于该计算指标的信息熵 e_j 与 1 之间的差值，即差异性系数，它对权重会产生直接影响，g_j 越大，对于产业融合的贡献越大，指标越重要。

最后计算第 j 项指标的权重 W_j：

$$W_j = \frac{g_j}{\sum_{j=1}^{n} g_j} \quad\quad (1.9)$$

式中，W_j 为第 j 项指标的权重，g_j 为第 j 项指标的差异性系数。

（4）产业综合发展水平的确定

$$M_i = \sum_{j=1}^{n} W_j X'_{ij}$$

$$N_i = \sum_{j=1}^{n} W_j X'_{ij} \quad\quad (1.10)$$

式中，W_j 为指标权重，X'_{ij} 为指标的标准化值，M_i、N_i 分别为文化产业和旅游产业的综合发展水平评价指数，值越大表示产业的发展状况越好，反之亦然。

（5）融合度和融合协调度的计算

融合度模型主要用来分析两个及以上系统之间的相互影响、相互依赖的关系，本文采用融合度模型对文化产业和旅游产业的融合度进行测算，计算公式如下：

$$C = \sqrt{\frac{M_i \times N_i}{(M_i + N_i)^2}} \quad\quad (1.11)$$

式中，M_i、N_i 分别为文化产业和旅游产业的综合发展水平评价指数，C 为文化产业与旅游产业的融合度，取值范围为 [0,1]，值越大融合性越好，反之亦然。

融合度模型仅能体现系统之间互相作用的强弱，不能充分体现系统之间的协调发展水平的高低。所以，引入融合协调度模型便能很好地解决这一弊端。

融合调度既可以体现融合系统本身的发展水平，又可以体现融合系统之间的融合协调程度。计算公式如下：

$$D = \sqrt{C \times T} \qquad (1.12)$$

$$T = \alpha M_i + \beta N_i \qquad (1.13)$$

式中，D 为文化产业与旅游产业两大系统的融合协调度，C 为融合度，T 表示两大系统的综合协调指数，用以反映两产业整体发展水平对协调度的贡献，α 和 β 为待定系数，且 $\alpha + \beta = 1$，考虑到北京文化和旅游产业在经济发展中的同等重要性，通过参照现有做法，将 α 和 β 均取值为 0.5。

（6）融合协调等级和类型判断

按照融合协调度取值区间对产业系统的融合协调度等级进行划分，可以反映产业融合协调发展等级和程度。我们参考廖重斌等人提出的"十分法"，将文化产业和旅游产业的融合协调度划分为 10 个阶段，具体如表 1-4 所示。

表 1-4　融合协调度等级划分标准

融合类型	序号	融合协调度区间	协调等级
失调	1	（0-0.1]	极度失调
	2	（0.1-0.2]	严重失调
	3	（0.2-0.3]	中度失调
	4	（0.3-0.4]	轻度失调
	5	（0.4-0.5]	濒临失调
协调	6	（0.5-0.6]	勉强协调
	7	（0.6-0.7]	初级协调
	8	（0.7-0.8]	中级协调
	9	（0.8-0.9]	良好协调
	10	（0.9-1.0]	优质协调

利用文化产业与旅游产业融合协调发展的同步性模型，可以进一步判断两大产业融合发展的相对关系，同步性模型公式如下：

$$S = \frac{M_i}{N_i} \qquad (1.14)$$

式中，S 为同步性指数，M_i、N_i 分别为文化产业和旅游产业的综合发展水平评价指数。当 $S < 0.9$ 时，认为是文化产业发展滞后型；$0.9 \le S \le 1.1$ 时，认为是相对同步发展型；$S > 1.1$ 时，认为是旅游产业发展滞后型。

三、首都文化产业与旅游产业融合发展现状

通过构建灰色关联模型计算首都文化产业和旅游产业的灰色关联度，从正向和反向的角度对两产业的灰色关联做实证研究，研究采用表1-2的评价指标体系和表1-5、表1-6的指标数据，计算指标间的灰色关联度，剖析首都文化产业与旅游产业的融合现状。

表1-5 北京文化产业发展指标数据

指标/年份	2009	2010	2011	2012	2013	2014
公共图书馆个数（个）	25	25	25	25	25	25
博物馆个数（个）	151	156	162	165	167	171
群众艺术馆、文化馆和文化站个数（个）	332	337	340	343	346	346
文化产业企业单位数（个）	2961	3084	3214	3348	3981	3820
公共图书馆总藏数（万件）	4368	4613	5049	5556	5316	5601
博物馆文物藏品数（万件）	331	332	430	430	430	430
公共图书馆从业人数（人）	2682	2737	2846	2684	2981	3000
博物馆从业人数（人）	4566	4541	4648	4988	5264	6225
群众艺术馆、文化馆和文化站从业人数（人）	2525	2359	2440	2321	2549	2500
文化产业企业从业人数（万人）	60.3	61.2	68.1	70.6	41.6	47.8
公共图书馆总流通人次（万人次）	1344	1308	1174	1243	1452	1544
博物馆参观人次（万人次）	3000	3500	3500	3500	3500	3500
群众艺术馆、文化馆和文化站组织活动次数（次）	25245	26372	25664	31220	31987	28101
电影放映场次（万场次）	62.4	74.3	97.4	120.0	137.8	162.8
文化产业增加值（亿元）	779.4	850.6	1358.7	1569.4	1754.2	1937.2
文化产业增加值占地区生产总值比重（%）	7.6	7.8	7.9	8.2	8.3	8.5
文化产业资产投入（亿元）	5199.0	5871.0	6503.9	7996.2	5731.0	7937.9
文化产业营业收入（亿元）	2911.7	3654.3	5669.7	5168.7	5155.2	6876.9
文化核心领域产业收入（亿元）	2741.8	3378.4	4249.7	5054.7	5904.6	6864.5
文化娱乐休闲服务收入（亿元）	440.7	458.4	706.6	849.0	964.5	1054.7
指标/年份	2015	2016	2017	2018	2019	2020
公共图书馆个数（个）	25	25	24	24	24	24
博物馆个数（个）	173	178	179	179	183	197

指标 / 年份	2015	2016	2017	2018	2019	2020
群众艺术馆、文化馆和文化站个数（个）	349	352	350	350	354	356
文化产业企业单位数（个）	3418	3539	3994	3887	4831	5119
公共图书馆总藏数（万件）	5943	6229	6528	6777	7048	7241
博物馆文物藏品数（万件）	430	430	430	463	463	1625
公共图书馆从业人数（人）	2842	2782	2756	2673	2629	2570
博物馆从业人数（人）	4602	3992	5699	7849	3960	4525
群众艺术馆、文化馆和文化站从业人数（人）	2602	2748	2763	3134	3437	3692
文化产业企业从业人数（万人）	47.4	48.1	54.1	53.5	54.8	54.6
公共图书馆总流通人次（万人次）	1652	1800	2139	2449	2546	480
博物馆参观人次（万人次）	3600	3550	3500	3550	8000	1752.6
群众艺术馆、文化馆和文化站组织活动次数（次）	29167	32742	35038	46739	48958	28768
电影放映场次（万场次）	198.1	228.5	273.9	309.6	356.2	146.0
文化产业增加值（亿元）	2081.4	2217.4	2723.5	3075.1	3318.4	3462.6
文化产业增加值占地区生产总值比重（%）	8.4	8.2	9.1	9.3	9.4	9.5
文化产业资产投入（亿元）	9419.6	10870.0	13887.9	16579.0	19020.3	23738.4
文化产业营业收入（亿元）	7548.1	8195.4	9586.0	10963.0	12997.3	14944.0
文化核心领域产业收入（亿元）	7336.4	8317.9	8981.5	9292.0	11972.6	13955.9
文化娱乐休闲服务收入（亿元）	1207.0	1253.8	1258.2	1411.0	121.2	80.1

表 1-6　北京旅游产业发展指标数据

指标 / 年份	2009	2010	2011	2012	2013	2014
星级饭店数量（个）	757	729	598	612	614	581
旅行社数量（个）	888	819	919	1021	1147	1243
A 级及以上和重点旅游景区数量（个）	187	200	206	217	215	221
住宿和餐饮业法人单位数（个）	3517	3377	3220	3103	2927	3029
旅行社成本投入（万元）	1961346.1	3248568.8	4143876.1	5064662.7	5684509.5	6514223.8
住宿和餐饮业资产投入（亿元）	1194.4	1233.9	1399.1	1544.3	1645.2	1666.3

指标 / 年份	2009	2010	2011	2012	2013	2014
星级饭店从业人数（人）	134159	130050	128609	122379	112512	99258
旅行社从业人数（人）	15262	21454	23871	28022	31694	33591
A 级及以上和重点旅游景区从业人数（人）	27901	12451	6660	7716	7388	28008
住宿和餐饮业从业人数（万人）	40.4	38.7	39.1	40.8	39.1	36.8
星级饭店接待人数（万人次）	1827.3	2125.4	2111.1	2101.0	1958.8	1940.3
旅行社接待人数（万人次）	306.6	542.2	552.3	519.1	441.6	427.0
A 级及以上和重点旅游景区接待人数（万人次）	15385.0	17307.0	24255.0	24276.1	26725.8	28684.7
接待游客总人数（万人次）	16669.5	18390.1	21404.4	23134.6	25189.0	26149.7
国际旅游收入（亿美元）	43.6	50.4	54.2	51.5	47.9	46.1
国内旅游收入（亿元）	2144.5	2425.1	2864.3	3301.3	3666.3	3997.0
星级饭店营业收入（万元）	2261411.0	2607769.0	2853358.0	3031115.8	2727974.3	2568184.9
旅行社营业收入（万元）	2134058.8	3517099.4	4436713.3	5415692.9	6103603.4	6989125.4
A 级及以上和重点旅游景区营业收入（万元）	407070.2	478572.0	552329.9	586394.7	621561.0	656909.2
住宿和餐饮业营业收入（亿元）	614.2	707.4	834.4	925.8	883.1	878.4
指标 / 年份	2015	2016	2017	2018	2019	2020
星级饭店数量（个）	528	523	519	419	395	378
旅行社数量（个）	1238	1162	1139	1192	1440	1413
A 级及以上和重点旅游景区数量（个）	248	243	247	247	244	244
住宿和餐饮业法人单位数（个）	2383	2281	2251	2189	3185	3137
旅行社成本投入（万元）	6969927.9	8205260.0	8200214.0	8823907.0	9661304.0	1859247.0
住宿和餐饮业资产投入（亿元）	1741.1	1773.9	1802.2	1986.9	2118.0	2063.7
星级饭店从业人数（人）	92606	84868	76603	74410	69399	58389
旅行社从业人数（人）	37780	40812	37952	37660	39779	26155
A 级及以上和重点旅游景区从业人数（人）	26177	24191	16843	36126	32021	35974

指标/年份	2015	2016	2017	2018	2019	2020
住宿和餐饮业从业人数（万人）	35.1	34.5	35.0	36.7	39.6	34.5
星级饭店接待人数（万人次）	2008.6	2017.1	1926.8	1902.8	1817.4	713.7
旅行社接待人数（万人次）	468.0	466.8	422.3	377.8	455.7	91.1
A级及以上和重点旅游景区接待人数（万人次）	29405.3	30350.5	30401.5	31131.1	31772.1	16779.5
接待游客总人数（万人次）	27279.0	28531.5	29746.2	31093.6	32209.9	18386.5
国际旅游收入（亿美元）	46.1	50.7	51.3	55.2	51.9	4.8
国内旅游收入（亿元）	4320.0	4683.0	5122.4	5556.2	5866.2	2880.9
星级饭店营业收入（万元）	2576003.0	2614497.0	2575127.0	2759567.0	2747721.0	1516259.0
旅行社营业收入（万元）	8355826.3	8788779.0	8819738.7	9439120.6	10394925.9	1994239.0
A级及以上和重点旅游景区营业收入（万元）	728567.9	771492.8	827228.5	867894.1	882511.2	423941.5
住宿和餐饮业营业收入（亿元）	892.7	918.3	992.1	1086.7	1266.8	889.2

（一）旅游产业相关指标对文化产业的关联度分析

在计算旅游产业相关指标对文化产业的关联度时，将文化产业增加值（亿元）选作参考序列 x_0，将旅游产业相关指标作为比较序列 x_i，计算得出指标间关联系数 $\zeta(x_0(k), x_i(k))$，如表1-7所示，再据此计算出旅游产业相关指标对文化产业的关联度 $\gamma(x_0, x_i)$，如表1-8所示。

一般认为，灰色关联度在0—0.35时，属于弱关联，在0.35—0.65时，属于中度关联，在0.65—1时，属于强关联。

从计算结果可以看出，旅游产业相关指标对文化产业的关联度均在0.56以上，关联性均较强。将旅游产业二级指标对文化产业的影响程度进行从高到低排序：旅行社从业人数＞国内旅游收入＞旅行社营业收入＞旅行社成本投入＞A级及以上和重点旅游景区接待人数＞A级及以上和重点旅游景区营业收入＞接待游客总人数＞住宿和餐饮业营业收入＞住宿和餐饮业资产投入＞旅行社接待人数＞旅行社数量＞A级及以上和重点旅游景区数量＞星级饭店营业收入＞国际旅游收入＞星级饭店接待人数＞住宿和餐饮业从业人数＞住宿和餐饮业法人单位数＞星级饭店从业人数＞星级饭店数量＞A级及以上和重点旅游景区。将旅游产业一级指标对文化产业的影响程度进行从高到低排序：旅游产业经营＞服务受众＞基础保障＞服务队伍。

从关联度排序结果可以看出，旅游产业经营情况对文化产业的影响最大，其次是服务受众，最后是基础保障和服务队伍，关联度都达到了0.64以上，都属于强关联。可见，只有旅游产业本身经营发展得好，旅游收入才能实现产业外溢并实现与文化产业的更好融合。其中，作为旅游产业最重要的支柱产业——旅行社的发展情况对文化产业的影响最大，表明旅行社是加强文旅融合的主推企业，旅行社从业人数、营业收入、成本投入是主要影响指标。A级及以上和重点旅游景区也是影响文化产业发展的主要企业，它是实现文化和旅游产业融合的主要载体。

（二）文化产业相关指标对旅游产业的关联度分析

在计算文化产业相关指标对旅游产业的关联度时，将旅游总收入（亿元）选作参考序列 x_0，将文化产业相关指标作为比较序列 x_i，根据公式1.1—1.4计算得出指标间关联系数 $\zeta(x_0(k), x_i(k))$ 和关联度 (x_0, x_i)，分别见表1-9和表1-10。

表1-7　2009—2020年旅游产业相关指标对文化产业的关联系数

指标／年份	2009	2010	2011	2012	2013	2014
星级饭店数量（个）	1.000	0.944	0.694	0.643	0.601	0.558
旅行社数量（个）	1.000	0.928	0.754	0.715	0.693	0.666
A级及以上和重点旅游景区数量（个）	1.000	0.990	0.771	0.717	0.663	0.624
住宿和餐饮业法人单位数（个）	1.000	0.943	0.724	0.657	0.604	0.571
旅行社成本投入（万元）	1.000	0.793	0.854	0.792	0.770	0.722
住宿和餐饮业资产投入（亿元）	1.000	0.974	0.791	0.750	0.713	0.665
星级饭店从业人数（人）	1.000	0.947	0.734	0.663	0.605	0.554
旅行社从业人数（人）	1.000	0.873	0.924	0.924	0.926	0.884
A级及以上和重点旅游景区从业人数（人）	1.000	0.771	0.590	0.555	0.522	0.594
住宿和餐饮业从业人数（万人）	1.000	0.942	0.736	0.683	0.628	0.579

指标／年份	2009	2010	2011	2012	2013	2014
星级饭店接待人数（万人次）	1.000	0.968	0.787	0.715	0.648	0.603
旅行社接待人数（万人次）	1.000	0.762	0.974	0.871	0.728	0.665
A级及以上和重点旅游景区接待人数（万人次）	1.000	0.985	0.929	0.833	0.808	0.777
接待游客总人数（万人次）	1.000	0.995	0.825	0.776	0.745	0.703
国际旅游收入（亿美元）	1.000	0.971	0.812	0.722	0.653	0.603
国内旅游收入（亿元）	1.000	0.982	0.842	0.820	0.800	0.777
星级饭店营业收入（万元）	1.000	0.972	0.818	0.763	0.675	0.616
旅行社营业收入（万元）	1.000	0.796	0.866	0.805	0.780	0.733
A级及以上和重点旅游景区营业收入（万元）	1.000	0.963	0.849	0.791	0.750	0.713
住宿和餐饮业营业收入（亿元）	1.000	0.973	0.849	0.811	0.727	0.672
指标／年份	2015	2016	2017	2018	2019	2020
星级饭店数量（个）	0.523	0.501	0.435	0.390	0.367	0.355
旅行社数量（个）	0.629	0.585	0.495	0.454	0.451	0.432
A级及以上和重点旅游景区数量（个）	0.617	0.584	0.499	0.452	0.423	0.408
住宿和餐饮业法人单位数（个）	0.521	0.497	0.431	0.395	0.393	0.379
旅行社成本投入（万元）	0.710	0.618	0.759	0.797	0.764	0.383
住宿和餐饮业资产投入（亿元）	0.641	0.614	0.522	0.487	0.466	0.444
星级饭店从业人数（人）	0.522	0.495	0.426	0.390	0.367	0.351
旅行社从业人数（人）	0.917	0.927	0.683	0.594	0.567	0.443
A级及以上和重点旅游景区从业人数（人）	0.556	0.523	0.428	0.450	0.411	0.407
住宿和餐饮业从业人数（万人）	0.546	0.521	0.452	0.416	0.398	0.376
星级饭店接待人数（万人次）	0.580	0.554	0.470	0.427	0.399	0.348
旅行社接待人数（万人次）	0.654	0.621	0.506	0.444	0.439	0.343

指标 / 年份	2015	2016	2017	2018	2019	2020
A 级及以上和重点旅游景区接待人数（万人次）	0.740	0.713	0.588	0.530	0.497	0.393
接待游客总人数（万人次）	0.677	0.657	0.559	0.510	0.482	0.393
国际旅游收入（亿美元）	0.573	0.563	0.483	0.447	0.414	0.333
国内旅游收入（亿元）	0.768	0.766	0.662	0.615	0.587	0.411
星级饭店营业收入（万元）	0.586	0.562	0.479	0.443	0.416	0.365
旅行社营业收入（万元）	0.635	0.630	0.772	0.819	0.779	0.382
A 级及以上和重点旅游景区营业收入（万元）	0.711	0.695	0.597	0.544	0.509	0.389
住宿和餐饮业营业收入（亿元）	0.640	0.616	0.535	0.499	0.497	0.420

表 1-8　2009—2020 年旅游产业相关指标对文化产业的关联度

旅游产业一级指标	与文化产业的关联度 γ	旅游产业二级指标	与文化产业的关联度 γ
基础保障	0.6487	星级饭店数量（个）	0.5843
		旅行社数量（个）	0.6501
		A 级及以上和重点旅游景区数量（个）	0.6458
		住宿和餐饮业法人单位数（个）	0.5928
		旅行社成本投入（万元）	0.7469
		住宿和餐饮业资产投入（亿元）	0.6723
服务队伍	0.6416	星级饭店从业人数（人）	0.5878
		旅行社从业人数（人）	0.8052
		A 级及以上和重点旅游景区从业人数（人）	0.5671
		住宿和餐饮业从业人数（万人）	0.6065
服务受众	0.6796	星级饭店接待人数（万人次）	0.6249
		旅行社接待人数（万人次）	0.6672
		A 级及以上和重点旅游景区接待人数（万人次）	0.7327
		接待游客总人数（万人次）	0.6935

旅游产业 一级指标	与文化产业的 关联度 γ	旅游产业 二级指标	与文化产业的 关联度 γ
产业经营	0.6951	国际旅游收入（亿美元）	0.6312
		国内旅游收入（亿元）	0.7526
		星级饭店营业收入（万元）	0.6412
		旅行社营业收入（万元）	0.7498
		A级及以上和重点旅游景区营业收入 （万元）	0.7092
		住宿和餐饮业营业收入（亿元）	0.6866

表1-9　2009—2020年文化产业相关指标对旅游产业的关联系数

指标／年份	2009	2010	2011	2012	2013	2014
公共图书馆个数（个）	1.000	0.937	0.861	0.802	0.760	0.724
博物馆个数（个）	1.000	0.952	0.890	0.834	0.792	0.761
群众艺术馆、文化馆和 文化站个数（个）	1.000	0.943	0.871	0.813	0.772	0.735
文化产业企业单位数 （个）	1.000	0.955	0.895	0.848	0.876	0.810
公共图书馆总藏数 （万件）	1.000	0.962	0.924	0.902	0.829	0.807
博物馆文物藏品数 （万件）	1.000	0.938	0.991	0.914	0.859	0.813
公共图书馆从业人数 （人）	1.000	0.946	0.885	0.803	0.794	0.756
博物馆从业人数（人）	1.000	0.934	0.868	0.834	0.807	0.835
群众艺术馆、文化馆和 文化站从业人数（人）	1.000	0.908	0.849	0.777	0.763	0.721
文化产业企业从业人数 （万人）	1.000	0.943	0.913	0.862	0.679	0.672
公共图书馆总流通人次 （万人次）	1.000	0.925	0.816	0.779	0.784	0.765
博物馆参观人次 （万人次）	1.000	0.983	0.929	0.861	0.812	0.771
群众艺术馆、文化馆和 文化站组织活动次数 （次）	1.000	0.957	0.868	0.888	0.847	0.755
电影放映场次 （万场次）	1.000	0.972	0.890	0.818	0.771	0.697
文化产业增加值 （亿元）	1.000	0.979	0.822	0.788	0.758	0.729

指标 / 年份	2009	2010	2011	2012	2013	2014
文化产业增加值占地区生产总值比重（%）	1.000	0.948	0.876	0.829	0.788	0.756
文化产业资产投入（亿元）	1.000	0.998	0.968	0.974	0.791	0.897
文化产业营业收入（亿元）	1.000	0.942	0.758	0.872	0.930	0.764
文化核心领域产业收入（亿元）	1.000	0.952	0.894	0.846	0.788	0.724
文化娱乐休闲服务收入（亿元）	1.000	0.955	0.873	0.817	0.777	0.755
指标 / 年份	2015	2016	2017	2018	2019	2020
公共图书馆个数（个）	0.690	0.651	0.606	0.573	0.553	0.894
博物馆个数（个）	0.727	0.692	0.651	0.614	0.596	0.946
群众艺术馆、文化馆和文化站个数（个）	0.702	0.664	0.624	0.590	0.571	0.942
文化产业企业单位数（个）	0.729	0.696	0.689	0.639	0.682	0.786
公共图书馆总藏数（万件）	0.789	0.758	0.726	0.693	0.678	0.809
博物馆文物藏品数（万件）	0.770	0.722	0.677	0.658	0.631	0.346
公共图书馆从业人数（人）	0.704	0.659	0.619	0.580	0.557	0.893
博物馆从业人数（人）	0.691	0.625	0.665	0.736	0.539	0.907
群众艺术馆、文化馆和文化站从业人数（人）	0.697	0.671	0.632	0.625	0.624	0.880
文化产业企业从业人数（万人）	0.642	0.610	0.595	0.562	0.546	0.873
公共图书馆总流通人次（万人次）	0.750	0.733	0.752	0.766	0.751	0.702
博物馆参观人次（万人次）	0.742	0.693	0.647	0.613	0.944	0.764
群众艺术馆、文化馆和文化站组织活动次数（次）	0.729	0.722	0.698	0.775	0.764	0.973
电影放映场次（万场次）	0.605	0.551	0.478	0.437	0.384	0.632
文化产业增加值（亿元）	0.715	0.714	0.611	0.564	0.535	0.377
文化产业增加值占地区生产总值比重（%）	0.716	0.668	0.654	0.621	0.600	0.972
文化产业资产投入（亿元）	0.963	0.983	0.820	0.720	0.640	0.369

指标／年份	2015	2016	2017	2018	2019	2020
文化产业营业收入（亿元）	0.736	0.722	0.652	0.595	0.507	0.333
文化核心领域产业收入（亿元）	0.714	0.668	0.655	0.671	0.520	0.336
文化娱乐休闲服务收入（亿元）	0.698	0.714	0.762	0.717	0.464	0.661

表 1-10　2009—2020 年文化产业相关指标对旅游产业的关联度

文化产业一级指标	与旅游产业的关联度 γ	文化产业二级指标	与旅游产业的关联度 γ
基础保障	0.7852	公共图书馆个数（个）	0.7543
		博物馆个数（个）	0.7878
		群众艺术馆、文化馆和文化站个数（个）	0.7689
		文化产业企业单位数（个）	0.8004
		公共图书馆总藏数（万件）	0.8231
		博物馆文物藏品数（万件）	0.7766
服务队伍	0.7642	公共图书馆从业人数（人）	0.7663
		博物馆从业人数（人）	0.7869
		群众艺术馆、文化馆和文化站从业人数（人）	0.7621
		文化产业企业从业人数（万人）	0.7413
服务受众	0.7810	公共图书馆总流通人次（万人次）	0.7935
		博物馆参观人次（万人次）	0.8132
		群众艺术馆、文化馆和文化站组织活动次数（次）	0.8313
		电影放映场次（万场次）	0.6862
产业经营	0.7627	文化产业增加值（亿元）	0.7162
		文化产业增加值占地区生产总值比重（%）	0.7858
		文化产业资产投入（亿元）	0.8435
		文化产业营业收入（亿元）	0.7342
		文化核心领域产业收入（亿元）	0.7307
		文化娱乐休闲服务收入（亿元）	0.7660

从计算结果可以看出，文化产业相关指标对旅游产业的关联度均在 0.68 以上，属于强关联，关联性非常强。

将文化产业二级指标对旅游产业的影响程度进行从高到低排序：文化产业资产投入＞群众艺术馆、文化馆和文化站组织活动次数＞公共图书馆总藏数＞博物馆参观人次＞文化产业企业单位数＞公共图书馆总流通人次＞博物馆个数＞博物馆从业人数＞文化产业增加值占地区生产总值比重＞博物馆文物藏品数＞群众艺术馆、文化馆和文化站个数＞公共图书馆从业人数＞文化娱乐休闲服务收入＞群众艺术馆、文化馆和文化站从业人数＞公共图书馆个数＞文化产业企业从业人数＞文化产业营业收入＞文化核心领域产业收入＞文化产业增加值＞电影放映场次。

将文化产业一级指标对旅游产业的影响程度进行从高到低排序：文化产业基础保障＞服务受众＞服务队伍＞产业经营。

从关联度排序结果可以看出，文化产业经营情况对旅游产业的影响最大，其次是服务受众，最后是服务队伍和产业经营，关联度都达到了 0.76 以上，都属于强关联。可见，只有文化产业基础保障到位，才能为更多的人包括游客提供服务，人们的文化需求才会得到满足和提升，充分发挥文旅融合中文化的"灵魂"作用，最终服务于"人民日益增长的美好生活需要"。其中，文化产业资产投入情况对旅游产业的影响最大，其次是文化场馆组织活动情况，这表明要促进文旅的深度融合，必须先加强文化产业自身的投入和发展，多组织文化活动，拓宽文化服务的受众面。一些文化场馆已经成为一个城市非常有吸引力的旅游景点，每天接待众多的游客，在这里文化和旅游共生共融，共同发展。

（三）文化产业与旅游产业融合现状综合分析

从正反两方面的测算得出的数据看，首都文化产业与旅游产业指标的关联度均在 0.56 以上，说明目前首都两产业之间的关联较为密切，产业融合现状较好。

在旅游产业对文化产业的关联度实证中，旅游产业的 20 项指标与文化产业的关联系数在 2009—2020 年间整体上呈逐年下降的趋势，从 0.9 左右下降至 0.3 左右，但旅游产业对文化产业却始终处在中度关联和较高关联的阶段，其中，旅游产业的经营状况与文化产业的关联度相对较高，约为 0.7。

在反向实证研究中，首都文化产业的 20 项指标与旅游产业的关联系数在 2009—2020 年间整体保持一个相对稳定的状态，除个别指标出现波动起伏，整体变化不大，文化产业对旅游产业整体保持在高度关联阶段。

综合两产业之间的关联度评价结果，我们得知，文化产业对旅游产业的影响程度大于旅游产业对文化产业的影响程度，二者的影响程度并不完全对等，这说明文化产业是首都文旅融合的重要基础，也是首都旅游产业发展的新动力，反之，旅游产业的发展也会促进文化产业的繁荣。

四、首都文化产业与旅游产业融合发展水平定量分析

对于首都文化产业与旅游产业融合发展水平的定量测度与分析主要运用融合协调度模型，从首都文化产业与旅游产业各自的发展水平以及两产业间的融合发展水平两个方面进行时间序列演化的研究。

综合考虑数据可得性、可靠性及样本量，本部分研究使用的测度指标主要来源于首都文化产业和旅游产业的相关统计资料，数据统计年份区间为 2009 至 2020 年，具体指标及原始数据见表 1–5 和表 1–6。第一步是根据公式 1.5，对原始数据进行标准化处理，处理结果如表 1–11、表 1–12 所示。

表 1–11 北京文化产业发展指标标准化值

指标 / 年份	2009	2010	2011	2012	2013	2014
公共图书馆个数（个）	1.0001	1.0001	1.0001	1.0001	1.0001	1.0001
博物馆个数（个）	0.0001	0.1088	0.2392	0.3044	0.3479	0.4349
群众艺术馆、文化馆和文化站个数（个）	0.0001	0.2084	0.3334	0.4584	0.5834	0.5834
文化产业企业单位数（个）	0.0001	0.0571	0.1173	0.1794	0.4728	0.3982
公共图书馆总藏数（万件）	0.0001	0.0854	0.2371	0.4136	0.3301	0.4293
博物馆文物藏品数（万件）	0.0001	0.0009	0.0766	0.0766	0.0766	0.0766
公共图书馆从业人数（人）	0.2606	0.3885	0.6420	0.2652	0.9559	1.0001
博物馆从业人数（人）	0.1559	0.1495	0.1770	0.2644	0.3354	0.5825
群众艺术馆、文化馆和文化站从业人数（人）	0.1489	0.0278	0.0869	0.0001	0.1664	0.1307
文化产业企业从业人数（万人）	0.6449	0.6760	0.9139	1.0001	0.0001	0.2139
公共图书馆总流通人次（万人次）	0.4183	0.4009	0.3360	0.3694	0.4706	0.5151
博物馆参观人次（万人次）	0.1998	0.2798	0.2798	0.2798	0.2798	0.2798

指标＼年份	2009	2010	2011	2012	2013	2014
群众艺术馆、文化馆和文化站组织活动次数（次）	0.0001	0.0476	0.0178	0.2521	0.2844	0.1205
电影放映场次（万场次）	0.0001	0.0406	0.1192	0.1962	0.2567	0.3418
文化产业增加值（亿元）	0.0001	0.0266	0.2160	0.2945	0.3634	0.4316
文化产业增加值占地区生产总值比重（%）	0.0001	0.1054	0.1580	0.3159	0.3685	0.4738
文化产业资产投入（亿元）	0.0001	0.0363	0.0705	0.1510	0.0288	0.1478
文化产业营业收入（亿元）	0.0001	0.0618	0.2293	0.1877	0.1866	0.3296
文化核心领域产业收入（亿元）	0.0001	0.0569	0.1346	0.2063	0.2821	0.3677
文化娱乐休闲服务收入（亿元）	0.2710	0.2843	0.4708	0.5778	0.6646	0.7324
指标／年份	2015	2016	2017	2018	2019	2020
公共图书馆个数（个）	1.0001	1.0001	0.0001	0.0001	0.0001	0.0001
博物馆个数（个）	0.4784	0.5871	0.6088	0.6088	0.6958	1.0001
群众艺术馆、文化馆和文化站个数（个）	0.7084	0.8334	0.7501	0.7501	0.9168	1.0001
文化产业企业单位数（个）	0.2119	0.2679	0.4788	0.4292	0.8666	1.0001
公共图书馆总藏数（万件）	0.5483	0.6479	0.7519	0.8386	0.9329	1.0001
博物馆文物藏品数（万件）	0.0766	0.0766	0.0766	0.1021	0.1021	1.0001
公共图书馆从业人数（人）	0.6327	0.4931	0.4327	0.2396	0.1373	0.0001
博物馆从业人数（人）	0.1652	0.0083	0.4473	1.0001	0.0001	0.1454
群众艺术馆、文化馆和文化站从业人数（人）	0.2051	0.3116	0.3225	0.5931	0.8141	1.0001
文化产业企业从业人数（万人）	0.2001	0.2242	0.4311	0.4104	0.4553	0.4484
公共图书馆总流通人次（万人次）	0.5674	0.6390	0.8031	0.9531	1.0001	0.0001
博物馆参观人次（万人次）	0.2958	0.2878	0.2798	0.2878	1.0001	0.0001
群众艺术馆、文化馆和文化站组织活动次数（次）	0.1655	0.3163	0.4131	0.9065	1.0001	0.1487
电影放映场次（万场次）	0.4620	0.5655	0.7200	0.8415	1.0001	0.2846

指标／年份	2015	2016	2017	2018	2019	2020
文化产业增加值（亿元）	0.4853	0.5360	0.7246	0.8557	0.9464	1.0001
文化产业增加值占地区生产总值比重（%）	0.4212	0.3159	0.7896	0.8948	0.9475	1.0001
文化产业资产投入（亿元）	0.2278	0.3060	0.4688	0.6139	0.7456	1.0001
文化产业营业收入（亿元）	0.3854	0.4392	0.5548	0.6692	0.8383	1.0001
文化核心领域产业收入（亿元）	0.4098	0.4973	0.5565	0.5842	0.8232	1.0001
文化娱乐休闲服务收入（亿元）	0.8468	0.8820	0.8853	1.0001	0.0310	0.0001

表1-12 北京旅游产业发展指标标准值

指标／年份	2009	2010	2011	2012	2013	2014
星级饭店数量（个）	1.0001	0.9262	0.5806	0.6175	0.6228	0.5357
旅行社数量（个）	0.1112	0.0001	0.1611	0.3254	0.5283	0.6829
A级及以上和重点旅游景区数量（个）	0.0001	0.2132	0.3116	0.4919	0.4591	0.5575
住宿和餐饮业法人单位数（个）	1.0001	0.8947	0.7765	0.6884	0.5558	0.6326
旅行社成本投入（万元）	0.0132	0.1782	0.2929	0.4109	0.4904	0.5967
住宿和餐饮业资产投入（亿元）	0.0001	0.0429	0.2217	0.3789	0.4882	0.5110
星级饭店从业人数（人）	1.0001	0.9459	0.9269	0.8446	0.7144	0.5395
旅行社从业人数（人）	0.0001	0.2424	0.3370	0.4995	0.6432	0.7175
A级及以上和重点旅游景区从业人数（人）	0.7210	0.1966	0.0001	0.0359	0.0248	0.7246
住宿和餐饮业从业人数（万人）	0.9366	0.6668	0.7303	1.0001	0.7303	0.3652
星级饭店接待人数（万人次）	0.7889	1.0001	0.9900	0.9828	0.8821	0.8690
旅行社接待人数（万人次）	0.4674	0.9782	1.0001	0.9281	0.7601	0.7284
A级及以上和重点旅游景区接待人数（万人次）	0.0001	0.1174	0.5414	0.5427	0.6922	0.8117
接待游客总人数（万人次）	0.0001	0.1108	0.3048	0.4161	0.5483	0.6101

指标 / 年份	2009	2010	2011	2012	2013	2014
国际旅游收入（亿美元）	0.7699	0.9049	0.9803	0.9267	0.8553	0.8195
国内旅游收入（亿元）	0.0001	0.0755	0.1935	0.3109	0.4090	0.4979
星级饭店营业收入（万元）	0.4920	0.7206	0.8828	1.0001	0.8000	0.6945
旅行社营业收入（万元）	0.0167	0.1814	0.2908	0.4074	0.4893	0.5947
A级及以上和重点旅游景区营业收入（万元）	0.0001	0.1505	0.3056	0.3773	0.4512	0.5256
住宿和餐饮业营业收入（亿元）	0.0001	0.1429	0.3375	0.4776	0.4121	0.4049
指标 / 年份	2015	2016	2017	2018	2019	2020
星级饭店数量（个）	0.3959	0.3827	0.3721	0.1083	0.0450	0.0001
旅行社数量（个）	0.6748	0.5524	0.5154	0.6007	1.0001	0.9566
A级及以上和重点旅游景区数量（个）	1.0001	0.9181	0.9837	0.9837	0.9345	0.9345
住宿和餐饮业法人单位数（个）	0.1462	0.0694	0.0468	0.0001	0.7501	0.7140
旅行社成本投入（万元）	0.6551	0.8135	0.8128	0.8928	1.0001	0.0001
住宿和餐饮业资产投入（亿元）	0.5920	0.6275	0.6582	0.8582	1.0001	0.9413
星级饭店从业人数（人）	0.4517	0.3496	0.2405	0.2115	0.1454	0.0001
旅行社从业人数（人）	0.8814	1.0001	0.8882	0.8767	0.9597	0.4264
A级及以上和重点旅游景区从业人数（人）	0.6625	0.5951	0.3457	1.0001	0.8608	0.9949
住宿和餐饮业从业人数（万人）	0.0953	0.0001	0.0795	0.3493	0.8096	0.0001
星级饭店接待人数（万人次）	0.9174	0.9234	0.8594	0.8424	0.7819	0.0001
旅行社接待人数（万人次）	0.8173	0.8147	0.7182	0.6217	0.7906	0.0001
A级及以上和重点旅游景区接待人数（万人次）	0.8557	0.9133	0.9165	0.9610	1.0001	0.0852
接待游客总人数（万人次）	0.6828	0.7634	0.8416	0.9283	1.0001	0.1106
国际旅游收入（亿美元）	0.8195	0.9108	0.9227	1.0001	0.9346	0.0001
国内旅游收入（亿元）	0.5846	0.6822	0.8002	0.9168	1.0001	0.1980
星级饭店营业收入（万元）	0.6997	0.7251	0.6991	0.8208	0.8130	0.0001

指标／年份	2015	2016	2017	2018	2019	2020
旅行社营业收入（万元）	0.7574	0.8089	0.8126	0.8863	1.0001	0.0001
A级及以上和重点旅游景区营业收入（万元）	0.6763	0.7666	0.8838	0.9694	1.0001	0.0356
住宿和餐饮业营业收入（亿元）	0.4269	0.4661	0.5792	0.7241	1.0001	0.4215

（一）权重的确定及分析

运用上述熵值法（1.6—1.9），对所选取的首都2009—2020年文化产业和旅游产业指标进行权重确定，具体结果如表1-13所示。

表1-13　首都文化产业与旅游产业指标权重

产业类型（目标层）	一级指标（准则层）	权重	二级指标（指标层）	权重
文化产业	基础保障	0.3369	公共图书馆个数（个）	0.0624
			博物馆个数（个）	0.0316
			群众艺术馆、文化馆和文化站个数（个）	0.0244
			文化产业企业单位数（个）	0.0498
			公共图书馆总藏数（万件）	0.0349
			博物馆文物藏品数（万件）	0.1337
	服务队伍	0.2005	公共图书馆从业人数（人）	0.0365
			博物馆从业人数（人）	0.0631
			群众艺术馆、文化馆和文化站从业人数（人）	0.0680
			文化产业企业从业人数（万人）	0.0329
	服务受众	0.1819	公共图书馆总流通人次（万人次）	0.0239
			博物馆参观人次（万人次）	0.0339
			群众艺术馆、文化馆和文化站组织活动次数（次）	0.0744
			电影放映场次（万场次）	0.0497

产业类型（目标层）	一级指标（准则层）	权重	二级指标（指标层）	权重
文化产业	产业经营	0.2808	文化产业增加值（亿元）	0.0412
			文化产业增加值占地区生产总值比重（%）	0.0410
			文化产业资产投入（亿元）	0.0738
			文化产业营业收入（亿元）	0.0447
			文化核心领域产业收入（亿元）	0.0435
			文化娱乐休闲服务收入（亿元）	0.0366
旅游产业	基础保障	0.3316	星级饭店数量（个）	0.0602
			旅行社数量（个）	0.0500
			A级及以上和重点旅游景区数量（个）	0.0411
			住宿和餐饮业法人单位数（个）	0.0667
			旅行社成本投入（万元）	0.0610
			住宿和餐饮业资产投入（亿元）	0.0526
	服务队伍	0.2500	星级饭店从业人数（人）	0.0543
			旅行社从业人数（人）	0.0374
			A级及以上和重点旅游景区从业人数（人）	0.0749
			住宿和餐饮业从业人数（万人）	0.0833
	服务受众	0.1512	星级饭店接待人数（万人次）	0.0206
			旅行社接待人数（万人次）	0.0241
			A级及以上和重点旅游景区接待人数（万人次）	0.0514
			接待游客总人数（万人次）	0.0552
	产业经营	0.2672	国际旅游收入（亿美元）	0.0205
			国内旅游收入（亿元）	0.0607
			星级饭店营业收入（万元）	0.0229
			旅行社营业收入（万元）	0.0606
			A级及以上和重点旅游景区营业收入（万元）	0.0622
			住宿和餐饮业营业收入（亿元）	0.0402

通过对上述权重结果的分析可知，文化产业和旅游产业的一级指标权重值具有高度的一致性，即权重值从大到小依次排序为基础保障＞产业经营＞服务队伍＞服务受众，说明对于两产业融合发展而言，基础保障最重要，其次是产业经营和服务队伍，最后是服务受众。具体到各二级指标的权重值，文化产业中的博物馆文物藏品数、群众文化场馆组织活动次数、文化产业资产投入等指标权重值较高，旅游产业中的住宿和餐饮业从业人数和 A 级及以上和重点旅游景区从业人数等指标权重值较高，在产业融合实践中要重点考虑这些重要指标的改变对产业发展及融合所带来的具体影响。

（二）首都文化与旅游产业综合发展水平测算与分析

依据上述产业综合发展水平公式 1.10，对首都 2009—2020 年文化产业与旅游产业综合发展水平进行测算，测算结果如图 1-1 所示。

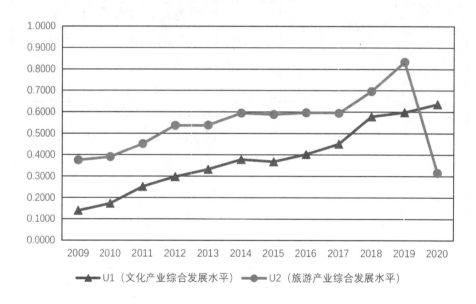

图 1-1　北京市 2009—2020 年文化产业与旅游产业综合发展水平及趋势

从首都整体情况来看，2009 —2020 年，首都文化产业和旅游产业综合发展水平呈现出逐步上升的趋势。总体上，首都旅游产业综合发展水平高于文化产业综合发展水平，文化产业综合发展指数平均值为 0.38，旅游产业综合发展指数平均值为 0.54。

首都文化和旅游产业综合发展水平在 2009—2014 年稳定增长，2015 年文化产业和旅游产业综合发展水平均出现略微的下降，原因是 2015 年北京文化创意产业从 2013 年、2014 年的第一位变成了第二位，北京的文化产业发展面临着上海的强力竞争，其文化竞争力和文化产业需要进一步加强；2015 年，北京入境旅游市场持续低迷，国内旅游市场虽然保持了稳定向好的态势，但其旅游业整体发展出现了非常细微的下降。可见，文化产业与旅游产业的综合发展水平受多方面因素的影响。

2015 年之后首都文化和旅游产业综合发展指数一直快速平稳上升，直到 2020 年首都旅游产业综合发展水平出现大幅度下降。这主要是由于 2020 年新型冠状病毒的暴发成为行业发展的最大黑天鹅，对北京旅游行业造成了非常大的负面影响，导致首都旅游产业综合发展水平出现了断崖式的下降。

北京旅游产业发展与中国改革开放同步，起始于 1978 年，近 44 年来实现了跨越式发展，综合发展水平持续增长，在全国处于领先地位；与此同时，北京作为全国的文化中心，文化产业一直保持了良好的发展势头，但其发展速度略慢于旅游产业，在今后的文旅融合中要更加注重文化产业的提质增效。

（三）首都文化与旅游产业融合协调度测算与分析

依据上述构建的文化产业和旅游产业融合协调模型中的 1.11—1.14，对首都 2009—2020 年文化产业和旅游产业融合水平进行测算，测算结果如表 1-14 和图 1-2 所示。

表 1-14　首都文旅产业融合测评结果表

年份	文化产业综合发展水平指数 U1	旅游产业综合发展水平指数 U2	综合协调指数 T	融合度 C	融合协调度 D	同步性指数 S	协调等级	协调类型
2009	0.1399	0.3753	0.2576	0.4447	0.3385	0.3727	轻度失调	文化滞后
2010	0.1730	0.3901	0.2816	0.4613	0.3604	0.4434	轻度失调	文化滞后
2011	0.2517	0.4523	0.3520	0.4793	0.4108	0.5565	濒临失调	文化滞后
2012	0.2977	0.5368	0.4172	0.4790	0.4471	0.5545	濒临失调	文化滞后
2013	0.3321	0.5383	0.4352	0.4858	0.4598	0.6169	濒临失调	文化滞后
2014	0.3780	0.5944	0.4862	0.4875	0.4868	0.6359	濒临失调	文化滞后
2015	0.3677	0.5884	0.4780	0.4865	0.4823	0.6250	濒临失调	文化滞后
2016	0.4024	0.5966	0.4995	0.4905	0.4949	0.6745	濒临失调	文化滞后
2017	0.4514	0.5944	0.5229	0.4953	0.5089	0.7594	勉强协调	文化滞后

年份	文化产业综合发展水平指数U1	旅游产业综合发展水平指数U2	综合协调指数T	融合度C	融合协调度D	同步性指数S	协调等级	协调类型
2018	0.5784	0.6960	0.6372	0.4979	0.5632	0.8311	勉强协调	文化滞后
2019	0.5983	0.8338	0.7160	0.4932	0.5943	0.7175	勉强协调	文化滞后
2020	0.6359	0.3156	0.4757	0.4708	0.4733	2.0150	濒临失调	旅游滞后

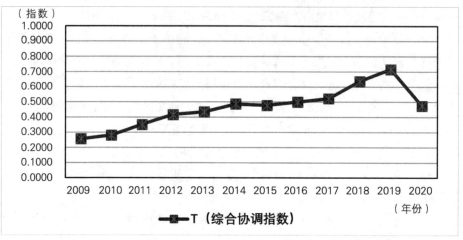

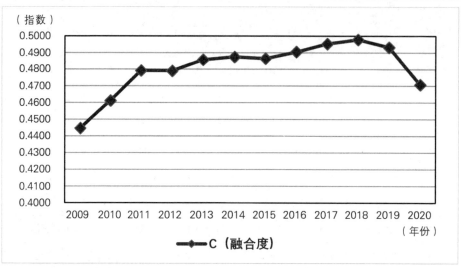

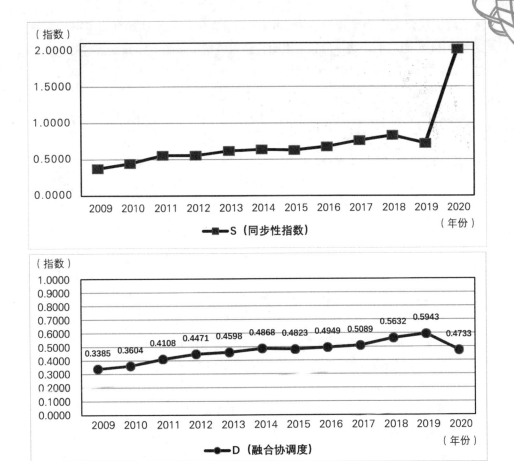

图1-2 首都文化产业与旅游产业融合协调水平演化及趋势图

表征首都文旅产业融合协调水平的综合协调指数（T）、融合度（C）、融合协调度（D）、同步性指数（S）在2009—2020年整体均呈上升趋势，说明首都文化产业与旅游产业融合协调水平日益提升，融合趋势稳定向好。但从上图我们也可以看到，2020年由于受新型冠状病毒的影响，所有指标出现大幅度波动，两产业的发展及融合协调也受到了前所未有的挑战。

1. 首都文化产业与旅游产业综合协调指数（T）分析

首都文化产业与旅游产业综合协调指数（T）在2009—2020年保持稳定上升态势，T值由2009年的0.2576上升到2019年的0.716，增加了近2倍，表明首都文化与旅游产业整体发展及融合协调水平在稳步提升。2020年由于受新冠疫情影响，首都国际和国内旅游市场受到严重影响，旅游产业综合发展水平严重下降，致使综合协调指数也由 2019 年的 0.716 下降到 2020 年的 0.4757，跌到了 2014 年的水平。这一趋势也说明，新冠疫情带来的影响只是暂时的，疫情过后综合协调指数会继续快速上升。

2. 首都文化产业与旅游产业融合度（C）分析

融合度 C 值处于 [0,1] 之间，C 值越大，说明两产业之间融合度越高；反之，C 值越小，两产业之间融合度就越低。

如表 1-14、图 1-2 所示，从 2009 年到 2020 年，首都文化产业与旅游产业的融合度均在 [0.4,0.5] 之间，这表示 12 年间两产业均处于较低水平的融合状态。该结果与首都文化产业与旅游产业的实际发展情况不一致。首都的文化产业和旅游产业发展水平都很高，位居全国前列，但两产业的融合度并不高，原因是旅游产业一直领先于文化产业的发展，二者未能很好地同步发展，使得两产业在各自高水平的轨道上发展，但融合度却较低。即融合度这一指标只能判断各子系统的发展是否处于相同或相近水平，无法判断各个子系统内部发展水平的高低，更无法说明各子系统融合发展的水平高低与协调性。

3. 首都文化产业与旅游产业融合协调度（D）分析

由表 1-14 和图 1-2 可知，首都文化产业与旅游产业融合协调度（D）近 10 年来稳步上升，2020 年也是因为旅游发展受疫情的影响而出现下降。同时，按照首都文化产业与旅游产业融合协调度（D）的测度值和表 1-14 融合协调度等级划分标准，首都文化产业与旅游产业融合发展经历了从失调到协调的过程，从轻度失调到濒临失调，再到勉强协调，融合发展情况越来越好。但整体融合协调水平不高，应加强两产业的融合发展。

4. 首都文化产业与旅游产业同步性指数（S）分析

2009—2020 年，首都旅游产业的发展水平均高于文化产业，这期间两产业发展同步性为文化滞后型；由于受产业性质决定，2020 年新冠疫情对首都旅游业带来巨大的影响，而文化产业受到的影响却不大，因此，2020 年首都文化产业和旅游产业发展态势短暂达到旅游滞后型。在首都文化产业和旅游产业的发展过程中，两产业各自均发展很好，但由于不能做到同步发展，所以导致融合协调度和协调等级均不高，说明未来两产业在融合协调方面仍有很大的提升空间。

有些区域虽然融合协调度很高，协调等级也能达到良好或优质协调，但如果两产业各自发展水平不高，也是较低水平的同步协调发展。因此，可以将两产业的融合协调等级分为四级，即低水平失调、低水平协调、高水平失调、高水平协调，按照这一标准，首都文化产业与旅游产业融合发展则处于第三级向第四级的上升阶段，且属于文化滞后的协调类型。由此可见，两产业已经有了良好的发展基础，未来的深度融合势在必行。

五、首都文化产业与旅游产业融合发展影响因素分析

（一）首都文化产业与旅游产业融合发展的内部影响因素分析

为了科学测算影响首都文化与旅游产业融合发展融合协调度的主要内部因素，根据测算结果提出与首都相契合的更具针对性的对策建议，进一步提升首都文化与旅游产业的融合发展水平。文化产业与旅游产业评价指标体系中的所有指标可以看作是内部影响因素，可作为比较序列，文化与旅游产业的融合协调度（D）作为参考序列，运用灰色关联度模型来分析其影响融合协调度的主要内部因素。

依据灰色关联度模型的相关步骤，通过公式1.1—1.4，利用MATLAB软件测算得出文化产业与旅游产业这两个子系统中各项指标对融合协调度的灰色关联度，具体测算结果如表1-15、表1-16所示。这里测算出的灰色关联度的结果与该指标对于融合协调度的影响程度属于正相关，即该指标测算出来的灰色关联度越大，则这项指标对文化与旅游产业融合协调度的贡献程度越大，该项指标则为影响文化与旅游产业融合协调度的主要指标；如若其灰色关联度越小，则这项指标对于文化与旅游产业融合协调度的影响程度越小，该指标则为影响文化产业与旅游产业融合协调度的次要指标。

表1-15　2009—2020年文化产业相关指标与融合协调度（D）的关联度

文化产业 一级指标	与融合协调度的 关联度 γ	文化产业 二级指标	与融合协调度的 关联度 γ
基础保障	0.8945	公共图书馆个数（个）	0.8402
		博物馆个数（个）	0.8936
		群众艺术馆、文化馆和文化站个数（个）	0.8589
		文化产业企业单位数（个）	0.9248
		公共图书馆总藏数（万件）	0.9593
		博物馆文物藏品数（万件）	0.8901

文化产业 一级指标	与融合协调度的 关联度 γ	文化产业 二级指标	与融合协调度的 关联度 γ
服务队伍	0.8582	公共图书馆从业人数（人）	0.8561
		博物馆从业人数（人）	0.8846
	0.8582	群众艺术馆、文化馆和文化站从业人数（人）	0.8710
		文化产业企业从业人数（万人）	0.8210
服务受众	0.8333	公共图书馆总流通人次（万人次）	0.8929
		博物馆参观人次（万人次）	0.8726
		群众艺术馆、文化馆和文化站组织活动次数（次）	0.9278
		电影放映场次（万场次）	0.6400
产业经营	0.7261	文化产业增加值（亿元）	0.6548
		文化产业增加值占地区生产总值比重（%）	0.8864
		文化产业资产投入（亿元）	0.7813
		文化产业营业收入（亿元）	0.6636
		文化核心领域产业收入（亿元）	0.6617
		文化娱乐休闲服务收入（亿元）	0.7086

表 1-16　2009—2020 年旅游产业相关指标与融合协调度（D）的关联度

旅游产业 一级指标	与融合协调度的 关联度 γ	旅游产业 二级指标	与融合协调度的 关联度 γ
基础保障	0.8046	星级饭店数量（个）	0.7280
		旅行社数量（个）	0.9225
		A 级及以上和重点旅游景区数量（个）	0.9061
		住宿和餐饮业法人单位数（个）	0.7539
		旅行社成本投入（万元）	0.5437
		住宿和餐饮业资产投入（亿元）	0.9731
服务队伍	0.7471	星级饭店从业人数（人）	0.7323
		旅行社从业人数（人）	0.7245

旅游产业 一级指标	与融合协调度的 关联度 γ	旅游产业 二级指标	与融合协调度的 关联度 γ
服务队伍	0.7471	A 级及以上和重点旅游景区从业人数（人）	0.7431
		住宿和餐饮业从业人数（万人）	0.7884
服务受众	0.8558	星级饭店接待人数（万人次）	0.8244
		旅行社接待人数（万人次）	0.8512
		A 级及以上和重点旅游景区接待人数（万人次）	0.8345
		接待游客总人数（万人次）	0.9130
产业经营	0.8097	国际旅游收入（亿美元）	0.8401
		国内旅游收入（亿元）	0.8040
		星级饭店营业收入（万元）	0.8640
		旅行社营业收入（万元）	0.5446
		A 级及以上和重点旅游景区营业收入（万元）	0.8597
		住宿和餐饮业营业收入（亿元）	0.9457

如表 1-15、表 1-16 所示，首都文化产业与旅游产业发展水平评价指标体系中，所有选取指标与融合协调度的灰色关联均大于 0.5，这表明指标体系所选取指标在一定程度上都具有科学性与合理性，符合现实发展规律，这 40 个指标数据对于首都文化产业与旅游产业融合发展的融合协调度均起到了正面影响。

除电影放映场次（0.6400）、旅行社成本投入（0.5437）、旅行社营业收入（0.5446）三项指标的灰色关联度小于 0.65，属于中度关联外，其他所有指标都属于强关联，对两产业的融合协调发展产生重要影响。其中，住宿和餐饮业资产投入（0.9731）、公共图书馆总藏数（0.9593）、住宿和餐饮业营业收入（0.9457）、群众艺术馆、文化馆和文化站组织活动次数（0.9278）、文化产业企业单位数（0.9248）、旅行社数量（0.9225）、接待游客总人数（0.9130）、A 级及以上和重点旅游景区数量（0.9061）这八项指标的灰色关联度均大于 0.9，属于影响首都文化产业与旅游产业融合发展的最为重要的内部因素。

在文化产业的发展过程中，文化产业的基础保障对融合协调度影响最大，其次是服务队伍和服务受众，最后是产业经营。在旅游产业中，服务受众是最重要的影响因素，然后产业经营和基础保障，最后是服务队伍。

（二）首都文化产业与旅游产业融合发展的外部影响因素分析

根据表1-3的影响文化旅游产业融合发展的指标体系，结合灰色关联度模型，将文化产业与旅游产业的融合协调度（D）作为自变量（Y），影响文化旅游产业融合发展的相关指标作为因变量（X），计算各影响因素对融合协调度的影响程度，计算结果如表1-17所示。

如表1-17所示，首都文化产业与旅游产业融合影响因素各指标与融合协调度的灰色关联度均大于0.6，这表明这些因素均会对首都文化与旅游产业的融合发展产生重要的影响。其中，只有专利授权量（0.6185），属于中度关联，其他21个指标均属于强关联。最重要的影响因素主要有人均教育文化娱乐消费支出（0.9667）、研究与试验发展（R&D）人员折合全时当量（0.9560）、第三产业社会劳动生产率（0.9442）、固定互联网宽带接入用户数（0.9349）、人均地区生产总值（0.9276）、人均消费支出（0.9219）、人均公园绿地面积（0.9091）、城市绿化覆盖率（0.9019）、第三产业从业人数占全市比重（0.9009）等，与融合协调度的关联度都在0.9以上，是在今后融合协调发展中要重点发展的方面。

从一级指标的灰色关联度排序结果来看，消费需求＞经济环境＞城市环境＞人力资源＞基础保障＞政府支持＞科技创新，关联度都在0.77以上，均属于强关联，说明这些指标都是首都文旅产业融合发展的主要影响因素，在具体的产业融合实践中要加以重点考虑，并选择针对性的发展策略。

表1-17　2009—2020年文旅产业融合影响因素与融合协调度（D）的关联度

一级指标	与融合协调度的关联度 γ	二级指标	与融合协调度的关联度 γ
经济环境	0.9230	人均地区生产总值（元）	0.9276
		居民消费水平（元）	0.8972
		第三产业社会劳动生产率（元/人）	0.9442
消费需求	0.9253	人均可支配收入（元）	0.8873
		人均消费支出（元）	0.9219
		人均教育文化娱乐消费支出（元）	0.9667
人力资源	0.8948	第三产业从业人数占全市比重（%）	0.9009
		普通本专科学校在校学生数（人）	0.8887
科技创新	0.7751	研究与试验发展（R&D）人员折合全时当量（人年）	0.9560

一级指标	与融合协调度的关联度 γ	二级指标	与融合协调度的关联度 γ
科技创新	0.7751	研究与试验发展（R&D）经费内部支出（万元）	0.8203
		专利授权量（件）	0.6185
		技术合同成交总额（亿元）	0.7058
政府支持	0.8309	文化旅游体育与传媒政府预算支出（亿元）	0.7824
		文化、体育和娱乐业固定资产投资（亿元）	0.8542
		科学研究和技术服务业固定资产投资（亿元）	0.8561
基础保障	0.8709	基础设施投资占固定资产投资比重（％）	0.8684
		道路总里程（千米）	0.8993
		客运量（万人）	0.8167
		邮电业务总量（亿元）	0.8355
		固定互联网宽带接入用户数（万户）	0.9349
城市环境	0.9055	人均公园绿地面积（平方米）	0.9091
		城市绿化覆盖率（％）	0.9019

六、首都文化产业与旅游产业深度融合发展对策

综合以上对首都文化产业与旅游产业融合现状、融合水平、融合影响因素的分析，提出首都文化产业与旅游产业深度融合发展的对策。首先，要以两个产业的良好发展为根本，找到两产业高质量发展的路径，为融合发展奠定基础；其次，要以融合发展为目标，研究两产业融合发展的具体做法和可行性对策。

（一）加快首都文化产业与旅游产业的发展，打好深度融合的基础

研究表明，首都文化产业与旅游产业尚未实现很好地融合发展，旅游产业发展综合水平一直高于文化产业，为了促进二者的融合发展，应加快首都文化产业的发展，促进首都旅游产业的高质量发展，稳定二者同步协调，实现深度融合。

首都旅游产业发展要稳字当头，根据市场需求变化更新发展模式，利用科技力量创新发展，融合文化发展优势，实现稳定、持续的高质量发展。根据

2022年颁布的《北京市"十四五"时期推进旅游业高质量发展行动方案》，可以从产业升级、数字化服务、配套设施补短板等方面重点发力。尤其近几年，首都旅游产业要积极将旅游需求转向内循环、旅游供给多元化、旅游产业加快变革。

作为全国文化中心，首都文化资源丰富，文化产业发展得也很好，但其发展的步伐略慢于首都旅游业，使得两产业的融合水平不高。所以，首都文化产业要加快发展的步伐，提高文化服务水平，繁荣新时代首都文化。要着重加快公共文化设施建设、加强高质量公共文化供给、提高公共文化服务科技含量。

（二）推进首都文化产业与旅游产业深度融合发展，实现产业融合目标

1. 深度挖掘传统消费，着力提升消费需求

从首都文化产业和旅游产业融合发展的影响因素分析可以看出，消费需求是排在首位的影响因素。目前，首都文化和旅游消费支出偏低，与人们的收入水平不匹配，存在较大提升空间，加之疫情影响下北京居民的文旅消费意愿减弱，因此，在深入挖潜文化和旅游传统消费的同时，要着力促进文化和旅游新型消费，并把握好北京国际消费中心城市建设的契机，努力提升首都文化和旅游的消费需求，激发消费潜力。

2. 打造良好的融合环境，深化区域融合发展

经济环境和城市环境是首都文化产业和旅游产业融合发展的重要前提及保障因素。首先，文旅产业融合要突出绿色融合发展理念。利用首都良好的自然及人文环境建设优秀文旅产业融合项目，并充分发挥好文旅产业对区域环境的反哺和复合带动作用。其次，要突出京津冀文旅产业协同发展理念。依托首都文化中心建设，发展好首都功能核心区的文化旅游产业，推动北京通州文化旅游区建设，加强以首都为核心的京津冀文化旅游圈建设。

3. 完善人才建设机制，培养文旅复合型人才

作为服务对象为人的产业，人力资本对文化产业和旅游产业高质量发展具有重要作用。要持续开展文旅重点人才培养工程，培养首都文化旅游产业融合发展亟需的高端文旅人才。首先，要完善文旅人才培养体系。利用好中等职业教育、高等职业教育、普通高等教育，完善培养体系，培养不同层次的复合型文旅人才。其次，加强文旅人才的继续教育和技能培训，培育一批懂文化、知旅游的专业人才。最后，要健全文旅人才管理制度，做好人才的引进、扶持、任用、评价等工作，完善优秀文旅人才创新创业机制。

4. 加强文旅基础设施建设，提升产业服务水平

加快构建现代文旅基础保障设施，广泛聚集高端文旅资源，提升文旅产业生产质量和结构水平，创新文旅产业服务新业态和新模式，推进文旅项目建设，推动产业转型升级，为首都文旅产业融合发展提供强劲动能。完善文旅交通体系，优化并打造城区有影响力的文化旅游观光线；完善相关文旅产业服务设施及水平；加快首都智慧文旅建设；促进文旅空间双向赋能；提升文旅公共服务效能，推进文化和旅游服务深度融合发展，提升人民群众的幸福感。

5. 加强文旅宏观调控，完善融合政策支持

健全文旅发展工作机制，发挥宏观调控作用，解决文旅发展跨部门、跨领域的重难点问题，形成工作合力；加强文旅产业融合发展的法治建设，深化产业融合制度改革，提升政府监管力度及水平；加强文明旅游宣传引导，监督意识形态安全，加快文旅治理体系和治理能力现代化；加大资金保障和支持力度，完善投入机制，强化资金统筹，保障文旅支出，鼓励多方资本参与文旅项目建设，激发文旅融合活力。

6. 加大科技投入与创新，实施创新驱动文旅融合战略

首都国际科技创新中心建设将为文旅融合发展增添强大引擎，新业态新模式新需求的勃发将为文旅融合发展提供不竭动力。把握文旅发展新趋势，依托现代科技手段推动文旅融合创新发展；加强科技资源与文旅融合发展，以"新文化、新旅游、新赋能"为主题，培育创新文化旅游产品，推动科技文化旅游应用场景建设；支持文化旅游高科技企业发展，积极拓展更多文旅项目，为首都文旅发展开辟出新思路和新路径；深入推进文化和旅游在业态、产品、市场、服务、交流等方面的融合，推进文旅领域和其他领域的深度融合，推动文旅高质量发展。

本课题负责人：王丽娟，北京财贸职业学院，副教授。

本课题组成员：高丽敏，北京财贸职业学院，教授、博士；刘雁琪，北京财贸职业学院，教授；侯雪艳，北京财贸职业学院，副教授；陈昱霖，北京财贸职业学院，副教授；童俊，北京财贸职业学院，副教授；马欣，北京财贸职业学院，讲师。

参考文献

[1] 王丽娟，高丽敏．北京文化产业与旅游产业融合发展研究 [J]．北京财贸职业学院学报，2023，39（3）：18-25.

[2] 王丽娟，高丽敏．新时期我国文旅产业融合发展政策回顾与演进分析——基于2009—2021 年 32 项重要政策的梳理 [J]．时代经贸，2023，20（8）：32-35.

[3] 孟浩．文化产业和旅游产业融合发展研究 [D]．安徽大学，2019.

[4] 文化部．文化部"十二五"时期文化产业倍增计划 [EB/OL]．（2012-02-23）[2023-11-25]．https://zwgk.mct.gov.cn/zfxxgkml/ghjh/202012/t20201204_906363.html.

[5] 周迪．碌曲县民族文化与旅游融合发展研究 [D]．西北民族大学，2021.

[6] 吴文婷．我国文化产业与旅游产业融合发展的时空演化研究 [D]．山西财经大学，2020.

[7] 刘凤．新型城镇化背景下文化产业与旅游产业融合发展研究 [D]．湖南师范大学，2019.

[8] 赵丽慧．非物质文化遗产与旅游融合发展的效应评价研究 [D]．西北大学，2021.

[9] 黄耘慧．四川文化旅游产业融合发展对策研究 [D]．西南石油大学，2017.

[10] 文化部，国家旅游局．关于促进文化与旅游结合发展的指导意见 [EB/OL]．（2009-09-15）[2023-11-25]．http://www.gov.cn/zwgk/2009-09/15/content_1418269.htm.

[11] 北京市文化和旅游局．北京市正式出台《关于推进北京市文化和旅游融合发展的意见》[EB/OL]．（2019-12-12）[2023-11-25]．https://www.mct.gov.cn/whzx/qgwhxxlb/bj/201912/t20191212_849516.htm.

[12] 罗伯特·麦金托什，夏希肯特·格波特．旅游学：要素、实践、基本原理 [M]．上海：上海文化出版社，1985.

[13] 张朝枝，朱敏敏．文化和旅游融合：多层次关系内涵、挑战与践行路径 [J]．旅游学刊，2020，35（3）：62-71.

[14] 李先跃．中国文化产业与旅游产业融合研究进展及趋势：基于 Citespace 计量分析 [J]．经济地理，2019，39（12）：212-220+229.

[15] 韩旭．我国文旅融合相关政策研究：基于新中国成立以来国家层面相关政策内容文本分析 [J]．陕西行政学院学报，2020，34（03）：103-107.

[16] 陈波，刘宇．文化和旅游融合指数评价体系研究：基于全国 31 个省（市、区）的考察 [J]．学习与实践，2021（11）：129-140.

[17] 张斌轶．辽宁省文化产业与旅游产业融合发展的时空演化研究 [D]．辽宁师范大

学，2018.

[18] 祁海富．基于产业融合视角下西藏文化旅游产业的发展研究 [D]. 西藏大学，2021.

[19] 段翔宇．湖北省文化和旅游产业深度融合发展研究 [D]. 武汉轻工大学，2021.

[20] 魏栩．陕西省文化与旅游产业融合发展的耦合协调度研究 [D]. 西安理工大学，2021.

[21] 徐飞，李彬．基于耦合模型的辽宁省文化与旅游产业融合态势测度 [J]. 辽宁大学学报（哲学社会科学版），2021，49（2）：70-78.

[22] 孙欣然．湖南省文化产业与旅游产业融合水平的测度及影响因素研究 [D]. 湘潭大学，2021.

[23] 王珊珊，张冰乐，周蓉．西藏文化产业与旅游产业耦合发展的实证分析 [J]. 西藏研究，2020（3）：23-32.

[24] 北京市发展和改革委员会．《北京市"十四五"时期推进旅游业高质量发展行动方案》印发 [EB/OL].（2022-02-10）[2023-11-25].http://www.gov.cn/xinwen/2022-02-10/content_5672884.htm.

[25] 擘画文化和旅游发展新蓝图 [N]. 北京日报，2021-10-29（008）.

[26] 林敏．长江经济带文旅产业融合发展研究 [D]. 西华师范大学，2021.

[27] 王静娴．中国文化和旅游融合发展政策效果评估 [D]. 东北财经大学，2021.

[28] 胡筱晗．文旅产业融合政策变迁组态路径研究 [D]. 内蒙古大学，2022.

[29] 张群琛．本市计划新创建 4 个 5A 级景区 [N]. 北京城市副中心报，2022-02-10（002）.

[30] 赵书虹，陈婷婷．民族地区文化产业与旅游产业的融合动力解析及机理研究 [J]. 旅游学刊，2020，35（8）：81-93.

北京国际商贸中心研究基地项目
项目编号：ZS2022B01
项目名称：国际消费中心城市建设下北京零售品牌创新发展研究

国际消费中心城市建设下
北京零售品牌创新发展研究

王春娟

国际消费中心城市是现代国际化大都市核心功能之一，是消费资源和品牌的集聚地。品牌成为创新驱动的供给侧结构性升级的引领者，引领需求结构升级的主要方向。品牌经济是一个国家或地区综合实力和竞争力的重要体现，发展品牌经济已经成为促进消费的重要抓手。零售品牌是消费的重要组成部分，国际消费中心城市建设下北京零售品牌创新发展研究具有较大的理论和实践价值。国内外学者对国际消费中心城市、区域品牌经济等已经有了一定的研究，但是对于国际消费中心城市建设与区域品牌经济发展影响等研究的相对较少。本研究主要分为四个方面：第一，阐明国际消费中心城市建设对零售品牌发展的新要求，总结零售品牌的影响因素，并进一步分析了北京零售品牌的影响因素，为国际消费中心城市建设下发展北京零售品牌提供理论基础。第二，北京零售业呈现出网络消费迅速发展、新兴零售企业竞争力增强、传统商圈数字化改造升级、积极探索新业态新模式的发展趋势。北京作为第一批国际消费中心城市培育建设的城市，与国内的上海、广州、天津、重庆4个城市相比，北京具备强大的城市竞争力和影响力，较强的商业发展基础，活跃的市场环境和良好的营商环境，为北京零售品牌创新发展奠定了基础。国际消费中心城市建设下，北京零售品牌呈现出零售品牌竞争力较强、首店经济跨越式发展、老字号品牌触网销售的发展现状。第三，零售品牌的发展不仅要与自身的纵向对比，还要与相关城市零售品牌的横向发展进行对比，主要从北京市首店数量、零售品牌吸引力、时尚零售品牌培育度等方面与国内上广深等一线及其他零售企业发展较强的城市进行比较，寻找北京零售品牌发展优势，以及需要进一步加强的地方。第四，基于国际消费中心城市建设下北京零售品牌创新发展的影响因素，国际消费中心城市建设下北京零售品牌创新发展现实分析，与国内一线城市零售品牌发展比较分析，提出国际消费中心城市建设下北京零售品牌创新发展应当利用数字技术赋能品牌创新发展，运用数字经济重构品牌价值生态网络，建立品牌时尚化创新发展的支撑体系，借力数字金融优化品牌融资体系，建设品牌防范体系和政策保障机制。

一、国际消费中心城市建设下北京零售品牌创新发展研究的必要性

国际消费中心城市是现代国际化大都市核心功能之一，是消费资源和品牌的集聚地。品牌成为创新驱动的供给侧结构性升级的引领者，引领需求结构升级的主要方向。但我国作为世界第一大货物贸易大国，主要以一般贸易和进料加工贸易产品为主，在国际上有影响力的自主品牌产品出口仍然偏少。近年来，中共中央、国务院高度重视品牌建设工作，国务院颁布的《质量发展纲要（2011—2020年）》把品牌强国作为建设经济强国的基石；习近平总书记提出"推动中国产品向中国品牌转变"；中共中央、国务院提出"发挥品牌引领作用，推动供给结构和需求结构升级""加快品牌培育，大力培育行业性、区域性品牌……提升中国品牌影响力"。品牌经济是一个国家或地区综合实力和竞争力的重要体现，发展品牌经济已经成为促进消费的重要抓手。零售品牌是消费的重要组成部分，国际消费中心城市建设下北京零售品牌创新发展研究具有较大的理论和实践价值。

美国学者爱德华·格莱泽（Edward Glaeser，2001）、王佳等（2013）、刘涛和王微（2017）、汪婧（2020）、魏颖（2020）、王微（2020）、刘司可等（2021）、刘社建（2021）、于海琳等（2021）对国际消费中心城市进行了初步研究。国外学者戴维·A.阿克（David A.Aaker，1991）最早提出"品牌经济"理论；帕帕佐普洛斯（Papadopoulos，2002）认为区域品牌应进行整体营销最终形成"区域品牌资产"；杜利和鲍伊（Dooley and Bowie，2005）认为公司品

牌实施到区域需要将区域产品作为一个整体以便达到信息传输的一致性；艾伦（Allen，2007）认为区域品牌理论要考虑利益群体管理和政府作用。国内学者孙曰瑶等（2005）最早定义"品牌经济"概念；刘华军（2009）提出经济永续增长的品牌经济模型；吴传（2009）研究了区域产业集群品牌；周建波等（2009）研究了不同地区品牌经济发展模式；谢京辉（2015）研究了影响品牌经济发展的制度要素，提出促进品牌经济发展的建议；肖艳（2017）提出通过区域品牌形成机制、市场引导机制、动力机制以及治理机制的耦合作用，实现区域品牌经济的持续发展。

综上所述，国内外学者对国际消费中心城市、区域品牌经济等已经有了一定的研究，但是对于国际消费中心城市建设与区域品牌经济发展影响等的研究相对较少，现有的研究还存在以下不足：（1）目前在国际消费中心城市建设研究对品牌经济理论问题系统深入研究较为鲜见；（2）缺乏系统性剖析国际消费中心城市建设下北京零售品牌创新路径；（3）尚未针对性地提出国际消费中心城市建设下北京零售品牌创新对策建议。

二、国际消费中心城市建设下北京零售品牌创新发展的影响因素

基于国际消费中心城市建设下北京零售品牌创新发展研究的必要性，本部分主要阐明国际消费中心城市建设对零售品牌发展的新要求，总结零售品牌的影响因素，并进一步分析了北京零售品牌的影响因素，为国际消费中心城市建设下发展北京零售品牌提供理论基础。

（一）国际消费中心城市建设对零售业发展的新要求

国际消费中心城市建设已是国家经济发展重要发展目标。2021年7月19日，北京市经国务院批准正式开始推进国际消费中心城市建设。目前，北京已是全球十大零售城市之一。零售业是北京市城市经济发展的重要组成部分与主要动力来源。1978年至2021年，北京市社会商品零售总额不断攀升，从44.2亿元增长为14867.7亿元，整体呈现出较强的扩张趋势。其中，商品零售占比超过93%。因此，要推进北京市建设国际消费中心城市，需要科学地推进零售业的发展。品牌是零售业消费增长的主要推动力，它能够通过提高零售企业的营销水平、管理水平等，增强零售企业的软实力，进而促进整体零售业消费增长。在国际消费中心城市建设目标下，北京市零售业被赋予了新的发展需求，主要

为四个功能性与三个特征性的新发展目标。

四个功能性目标为根植力、扩散力、影响力与吸引力。其中根植力，主要表现为注重本土市场的发展，消费增长动力来源依靠本土消费市场发展的基础上进行的外延与拓展，重视本土消费资源的深度挖掘、保护和完善本土企业、行业与市场的经济增长点，如扶持本土原有零售品牌的发展，帮助其保有或增强市场份额等；扩散力，主要表现为本土消费市场对周边乃至全国的消费增长带动作用，如构建区域零售品牌联名，增加品牌扩散效用；影响力，主要表现为在国际上的影响，如通过"四轮驱动"提升北京消费品牌在国际上的知名度和美誉度等；吸引力，主要表现为对本国消费者与国际消费者的吸引力。

三个特征性目标为专业化、特色化与区域性。其中，专业化体现在消费领域的专业化，科学地规划城市商圈，布局消费发展新模式；特色化主要体现在建设过程中，注重消费文化与消费传统的挖掘，建设有城市特殊主题的特色消费中心；区域性体现在构建的消费中心不是面对全部的消费市场领域，而是有针对性地科学规划出消费群体，建设以区域为基本点的消费中心城市。

（二）零售品牌消费影响因素研究

现有对零售品牌消费影响因素的直接研究较少，间接研究颇丰，主要聚焦品牌建设的影响因素或零售业消费的影响因素。我们通过总结归纳已有相关研究并兼顾考虑了国际消费中心城市建设对零售业的新目标，进一步分析了品牌消费、零售品牌消费与北京零售品牌消费的影响因素。

1.品牌消费的影响因素

①环境与政策方面

一是政策扶持力度，政府对品牌维护和引导的政策有助于企业拥有品牌意识，建设企业品牌，增强对消费者的劝诱能力，提高品牌消费水平，如政府开展的城市企业品牌文化宣传与艺术博物馆等，在提高城市名片的同时，推进了相关企业品牌走出去，增强了企业品牌的消费范围。二是文化环境，文化是企业品牌构建的基础要素，它贯穿企业品牌的设计、生产、推广等全流程，是企业经营理念的集中体现。文化资源富饶，环境良好，有助于企业树立自我文化，为其品牌化发展提供基础。科学的开发和维护文化，能够提高企业的品牌质量，增加企业的品牌竞争力，进而提高企业品牌消费能力。如化妆品企业"兰蔻"（Lancome），汲取法国古老的宫廷与特色古堡文化，在服装和化妆品类开创了独特的高奢风格，迎合了市场的消费价值取向，备受消费者的青睐，从而将美国品牌的市场垄断打破，提升了自己的品牌消费价值。三是市场竞争秩序，规范的市场竞争秩序是品牌发展良好的必要条件。一方面，市场竞争秩序的优劣能够决定品牌是否有符合科学规律的淘汰机制。品牌的发展是基于优秀的市场淘汰机制，通过市场淘汰机制，品牌能够删减不必要的经营环节，将更多精力放在价值更高的发展环节上，进而促进品牌的发展，增加其品牌消费水平。因此，决定品牌市场淘汰机制正常运行的市场竞争秩序是影响品牌价值的重要影响因素。另一方面，良好的市场竞争秩序能够保护品牌的发展，不让有价值的品牌价值被仿品、劣品影响。如"黄记煌"设立法务部，每年对全国假冒或者"碰瓷"品牌进行依法追溯，进而保护自己的品牌价值，减少消费者因买到假冒品牌商品，体验变差造成的消费市场损失。四是技术创新，技术创新能够通过优化企业的品牌推广与维护方式，帮助企业建立并维护品牌形象。如移动终端技术的发展，令企业能够通过手机终端平台、短信与终端广告等宣传企业品牌，扩大企业品牌知名度，加强企业品牌顾客忠诚度，稳定品牌的消费价值。

②消费者方面

一是消费者能力，消费者能力即消费者的可支配收入与消费冲动等。品牌消费市场的源泉是万千的消费者，消费者的消费能力越高，品牌消费市场就越活跃，品牌消费发展越好。如消费者人均可支配收入提高，刺激消费欲望，品牌倾向越高，品牌消费价值越大。当消费者消费能力低时，对品牌的消费欲望也会下降，降低品牌的消费市场份额。二是消费者偏好，消费者对某一商品的喜爱程度即消费者偏好。及时了解、引导与创造消费者偏好，能够提升企业的品牌消费。如美国的苹果公司大胆通过优化手机外观，利用设计美学吸引消费者树立高奢消费偏好，拓展了品牌消费群体，大大提升了品牌的消费价值。三是消费者品牌忠诚度，消费者对品牌的忠诚度越高，消费者对品牌的粘性就越高，重复消费的动力强，品牌的消费价值稳定，并会随着品牌的发展而不断提高。如贵州茅台，其顾客忠诚度较高，随着茅台品牌影响力的提升与品牌形象升级，即使其价格攀升，其销售仍不受影响，仍能实现较高的品牌消费量。

③企业方面

一是经营者的素质，主要表现为诚实守信。市场经济的本质是契约经济，而契约达成的核心就是诚信。企业经营如果没有诚信，便会丧失消费者的信任，严重的还会导致消费者对企业品牌形成负向记忆，减少或终止对品牌的消费欲望，降低品牌消费价值，如统一老坛酸菜方便面，在生产制作方面卫生安全不达标，没有遵守食品行业对消费者健康方面的承诺，最终被曝光后其销售额受到严重影响。二是经营管理水平，主要包括经营管理的质量、技术运用、财务、运营、管理者素质等。在品牌发展的过程中，企业的管理创新和技术创新是企业在激烈的品牌竞争中突围的关键因素。较高的企业管理水平，能够令企业提高品牌知名度，反之则可能令企业品牌受损。如品牌"亚细亚"在同类品牌市场竞争中，由于管理不善，最终市值下跌，退出市场。三是品牌战略，品牌战略即企业对企业形象进行设计、研发、推广的战略，其发展与企业的整体发展轨迹相吻合。优劣的品牌战略，能够帮助企业精准定位消费市场，最大效用地满足消费者需求，实现品牌消费价值。如宝马、奔驰都是汽车消费品牌，但主力消费群体定位有所区别，宝马主要面向驾驶者，而奔驰主要面向乘坐者。二者不同的品牌定位发展战略将消费者细分，共同拥有较为独立的消费者份额。此外，还有汽车消费品牌本田，也通过品牌战略实现了成功发展。本田通过对消费者的需求的调研，及时更新了制造业工厂，并根据改动相应地做出了品牌战略规划，以更小、更分散、更接近市场、少量多灵活的战略机制，充分发挥了品牌消费价值。

2. 零售品牌消费影响因素

零售品牌消费的影响因素除了环境与政策、消费者、企业三个层面外，还受到零售业特征的因素影响。主要为销售技巧、物流配送、数字技术、售后服务四个方面。

良好的销售技巧促进零售品牌消费规模扩张。销售技巧主要体现为企业的营销能力。企业的营销能力高，能够帮助企业产品占领市场份额，提高企业的营业收入，为企业开展品牌战略提供基础。与此同时，市场占有率的提升也使得企业的品牌得到更多被消费者认可的机会，从而有助于企业树立与推广品牌，进一步促进零售企业的消费增长。

完善的物流配送有助于增强零售品牌消费稳定性。产品配送是零售运营的重要部分，主要包含产品从厂家向零售平台的运输与产品向消费者的运输两个环节。不论处于哪个物流配送环节，高效率的配送，都能够降低零售业的运营成本，为其品牌化发展提供助益。

数字技术赋能零售品牌消费新动能。一方面，数字技术直接催生新的零售业态，拓宽零售品牌构建与推广渠道。如网红食品"三只松鼠""轩妈"等，都是通过在电商平台上创建并发展品牌，并实现品牌消费价值后推出零售实体店，进一步提高了品牌消费价值。另一方面，数字技术辅助品牌实施品牌战略，如"格力"通过大数据分析和智能配送系统实现了私人定制的格力高端品牌，开拓了新的品牌消费领域。

售后服务保障零售品牌消费提升。零售的产品不仅要将商品转移到消费者，还需要完成其承诺消费者的售后服务。一方面，良好的售后服务运营体系能够增强消费者的品牌忠诚度，稳定品牌消费水平。另一方面，售后服务本身也是企业构建品牌的具体环节，良好的售后服务能够推进企业获得更多消费者的关注，开发新的品牌消费领域。

如图 2-1 所示，零售品牌消费的影响因素主要可以划分为环境与政策、消费者、企业、行业特征四个方面，其中环境与政策具体为政策扶持力度、文化环境、市场竞争秩序、技术创新；消费者方面具体影响因素为消费者能力、消费者偏好、消费者品牌忠诚度；企业方面具体影响因素为经营者的素质、经营管理水平、品牌战略；行业特征影响因素具体表现为销售技巧、物流配送效率、数字化水平与售后服务质量。

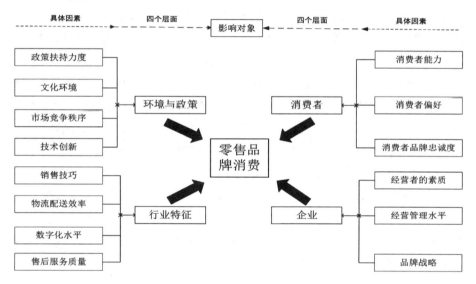

图 2-1　零售品牌消费影响因素逻辑图

（三）北京零售品牌消费影响因素研究

北京作为中国的首都，城市区域辽阔，老字号众多，城市特色鲜明。结合上文，我们认为对于北京的零售品牌来说，影响因素主要有如下三个方面。

1. 宏观基础环境

主要体现为两方面：一是政策环境方面，包含品牌扶持政策，如对北京老字号品牌的宣传与推广政策，以及对具有较高知名度品牌企业的鼓励与帮扶政策，企业品牌建立鼓励政策；市场竞争秩序维护政策，如出台打击仿冒品牌、伪劣品牌的法律法规等。二是文化环境方面。文化资源的丰富程度对于企业品牌的发展有着重要影响，文化是企业品牌建设的基础，丰富的城市文化资源有助于零售企业品牌培育具有地域性的特色品牌，对零售企业品牌的消费提升具有长足影响；文化资源的发掘与维护程度对于企业品牌的建设同样具有重要影响，北京作为中国的首都，有悠久的历史与丰富皇城、皇家与名胜古迹等文化精神与物质资源，孕育了许多老字号品牌。保护和维护文化资源，能够保护老字号品牌的发展根基，促进北京零售品牌提高市场消费能力，实现长远发展。

2. 中观行业特征

北京的零售业品牌消费辐射全国，因此其受到的影响因素更为复杂。我们根据上文零售业发展的特征与国际消费中心城市建设的新要求，认为其行业特征的影响因素主要可以划分为四个层面：一是业态升级能力，移动互联网络的发展催生了"线上＋线下"一体化的零售的新业态，随着数字技术的进一步发展还可能诞生新的零售业态，如果企业的业态转变升级能力差将会丧失市场竞争力，从而丧失其品牌消费价值。二是物流配送系统，一方面，新零售成为大趋势的行业发展背景下，零售业对物流配送系统的依赖增强，高效配送系统能够降低零售业的经营成本，为其品牌化发展奠定基础。另一方面，完善的物流配送体系能够让零售业的"最后一公里"保持良好的服务，维护其品牌形象，增加品牌的消费吸引力。三是售后保障体系，零售业的市场竞争已经从产品销售逐渐延伸至产品的售后保障。完善的售后保障体系，能够帮助零售企业建立与维护品牌，提高用户黏度，增加零售行业品牌消费能力。四是行业现代化水平，包括行业数字化、信息化与智能化。零售行业的数字化、信息化与智能化能够帮助零售企业快速地运用大数据精准定位消费群体，及时得到市场反馈，从而高效地建立企业品牌并持续维护。

3. 微观消费者与企业行为

依据微观主体，我们将北京零售品牌的微观影响因素划分为消费者与企业两个层面。消费者层面具体包含三点：一是消费者能力，北京的经济体量位居全国前列，人均收入水平较高，消费者整体消费能力较高。消费者能力的稳定持续，能够维护零售品牌的消费活力，促进零售业品牌化发展，激发更多的消费潜力。二是消费者偏好，北京的消费者人均受教育程度较高，消费者的偏好更加多样化。消费者偏好是北京零售品牌发展的重要影响因素，只有与消费者的偏好相契合的零售业品牌才能够持续地体现品牌消费价值。如北京市的零售品牌稻香村，为满足消费者网售购物的偏好，在各大电商平台都推出自己的官方营业店，进一步推广企业品牌，扩大了消费市场，提升了品牌消费能力。三是消费者的品牌忠诚度，主要是消费者对已有零售品牌的认可，消费者对品牌的信任度越高，品牌的消费价值潜能越高。如北京的菜市口百货，通过移动互联终端、网络等通信技术，不断维护消费者忠诚度，使得北京的消费者在购买金银饰品时大多会选择去菜市口百货进行消费。与此同时，菜市口百货建立的自有品牌，也依靠着较高的消费者品牌忠诚度，进一步扩大了其品牌消费市场。企业层面具体包含三点：一是企业经营者素质，一方面主要体现在管理层面，管理者的学历水平与能力是否能够保障企业平稳运行，管理者是否具备品牌意识等。另一方面是企业管理的底线，企业诚实守信，为企业长远发展奠定基础，为品牌稳健发展保驾护航。二是企业经营水平，主要体现为企业的运营状态的稳定性，即企业的产业链、供应链、资金链配合紧密，能够顺利完成商品从厂家向消费者的转移。良好的企业经营能够帮助企业在激烈的品牌战中具有较强的竞争力，实现更高的品牌消费价值。三是企业的品牌战略，品牌战略决定企业是否能够精准地定位消费者，并实现品牌消费价值。与时俱进的科学品牌战略，能够帮助零售企业不被消费者遗忘，并持续发挥促进消费者购买的效应。如北京餐饮老字号品牌"全聚德烤鸭"，不仅秉承了传统的品牌文化，设立了文化博物馆等，维护了传统品牌的知名度，还根据消费者提出的新需求，推出了新的销售业态，满足了消费市场需求，并激活老品牌的消费潜力。

综上所述，北京零售品牌消费影响因素如图2-2所示，大致可以分为宏观政策与文化环境、中观行业特征与微观消费者与企业行为三个层面。其中，宏观政策与文化环境层面主要体现为政策环境与文化环境；中观行业特征主要体现为业态升级能力、物流配送系统、售后保障体系与行业现代化水平；微观消费者与企业行为主要体现为消费者能力、消费者偏好、消费者品牌忠诚度、企业经营者素质、企业经营水平与企业品牌战略。

（四）本章小结

本章主要阐述了国际消费中心城市建设下北京零售品牌消费的影响因素。首先，本章叙述了国家消费中心城市建设对零售品牌消费提出的根植力、扩散力、影响力与吸引力四个功能与专业化、特色化与区域性三个特性的新要求。其次，根据现有研究，我们认为零售品牌的影响因素主要可以划分为环境与政策、消费者与企业三个层面。最后，考虑到北京市地域的限制与国际消费中心城市的建设目标，我们认为国际消费中心城市建设下北京市零售品牌影响因素，是能够划分为宏观政策与文化环境、中观行业特征、微观消费者与企业行为因素三个层次。

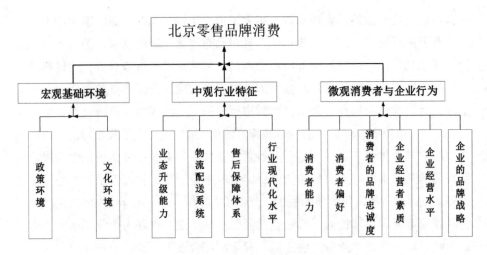

图2-2　北京零售品牌消费影响因素逻辑图

三、国际消费中心城市建设下北京零售品牌创新发展现实分析

基于国际消费中心城市建设下北京零售品牌创新发展研究的必要性，国际消费中心城市建设下北京零售品牌创新发展的影响因素，本部分对国际消费中心城市建设下北京零售品牌创新发展现实分析。北京零售业呈现出网络消费迅速发展、新兴零售企业竞争力增强、传统商圈数字化改造升级、积极探索新业态新模式的发展趋势。北京作为第一批国际消费中心城市培育建设的城市，与国内上海、广州、天津、重庆4个城市相比，北京具备强大的城市竞争力和影响力，拥有较强的商业发展基础、活跃的市场环境和良好的营商环境，为北京零售品牌创新发展奠定了基础。国际消费中心城市建设下，北京零售品牌呈现出零售品牌竞争力较强、首店经济跨越式发展、老字号品牌触网销售的发展现状。

（一）北京零售业发展现状

零售业是以向消费者销售商品为主，并同时提供相关服务的行业。21世纪以来，我国零售业经过二十多年的发展，取得了令人瞩目的成绩，但同时也存在诸多问题。总体来看，自党的十八大以来，我国的消费结构优化升级，流通效率明显提升，我国零售业发展呈现出消费市场规模持续扩大、业态参差不齐、管理水平有待提高、新零售方式不断涌现等发展现状，同时在人工智能、物联网、云计算等新技术时代，我国零售业呈现出跨界跨业态融合、全渠道零售、个性化定制服务、体验智能化发展带来的便捷。在此背景下，北京零售业呈现出网络消费迅速发展、新兴零售企业竞争力增强、传统商圈数字化改造升级、积极探索新业态新模式的发展趋势。

1. 网络消费迅速发展

随着数字经济的发展，北京市网络消费增长迅速。国家统计局资料显示，北京市网上零售额由 2010 年的 120 亿元增至 2022 年的 5485.6 亿元，增长超过 44 倍，占社会消费品零售总额的比重从 2% 增至 39.7%。2022 年，在北京市社会消费品零售总额下降 7.2% 背景下，网上零售额逆势增长 0.4%，网络零售已成为拉动北京市消费增长、促进消费升级的新动力和新生力。调查数据显示，街道超过 60% 的受访者线上消费的频率在每周 2 次以上，超过 25% 的受访者几乎每天都有线上消费。受访者线上的内容涉及生活用品、生鲜食品、餐饮外卖、生活服务等社区商业的各个领域，其中生活用品、生鲜食品以及餐饮外卖是受访者线上消费支出最多的内容。对北京某商圈调研显示，受访者中平均每周 1 到 2 次的用户网上消费的频率占 24.92%；其次是平均每周 3 到 5 次占 24.62%；几乎每天都进行网上消费的占 21.85%；平均每月 1-3 次的占 18.92%；偶尔上网消费占 7.38%；几乎不上网消费的占 2.31%。由此可见，线上消费已经成为北京居民消费中必不可少的重要内容。

2. 新兴零售企业竞争力增强

北京的美团、京东和小米三家新零售企业入选 2022 年度 BrandZ 最具价值全球品牌排行榜，其中美团位列第 51 名，京东位列第 60 名，小米位列第 97 名。北京的美团、京东和小米三家零售品牌入选"2021 全球最有价值零售品牌 100 强"[1]，其中美团的品牌价值达到 450.51 亿美元，京东的品牌价值达到 368.12 亿美元，小米的品牌价值达到 216.53 亿元。除此之外，京东入选德勤发布的 2021 年"全球 250 强零售"，京东升至第九位，这也是中国零售企业首次进入全球十强，入围全球 50 家增速最高零售商名单[2]，此外国美零售位列全球第 169 位。京东、小米、国美分别位列"2022 中国网络零售 TOP100"第一、五、七位。

3. 传统商圈数字化改造升级

传统商圈、"一店一策"传统商场等通过"场景＋转型＋智能"多维度升级，实施消费新地标打造行动，提升"北京消费"的全球吸引力。如三里屯、蓝色港湾、望京等商圈搭建"云逛街"平台，打造数字消费商圈，其中北京商务中心区（CBD）

---

① 英国品牌评估机构"品牌金融"（Brand Finance）.《2021 全球最有价值零售品牌 100 强排行榜》，2021 年 2 月。

② 德勤（Deloitte）.《2022 全球零售力量》，2022 年 6 月。

管委会联动 CBD 商圈联盟，协同区域内多个品牌商家，共同打造的全新数字商圈"元宇宙·第二三里屯商街"于 2023 年 1 月正式上线，消费者可以在线上体验沉浸式逛街，并能享受到与线下同步的新品首发和折扣活动；北京坊利用"5G＋华为河图"技术，实现了智慧科技场景覆盖，市民可使用数字人民币及数字钱包，感受便捷安全的支付方式，体验沉浸式观看京剧，让街区百年建筑焕发新活力。

4. 积极探索新业态新模式

近年来，北京零售企业积极布局零售新业态，以智能零售、直播带货、社区团购、无接触配送等为主的新兴消费业态发挥了稳经营、稳消费的重要支撑作用，也为传统消费求新谋变、提质升级创造了条件，更为市场回暖、经济发展注入了新动能。一是智能零售方面，以智能便利店为代表的便民商业迅速发展，如北京地铁首家智能无人便利店在地铁 7 号线欢乐谷景区站试点运营；国际零售巨头沃尔玛在北京亦庄经济开发区的智能购物车在购物同时可以实时提供打折信息，实现了消费者和商品零距离沟通。二是直播带货方面，京东开通北京非遗老字号直播渠道——"京城非遗装点美好生活"在线宣传展销，东来顺、内联升、荣宝斋等 13 家非遗老字号参与了这场为期 3 个月的直播带货活动。三是社区团购方面，十荟团、松鼠拼拼、每日一淘、每家优享等通过借助"社区团购微信群＋社区团购小程序"将社区团长、消费者和供应商聚合在一起进行管理；互联网巨头滴滴旗下橙心优选、美团优选等积极在北京布局社区团购；北京家乐福启动"社区服务运营官"，主要以门店为依托，为门店周边 3 公里范围的社区提供服务，通过及时有效传递需求、服务信息等，为下沉市场、精准定位、有效服务提供强而有力的支持和帮助。四是以美团买菜为代表的前置仓集仓储、分拣、配送于一体，通过大数据精选 2000 个左右的商品，满足居民一日三餐所需的高频、刚需商品；京东到家和美团外卖等依靠电商平台和末端配送实现到家服务；五是垂直类电商、社交电商开设线下体验店，如完美日记线下体验店设有互动区域，增加互动环节拉近品牌和用户的距离，增强了体验性和趣味性；以"盒马鲜生""永辉超级物种"为代表的实体店自营线下门店＋线上平台模式创新社区服务体验。

（二）国际消费中心城市建设下北京零售品牌发展背景

北京作为第一批国际消费中心城市培育建设的城市，与国内上海、广州、天津、重庆 4 个城市相比，北京具备强大的城市竞争力和影响力，较强的商业发展基础，活跃的市场环境和良好的营商环境，为北京零售品牌创新发展奠定了基础。

1. 北京具备较强的城市竞争力和影响力

管理咨询公司科尔尼自2008年起发布全球城市指数,评估全球城市的国际竞争力与发展潜力,北京在2021年全球城市实力和潜力排名中,分别排在全球第6位和第23位,均位居中国城市首位。北京在全球最著名的城市评级机构之一的"全球化与世界城市研究网络"编制的《世界城市名册2020》中位列第6位,位于中国城市首位。2021年中国城市海外短视频平台影响力榜单显示,在短视频平台TikTok上,北京的英文标签下视频的播放量为5.58亿次,居于国内城市影响力之首,其中外国人分享在北京的旅游以及生活视频占很大比例,北京景点、美食和街区介绍最受外国网友欢迎,正成为展现北京城市风貌和打造北京城市国际影响力的重要途径。

2. 北京具备良好的商业发展基础

根据赢商大数据发布的"城市商业分级体系",综合城市发展基础水平、商业发展规模、商业档次、商业人气及商业未来潜力等因素,对城市商业发展程度进行了评估,并划分为五个等级。上海、北京、广州、重庆、天津五大国际消费中心城市对应的商业指数分别为0.91、0.70、0.47、0.45、0.26,上海、北京、广州、重庆皆为一级商业城市,天津为二级。由瞭望智库联合腾讯共同编写的《中国城市夜经济影响力报告(2021—2022)》从夜经济传播力、创新力、产业规模、商圈流量四个维度对目标城市进行综合评价分析,北京成为2021年夜经济影响力十强城市之一。

3. 北京具备活跃的市场环境

市场环境是一个区域零售品牌发展的支撑条件。2021年北京市居民人均消费支出为43640元,实现社会消费品零售总额14867.7亿元,消费对经济发展贡献率达到70%以上,以消费为主导的经济发展格局基本形成,其中北京环球度假区营业收入达到16.45亿元。北京每百万人拥有连锁便利店数量达310个,130个便利店、书屋、药店进驻地铁站,717家离境退税商店位居全国第一。

北京拥有众多的知名企业,为北京零售品牌发展提供了很好的支撑。2021年《财富》世界500强榜单显示,北京拥有60家世界500强企业,连续第9年位列全球第一,数量超过东京和纽约之和,占世界500强比重超过10%,占中国大陆入围企业40%以上;其中北京年营业收入超1000亿美元的企业北京有15家,超500亿美元的企业北京有33家;北京有2家互联网总部企业上榜,其中小米集团连续3年上榜《财富》世界500强,是中、美互联网大公司中提升幅度最大的一家，京东集团首次迈入世界 500 强前 60 强。《2021 年全球独角兽企业排行榜单》显示，北京以 91 家企业位列第二，是中国独角兽企业数量最多的城市，比上海多 20 家。2021 年《财富》中国 500 强榜单显示，北京有 114 家公司上榜，企业数量位居全国榜首。

4. 北京具备良好的营商环境

2021 年国务院印发《关于开展营商环境创新试点工作的意见》公布了我国首批营商环境创新试点的 6 座城市，分别为北京、上海、重庆、杭州、广州和深圳。中科院营商环境大数据研究院发布的《中国营商环境指数蓝皮书（2021）》报告显示，北京市在城市营商环境排名中位居第 2 位。2021 年中国社会科学院财经战略研究院与中国社会科学出版社共同发布《中国城市竞争力第 19 次报告》显示，北京在我国营商软环境竞争力中位居第 1 位。同年，北京市第 5 次出台优化营商环境改革措施以北京市经开区为全市重点落实国家创新试点的区域，以深化"放管服"改革、数字化引领、协同化推进、场景化应用为突破，简化社会投资审批、加强综合监管、提升智慧服务水平。

5. 政策支持北京零售品牌发展

政策环境是一个区域零售品牌发展的先决条件。在国际消费中心城市建设背景下，北京加快了城市更新步伐，打造国际知名文化 + 商业街区。北京市商务局提出对西单商场、王府井百货、长安商场等 10 家传统商场实行"一店一策"升级改造。与此同时，为破解老旧商圈升级难的困境，致力打造 10 条特色商业街，并推进市内免税店建设。2021 年北京市商务工作报告提出：实施数字赋能行动，鼓励推广新零售，带动更多商贸流通企业、老字号企业创新转型；优化市内免税店布局，加快推动口岸免税店在首都国际机场和大兴国际机场落地；完成王府井步行街国家级示范步行街评估，启动前门大栅栏国家级改造提升步行街试点。

（三）国际消费中心城市建设下北京零售品牌发展现状

国际消费中心城市建设下，北京零售品牌呈现出零售品牌竞争力较强、首店经济跨越式发展、老字号品牌触网销售的发展现状。

1. 零售品牌竞争力较强

近年来，北京零售品牌国内外竞争力较强。一是北京的美团、京东和小米三家零售品牌入选 2022 年度 BrandZ 最具价值全球品牌排行榜，其中美团位列第 51 名，京东位列第 60 名，小米位列第 97 名。二是北京的美团、京东和小米三家零售品牌入选"2021 全球最有价值零售品牌 100 强"[①]，其中美团的品牌价值达到 450.51 亿美元，京东的品牌价值达到 368.12 亿美元，小米的品牌价值达到 216.53 亿元。三是北京的京东、物美、国美三家零售品牌入选"全球 250 强零售"，其中京东首次位列全球零售 10 强，京东和物美入围全球 50 家增速最高零售商名单[②]。四是北京 14 家企业入选"2021 年中国零售上市企业百强"，其中京东、小米、美团、拼多多分别位列第一、三、四、七位。

2. 首店经济跨越式发展

首店指地区吸引国内外品牌首次开设全球首店、中国首店、区域首店等门店，或者是已入驻品牌采取先进经营模式创新发展的概念店、体验店等新店。所谓首店经济是指区域首次开设门店对经济发展产生积极影响的形态。首店经济反映出一个城市消费市场的敏锐度、成熟度和开放度，带来新的消费概念和发展空间，已经成为建设国际消费中心城市的重要支撑。2021 年北京出台对首店品牌最高奖励 500 万元等优惠政策促进首店经济发展，北京共计引入 901 家首店，是 2020 年首店数量的近 3 倍，实现了跨越式发展。2021 年上海引入首店 1078 家，持续领跑全国，2021 年广州、重庆、天津首店经济呈现上升趋势，其中广州引入首店 261 家，同比增幅 15%；重庆引入 203 家首店，同比增幅 20%；天津引入 194 家首店，同比增幅超 60%。（见图 2-3）

3. 老字号品牌触网销售

随着 2021 年北京市第 6 批北京老字号的认定工作的完成，共 9 家入选，至此北京老字号总数扩至 206 家。《北京培育建设国际消费中心城市实施方案》提出，"力争到 2025 年'北京老字号'认定总数达到 230 家左右"。在常态化疫情防控下，数字技术助力老字号品牌创新。代表首都文化底蕴的"金名片"北京老字号依托数字技术积极跨界合作，加强跨界产品和服务创新，不断开发出跨界新产品。根据《开启数字新生活》调查报告显示，70% 左右的北京老字号已实现触网销售，50% 左右的北京老字号企业开通线上直播并取得成效。例如，2021 年大明眼镜线上业务占比达 5%~7%，以销售验光服务优惠券和配镜套镜为主，验光服务优惠券销量较好；内联升第五代传人在直播间里现场演示内联升的手工布鞋技艺，并频繁与直播间里的观众互动，发放红包及讲解产品信息等，促进消费；菜百首饰与故宫、颐和园、天坛等文化 IP 合作，以传统文

---

① 英国品牌评估机构"品牌金融"（Brand Finance）.《2021 全球最有价值零售品牌 100 强排行榜》，2021 年 2 月。
② 德勤（Deloitte）.《2021 全球零售力量》，2021 年 5 月。

化为主题上新系列黄金珠宝饰品；以烤鸭闻名京城的"便宜坊"联合新中式精品点心品牌"于小菓"打造创意点心；首农食品集团启动"首农美好拾光计划"，推出老字号集群 IP 等；北京菜百首饰通过不断增加直播频次，让现场销售人员成为直播主播，为线上客户讲述相关产品的品牌故事，并为消费者讲解产品亮点，推动品牌影响力和业绩增长。

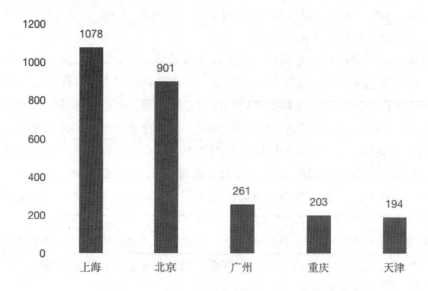

图 2-3　五大国际消费中心城市 2021 年首店数量

资料来源：课题组收集整理。

四、与国内一线城市零售品牌发展比较分析

一个零售品牌的发展不仅要与自身的纵向对比，还要与相关城市零售品牌的横向发展进行对比，主要从北京市首店数量、零售品牌吸引力、时尚零售品牌培育度等方面与国内上广深等一线及其他零售企业发展较强的城市进行比较，寻找北京零售品牌发展优势，以及需要进一步加强的地方。

（一）北京首店数量稳居全国第一梯队

近年来，为促进经济增长、激发消费潜力、汇聚流量，作为全国潮流风向标的北京、上海、成都等城市纷纷提出打造国际消费中心城市，而国际消费城市的一个重要标志，便是品牌首店数量和新品首发数量。（见表 2-1）当前，全国首店经济向京沪蓉高度聚集，上海、成都等城市抢占传播先机。北京通过城市更新唤醒文化底蕴，爆发增长的首店收割机。2021 上半年，北京首店呈现爆发式增长态势，434家首店落地北京，已超2020年全年首店入驻数量。北京的城市更新如火如荼，网红改造项目西单更新场携30+潮流首店开业，不仅丰富了北京的首店组成，更是唤醒了北京文化底蕴与首店经济有机结合。同时，北京奢侈品消费领先发展，SKP、王府中环等奢华商业项目为北京带来多家奢侈品全国首店。2020年下半年北京环球影城主题公园开园，一大批北京首店随即亮相。上海从"网红"到"制造网红"，从品牌创新试验场到品牌发源地。2021上半年，上海新开首店513家，较2020年同期增长60.3%，较2019年同期增长4.4%。其中，全球首店、亚洲首店6家，中国大陆首店69家。2018年上海启动"全球新品首发地"行动，在中国城市中首次提出"首店经济"的概念。上海成为国际品牌首入内地，国内品牌孵化新品牌、尝试新业态的首选地。上海也是"新消费"品牌制造地，2020天猫排名前500新品牌上海独占90家，位居第一；2019年天猫老字号销售额亿元俱乐部上海占比达三分之一。成都作为国际范儿与成都味儿完美融合的首店经济第三城，已成为品牌进军西南市场的桥头堡。成都呈现出"首店+首发首展首秀"的首店经济新生态，自2018年发力首店经济以来，成都的首店数量持续保持高增长。2021上半年成都新开296家首店，较2020年同期增长149%，较2019年同期增长24.9%，总量仅次上海、北京，保持全国第三。各类量身定制的城市版首店争相涌现，是国际化品牌与成都本土文化完美融合的体现。成都服装、餐饮类本地品牌也在不断创新，催生了众多本土特色主题店。杭州有潮牌网红、数字经济，更是文艺新消费之都。首店承接上海，是上海之外最受首店青睐的长三角城市，首店品类进一步向餐饮类倾斜。杭州电商发达，是"新消费"品牌的主要制造地，2020天猫TOP500新品牌独占54家，位居第三。小众出圈，馥马尔香水出版社、凯利安、蒂普提克等小众沙龙香水均在2021年二季度开设杭州二店。最受首店青睐的购物中心有杭州大厦、IN77、大悦城等。此外，广州首店"流量争夺战"激烈，武汉、深圳奢侈品首店扩张迅速。

表2-1 十大城市近三年首店数量对比

单位：个

	北京	上海	成都	杭州	广州	武汉	深圳	南京	重庆	西安
2019年	598	986	473	267	232	227	243	206	201	182
2020年	331	909	386	208	227	163	172	170	169	167
2021年上半年	434	513	296	246	138	195	108	101	97	36
总计	1363	2408	1155	721	597	585	523	477	467	385

资料来源：根据互联网资料进行整理。

（二）北京城市零售品牌吸引力较强劲

《2020 年度中国零售 20 城报告》显示，北京位居 2020 年度中国零售 20 城第二位。在常态化疫情防控下，品牌的发展是对目标城市未来经济社会发展前景信心的重要体现。从城市看，受疫情影响，上海与北京的差距首次放大，品类品牌在上海的平均增速为 7.6%，高于北京的 1.9%。几大标杆商场品牌调整之后，顶级奢侈品及美妆护肤品类在上海的新增店铺均达到近 3 年最高值。随着可持续发展理念在各行各业的持续渗透，国际零售品牌纷纷做出可持续发展承诺，从材料、回收、商业模式等各方面加速绿色创新。零售空间是 LEED 认证评价绿色建筑的工具全球第二大认证类型，仅次于办公空间，占参与项目总数的 13%。而中国在全球 LEED 零售体系应用最广泛的市场中位列前三。美国绿色建筑委员会数据显示，截至 2020 年 7 月底，中国市场（含大陆地区和港澳台），共有 5833 个项目参与 LEED 认证，其中 981 个（17%）是零售空间。获得 LEED 认证的品牌绿色零售空间在带给消费者安全、健康体验的同时，也让环境更具韧性。在 20 座城市零售商指数位列前三的上海（117 个）、北京（70 个）和深圳（41 个）同时也是绿色零售空间最多的三座城市，在中国零售 20 城中占比达 48%。（见表 2-2）

表 2-2　国内绿色零售空间数量最多的五大城市

城市	数量
上海	117
北京	70
深圳	41
成都	30
广州	27

资料来源：《2020 年度中国零售 20 城报告》。

（三）北京时尚零售品牌培育有待提升

根据中国连锁经营协会（CCFA）于 2021 年 9 月发布《中国连锁经营协会（CCFA）2020 时尚零售百强调查》（以下简称时尚零售百强）显示，虽然有突发新冠疫情带来的巨大影响，2020 中国时尚零售百强总营业收入仍达到 7821.25 亿元，同比增长达 6.7%。时尚零售百强的变革创新在深化时尚消费品供给侧结构性改革，助力国家逐步形成以国内大循环为主体、国内国际双循环相互促进的新发展格局，对做大做强中国时尚消费市场正在并将发挥着重要的作用。从时尚零售百强总部所在地的分布看，时尚消费品的产业集聚效应一如从前，地区集中度依然居高，将近六成企业总部在粤、沪、浙；京、港、苏、闽分别有10家左右企业选择将总部设立于此。从城市来看，一线最受百强企业的青睐，上海（18家）、北京（11家）、深圳（10家）、香港（10家）、广州（9家）。紧随其后的是厦门、泉州、南京、温州、杭州和宁波。从升级单元来看，在北、上、广（广东）三个省级单元中，北京有11家上榜企业，较上年增加了1家，但是仍大幅低于上海（18家）和广东（22家）。反映出北京时尚零售市场存在一定的差距，如品牌资源不足、商品性价比有待提高、商品同质化较强等时尚零售供给侧不平衡、不充分等问题。因此，北京应该加大对时尚零售产业的发展引导，调节产业集群、品牌战略、人才结构等方面的差异。（见图2-4）

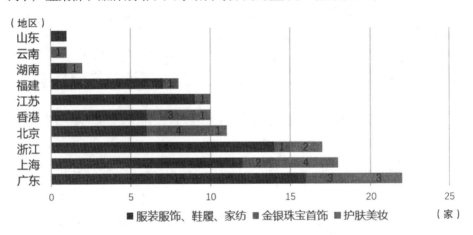

图2-4 时尚零售百强企业分布情况

资料来源：《中国连锁经营协会(CCFA)2020时尚零售百强调查》。

（四）北京便利店创新发展指数需增强

城市便利店是城市零售大系统的末端，也是零售品牌的重要场所，城市便利店发展在一定程度上可以反映零售品牌的发展指数。2021年9月，中国连锁经营协会发布了《2021年中国城市便利店指数》，这是该协会自2014年以来第8次发布的城市便利店指数，该指数的指标包括饱和度（权重为40%）、门店总量的增速（权重为30%）、营商环境情况（权重为20%）及24小时便利店的比例（权重为10%），最后综合得分。数据显示，2021年北京市城市便利店指数位列第7，这一数据比上海高一个名次。具体来看，四项指标中，北京市营商环境和增长率两个数据排名较前，分别为第一位和第三位；24小时便利店比例达 67.2%，排第八位；饱和度为 9.199 人/店，排名比较靠后，故北京应该在这方面进行强化，大力引进便利店品牌。此外，从全国情况来看，中国各城市便利店行业的发展呈现出三个特点，一是便利店发展规模整体稳定增长；二是虽然各城市的便利店发展程度与 GDP 保持同步，但部分三四线城市便利店发展已达到成熟市场的水平；三是随着消费需求不断升级，各城市针对便利店的政策支持差异较大，需进一步深化和落实。（见表 2-3）

表 2-3　几个城市便利店发展情况

城市	总排名	得分	增长率	排名	饱和度	排名	24h便利店	排名	营商环境	排名
北京	7	83.0	5.78	33	9.199	29	67.2	8	好	1
广州	6	85.0	1.82	20	3.491	8	74.8	6	良好	14
深圳	6	84.5	0.62	11	3.136	5	35.7	29	良好	22
上海	8	83.0	0.31	24	3.856	10	77.5	2	较好	12

资料来源：中国连锁经营协会《2021 年国城市便利店指数》。

五、国际消费中心城市建设下北京零售品牌创新发展的对策建议

基于国际消费中心城市建设下北京零售品牌创新发展的影响因素，国际消费中心城市建设下北京零售品牌创新发展现实分析，与国内一线城市零售品牌发展比较分析，提出国际消费中心城市建设下北京零售品牌创新发展应当利用数字技术赋能品牌创新发展，运用数字经济重构品牌价值生态网络，建立品牌时尚化创新发展的支撑体系，借力数字金融优化品牌融资体系，建设品牌防范体系和政策保障机制。

（一）利用数字技术赋能品牌创新发展

一是通过创新线上与线下融合的"新零售"模式，激发品牌新动力；二是推动品牌场景融合创新，完善品牌上下游产业链，构建强劲品牌产业集群；三是通过创新包装设计、营销体系、视觉标识等品牌要素，释放品牌消费活力，提升品牌核心价值；四是把握品牌超级符号挖潜产品附加价值，打造矩阵品牌生态强化互动共享势能，嫁接知名、联名品牌引发粉丝情感共鸣，创新产品体系激发品牌生命力；五是加强技术创新，引领品牌战略升级，加快助推转型升级，焕发品牌市场活力，培育核心竞争力；六是政府继续为科技创新、成果转化、

产权保护和人才培育等提供支持，提升数字经济研发水平，从而促进品牌创新发展。确立发展品牌经济的数字化战略目标、发展路径、实施方案、保障措施等，制定数字化品牌创新发展规划，为进一步提升数字经济研发水平创造条件。

（二）运用数字经济重构品牌价值生态网络

借助云计算分析技术对品牌发展的国家经济环境、行业市场、品牌自身运营、消费者行为等大数据分析，为品牌战略管理提供科学支撑。通过消费者数据运营体系、端到端数字化、共创供应链、全渠道整合与分销、现代化智慧物流等智慧化体系实施品牌数字化运营。通过精准化社群营销，形成消费者和品牌的价值共创，推进品牌传播路径"长尾"的价值提升。政府通过营造好的数字市场环境、高效的数字公共服务、适度的资金支持、共享的公共服务平台支持引导品牌经济发展。搭建城市品牌经济与数字经济数据共享平台，推进品牌企业数字化发展，对品牌数字化平台的建设给予相应的政策倾斜和税收优惠，发挥数字平台的产业链纽带作用；以政府为主导，科研机构、企业、行业联盟协同，构建包括互联网网络、云计算、大数据、应用端口、传统互联网节点等在内的综合一体化数字设施体系，为品牌经济发展提供支撑。

（三）建立品牌时尚化创新发展的支撑体系

北京作为全国文化中心和国际交往中心，时尚化的消费需求快速发展，具有良好的品牌发展支撑体系。因此，应当充分发挥北京得天独厚的文化优势，依赖全国领先的经济发展基础，着力提升北京在全国的时尚影响力和感染力，依托北京在全国领先的时尚集聚区，紧密围绕北京时尚品牌发展的政策导向，建立品牌时尚化创新发展的支撑体系，支持北京时尚设计和促进时尚消费，创新商业模式，提供时尚体验，为北京时尚品牌的发展提供了良好的发展环境。

（四）借力数字金融优化品牌融资体系

一是品牌资产评估应着重在知识产权、人力资本、技术、版权等无形资产方面，建立针对品牌无形资产特色的专用资产评估体系，发掘能带来品牌高附加值产出的核心价值；二是通过互联网融通各类传统融资模式，如政策性金融、产业内部融资、资本市场融资等，建设多模式金融平台和专有模式平台；三是继续挖掘卓有成效的互联网金融新模式，发展互联网金融中介服务，拓展 P2P（个人对个人）、众筹等直接互联网金融业务，拓展品牌融资渠道；四是进一步发挥互联网金融跨时空效能，降低空间限制中的通勤成本和行政成本。

（五）建设品牌防范体系和政策保障机制

一是建立协同高效的品牌产权保护法律平台，运用现代技术手段进行知识产权追踪和确权、建设品牌知识产权数据库，探索技术规范工作制度和全国统一联动系统，以确保新技术在确权认定上发挥更好作用；二是建设更加灵活、更有针对性和前瞻性的监管体制，注重互联网技术手段的应用、建立统一监管平台、联合多部门展开监管；三是推行"自律型"监管，即帮助市场建立良性的盈利机制、鼓励创新和融合发展、引导市场自发调节。

本课题负责人： 王春娟，北京财贸职业学院，教授、博士。

本课题组成员： 韩凝春，北京财贸职业学院，研究员；康健，北京财贸职业学院，副研究员；解萧语，山西财经大学，讲师、博士；王晶，北京财贸职业学院，副教授、博士；王红梅，北京财贸职业学院，助理研究员、博士；周珺，北京工商大学，讲师，博士；张慧，北京财贸职业学院，教授；王明雁，山东财经大学，讲师，博士；胡昕，北京财贸职业学院，副研究员。

参考文献

[1] 杜梦丹，郭宝磊.我国零售业现状及未来发展趋势 [J].经济管理研究，2018，33（2）：11-16.

[2] 鄢章华，刘蕾."新零售"的概念、研究框架与发展趋势 [J].中国流通经济，2017（10）：12-19.

[3] 胡丽君.新时代江苏现代零售业发展现状与趋势研究 [J].价值工程，2019，38（33）58-59.

[4] 薛楠，齐严."新零售"背景下北京市零售业发展现状与趋势探究 [J].商业经济研究，2019（17）：17-20.

[5] 刘司可，路洪卫，彭玮.培育国际消费中心城市的路径、模式及启示：基于24个世界一线城市的比较分析 [J].经济体制改革，2021（5）：70-77.

[6] 祝合良，王春娟."双循环"新发展格局战略背景下产业数字化转型：理论与对策 [J].财贸经济，2021，42（3）：14-27.

[7] 谢京辉.驱动品牌经济发展的制度框架与政策建议 [J].社会科学，2015（4）：55-60.

[8] 汪婧.国际消费中心城市：内涵和形成机制 [J].经济论坛，2019（5）：17-23.

[9] 荆林波.北京如何打造国际消费中心城市 [J].商业经济研究，2022（1）：5-7.

[10]Edward Glaeser, Joseph Gyourko. The Economic Implications of Housing Supply[J]. The Journal of Economic Perspectitve, 2018,32(1):3-30.

报告三

北京国际商贸中心研究基地项目

项目编号：ZS202004

项目名称：新发展格局下北京新城区扩大商业消费路径研究

新发展格局下北京新城区扩大
商业消费路径研究

康　健

近年来，我国经济飞速发展，国民消费能力大幅提升，消费需求不断升级。党的十九届四中全会提出，坚持和完善统筹城乡的民生保障制度，满足人民日益增长的美好生活需要。促进消费，提升商业服务品质，不断满足人民日益提升的消费需求，是推进实现人民美好生活的重要方面。

党的十九届五中全会审议通过的《中共中央关于制定国民经济和社会发展第十四个五年规划和二〇三五年远景目标的建议》（以下简称《建议》），对构建新发展格局做出重要战略部署，提出了在世界百年未有之大变局的背景下，加快构建以国内大循环为主体、国内国际双循环相互促进的新发展格局。新发展格局的构建需要经济循环各环节的无缝链接和高效运转，其中消费既是整个经济循环的终点，也是起点，扩大内需、促进消费是构建国内大循环为主体的新发展格局的关键环节。《建议》中明确提出，要"培育国际消费中心城市"。建设国际消费中心城市也是扩大内需，促进消费的重要举措。

我国经济已逐渐进入消费主导的时代，促进消费增长成为拉动经济发展的龙头。近年来，我国陆续出台系列完善和促进消费的政策措施，我国经济已经逐渐进入消费主导的时代。据《中华人民共和国 2019 年国民经济和社会发展统计公报》显示，2019 年，最终我国消费支出对国内生产总值增长的贡献率为 57.8%，拉动经济增长 3.5 个百分点，消费连续 6 年成为经济增长的主要动力，促进消费增长成为拉动经济发展的龙头力量。

北京出台系列措施全力促消费稳增长。北京作为全国首善之区，近年来出台了一系列促消费的措施，取得显著成效。2019 年北京市实现市场总消费额 27318.9 亿元，比上年增长 7.5%，其中服务性消费对市场总消费增长的贡献率达到 72.7%[①]，成为拉动总消费增长的主引擎。北京市人均消费支出中生活用品及服务、医疗保健、教育文化和娱乐消费均有较快增长。扩大消费成为拉动北京市经济增长的重要动力。

新冠疫情影响下消费市场复苏迫在眉睫。2020 年新冠疫情席卷全球，消费市场受到巨大冲击，餐饮、零售、社会服务等受损严重，2020 年北京市场总消费额比 2019 年下降 6.9%。其中，服务性消费额下降 4.9%；社会消费品零售总额下降 8.9%。同时应对疫情冲击，线上消费快速增长，限额以上批发零售业、住宿餐饮业实现线上零售额占社会消费品零售总额 32.2%[②]。2021 年，北京消费逐步恢复，市场总消费额增长 11%，其中服务性消费额增长 13.4%，社会消费品零售总额增长 8.4%，消费仍是拉动经济增长的重要动力。2021 年线上消费仍表现活跃，限额以上批发零售业、住宿餐饮业实现线上零售额达到社会消费品零售总额的 36.3%[③]。如何在疫情影响下和疫情基本结束后促进消费，进一步推进商业恢复与繁荣，对拉动经济增长尤为重要。

北京新城区扩大消费提档升级需求迫切。北京新城区是首都面向区域协同发展的重要门户，是带动区域经济发展，完善区域综合服务功能的城市化中心区，也是中心城区部分功能的重要承载地，是服务和保障首都功能的重点地区。与中心城区相比，新城区人口密度小、平均消费水平低、可开发利用资源多，随着中心城区功能和人口向新城区的疏解，以及北京各郊区城市化进程的加快，新城区人口规模和人口素质在不断提升，部分新城区出现消费资源供给水平不足、消费需求不能得到有效满足等问题，如何促进消费提档升级是新城区发展过程中面临的重要课题。2021 年 9 月，《北京培育建设国际消费中心城市实施方案（2021—2025 年）》发布，新城区消费能力提升也是北京培育建设国际消费中心城市的重要内容。

近年来，国内专家学者对消费领域研究成果丰富。主要集中在以下几个方面。

一是对新消费趋势的研究。其中以赖阳的"云消费"系列研究最具代表性，提出"云消费"时代的三大特征，即消费"云内容""云支付""云终端"，

---

① 北京市 2019 年国民经济和社会发展统计公报。
② 北京市 2020 年国民经济和社会发展统计公报。
③ 北京市 2021 年国民经济和社会发展统计公报。

以及"云消费"时代主流消费方式的四大特点，即体验化、个人化、社群化和实时化，并对"云消费"时代商业各业态发展变化展开系统阐述。

二是在宏观层面对新时期我国扩大消费的路径研究。如任保平、苗新宇认为在新经济背景下，可以通过提升居民消费能力、培育壮大消费新业态新模式、加快新型消费基础设施和服务保障能力建设、优化新型消费发展环境等方式扩大新型消费需求。刘璐从扩大新消费需求创新体系建设的视角，剖析我国扩大新消费需求过程中面临的困境，以提振消费能力、培育新消费业态和优化消费环境三个方面构建"十四五"时期扩大新消费需求的创新体系和探索实践路径。陈兵从升级消费者权益保护系统的角度，探索新发展格局下扩大消费需求的关键路径，建议及时更新理念、扩围主体、完善机制，在多元利益平衡、多元主体共治和多元机制并举的架构下，有序升级消费者权益保护系统。韩猛华从释放下沉市场潜力、挖掘代际消费潜力、加快数字经济升级和推进线上线下消费融合四个角度探讨中国在高质量发展时期进一步扩大消费的可行之路。谢芮、宋杨认为应推进零售数字化的发展，挖掘农村地区消费潜力。张恒龙、姚其林认为扩大居民消费需求，提高居民消费率，重点在于增加城乡居民的收入水平、稳定城乡居民的收入与支出预期、缩小居民间的收入差距、扩大中等收入群体、增加市场最终产品与服务的有效供给、提高居民的消费意愿以及不断完善消费环境等方面着手。许永兵从提升全国消费市场发展角度，提出通过改善国民收入分配结构、提升中低收入群体收入水平、增加社保投入、坚持"房住不炒"、增加有效供给、改善消费环境等几个方面，来强化需求侧管理，释放消费需求潜力。

三是针对具体省区市扩大消费的路径进行研究。王艳化针对江苏省居民服务消费特点，针对性提出错位发展城乡服务消费、促进服务消费融合发展、努力提高居民消费能力等政策建议。张勇在"双循环"新发展格局背景下，分析上海居民消费现状及问题，提出上海应继续扩大自身需求、提高收入水平完善收入分配结构、不断提升产业能级，成为满足产业和消费双升级需求的重要供给者、加快生产要素市场化改革，畅通内外循环衔接等几方面，促进上海市消费提升。

四是针对某个领域扩大消费的路径进行研究。于进针对目前我国文化消费存在的主要问题，从完善政策支持文化消费、科技升级文化消费、精准扩大文化消费、产业融合刺激文化消费提出扩大和升级文化消费的路径。宋瑞在新发展格局和国内外疫情形势下，对促进旅游消费的思路与方向进行研究，提出从调整旅游市场格局、打通旅游消费堵点、优化假日制度安排、谋划入境旅游消费复苏与提升、充分利用数字科技等几个方面，促进旅游消费。郭馨梅对如何促进北京夜间消费进行研究，针对北京市夜间消费情况展开调研，提出通过加强顶层设施，完善基础配套设施、打造多元夜消费等方面培育和提升北京市夜间消费。

近年来，随着消费模式的变化、新商业模式、营销模式的快速发展，新的消费规律迫切需要发现和把握如何在新形势下，针对性扩大消费，推进经济增长，提出新的理论研究方向。目前消费领域的研究宏观层面较多，聚焦商业领域和省区市消费的较少。本课题从北京新城区消费市场现状及问题出发，聚焦商业领域，对扩大消费的方向与路径展开研究，本课题将有利于丰富和细化商业消费领域的相关研究，具有一定学术价值。同时，北京新城区如何扩大消费，提质升级，也是北京市政府主管部门一直关注的重要课题，本课题研究着眼于北京新城区及新城区所在城区消费市场现状和问题，针对性研究扩大消费的方向与路径，具有一定的实操性，将对北京各新城区及其所在城区扩大消费提档升级，具有一定的借鉴意义，具有一定的应用价值。

一、新发展格局下消费市场发展变化趋势

（一）国民消费力持续加强，北京、上海等城市已经步入体验消费时期

随着收入增长，国民消费力持续加强，消费升级综合指数[①]持续走高。从经济发展规律看，当某一国家或地区人均GDP突破1万美元时，消费者用于文化、健康、休闲的消费能力大为增强，开始步入体验消费时期。2008年上海人均GDP突破1万美元，2009年北京人均GDP突破1万美元，2018年北京人均GDP超过2万美元，达到国际发达国家水平。北京全市居民恩格尔系数下降至21.3%（《北京市2021年国民经济和社会发展统计公报》），已经达到最富裕的标准（低于30%为最富裕），完全步入体验消费时期。这时消费需求已由"节俭原则"转向"快乐原则"。居民消费从大众化消费向个性化消费转型；从追求实惠向追求时尚转型；从质量可靠向追求品质享受转型；从实用性消费向身

---

① 消费升级指数包括网上零售服务类消费占比、人均快递件数、每万人连锁企业门店总数、人均网上零售额。

份型消费转型，居民的消费需求更精细更多元。（见图3-1、图3-2）

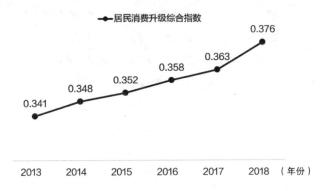

图3-1　2013—2018年居民消费升级综合指数走势

资料来源：苏宁金融研究院《2018中国居民消费升级指数报告》。

图3-2　居民追求的品质生活示意图

数据来源：WAVEMAKER《中国品质生活白皮书》。

　　根据艾瑞咨询2017年发布的一份针对网购用户的调查数据显示，过半数（57%）的受访者表示"愿意多花一点钱购买品质好的东西"，54%的网民认同"质量和价格是挂钩的"。消费者在购物时不再只关心价格高低，而是更加在乎品质和品牌。（见图3-3）

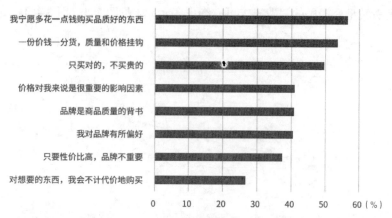

图 3-3　2017 年中国网民品牌价值观分布

数据来源：根据艾瑞咨询整理。

（二）"云消费"时代来临，线上消费已经成为一种生活方式

随着现代信息互联技术的飞速发展，使得跨时间、跨空间整合资源成为可能，实体商业与网络商业的界限逐渐消失，产品开发者与销售者的距离逐步消失，并逐步由量变转为质变。步入了一个以消费者需求为主导、消费逐渐突破时间与空间的限制的"云消费"时代。

"云消费"时代，消费突破店铺存储、面积、陈列限制，突破线上线下、有形与无形的界限，突破商品与服务的界限，消费者可以通过一切便捷并安全的支付手段完成交易。"云消费"时代，消费突破了时间和空间的障碍，消费行为可以随时随地发生，消费跨地域支出障碍消失，商业跨地域经营障碍消失。消费者任何时间任何地点都可以得到需要的商品和服务。传统实体商业与线上商业界限逐渐消失，传统实体商业加快数字化转型，线上线下一体化成为必然发展趋势。

2007 年以来，线上零售额占社会消费品零售总额的比重持续上升，2019 年达到 25%。2013 年中国线上零售额达到 1.85 万亿元，超过美国成为全球第一。2019 年中国线上零售规模超过 10 万亿元，网上外卖用户数达到 4.2 亿人。新冠疫情以来，线上消费保持持续快速增长的态势，2021 年，中国线上零售额达 13.09 万亿元，同比增长 14.1%。其中，实物商品线上零售额 10.8 万亿元，首次突破 10 万亿元，同比增长 12.0%，实物商品线上零售额占社会消费品零售总额的比重达 24.5%，实物商品线上零售额中，食品类、服装类和日用品类商品分别增长 17.8%、8.3% 和 12.5%。2021 年中国线上购物用户规模达 8.42 亿，外卖用户规模已经达到5.44亿人，外卖占全国餐饮收入的比重达到21.4%，电商直播用户规模为4.64亿。线上消费已经渗透到饮食、服装、养生、健身、娱乐、教育等各个消费领域。线上消费已经成为一种生活方式，与人们的生活不可分割。（见图3-4）

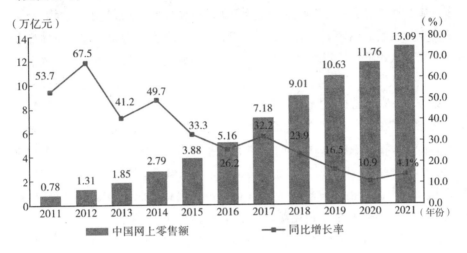

图3-4 2011—2021年中国网上零售交易额

数据来源：国家统计局。

（三）适应消费模式变化，实体商业逐渐向体验型消费空间转型发展

"云消费"时代居民生活方式、消费模式和消费需求的变化，给实体商业带来巨大冲击。人们到店消费不再以购物为导向，而因为新奇好玩的体验、品质文化的认同、族群社交的场所、家庭生活第三空间等消费体验到店消费。

商品性消费需求降低，非商品性消费、文化服务消费需求提升。实体商业由"商品消费"逐渐向"体验型消费"转型，传统零售比例大幅压缩，餐饮、休闲娱乐、文化艺术等体验业态逐渐成为消费主旋律。增加体验业态，强化休闲娱乐功能，增加文化、艺术类消费已成为百货店、购物中心等实体商业发展与转型升级的重点。

人们对实体消费空间环境的需求从方便消费和简单的购物，到追求消费环境的友好性、文化性、体验性、艺术性、沉浸式等消费体验上的乐趣，以及更多能够进行交往互动的社交空间。对消费环境进行主题化包装，打造主题沉浸式消费环境，构建对消费者更友好的生活空间，成为购物中心、商业街等实体商业聚集人气，提升消费体验的重要手段。

（四）营销模式突破时间空间障碍，直播等互动式营销成为行业风口

近年来，随着网络消费升级，营销模式突破时间与空间障碍，融入消费者生活方式，门店社群化、社交营销、直播带货等互动式营销模式成为行业风口。

2016年开始，直播＋电商成为一种新兴的网购营销方式，淘宝平台涌现了许多一流的直播主播，越来越多的消费者通过观看网络直播进行下单购物。

在新冠疫情影响之下，消费者"云逛街、云购物"的热情高涨，实体商业将零售场景从线下切换到线上，进行精准营销和服务，开展直播电商、网上外卖等，直播成为实现数字化销售非常重要的渠道，正在成为电子商务发展的一个主流方向。京东直播、淘宝直播等电商平台和抖音、斗鱼、快手直播等娱乐型社交直播都在大力发展直播电商。2019年，淘宝直播已积累4亿用户，全年GMV（成交总额）突破2000亿元，177位主播年度GMV破亿。2020年淘宝直播诞生了近1000个成交额过亿直播间，其中商家直播间数量占比超过55%。2021年中国电商直播用户规模为4.64亿，占网民整体的44.9%，年增长高达19.5%，其中超66.2%的用户在观看直播后做出购买行为。

据中消协的调查，42.4%的消费者一周观看直播时长为1~3小时，24.9%的消费者观看直播时长为4~6小时。喜欢直播电商和喜欢传统电商的受访者占比分别为42.6%和34.9%。越来越多的消费者能够接纳直播电商。（见图3-5、图3-6）

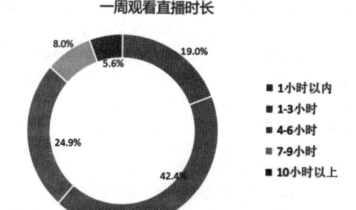

图3-5　直播电商购物群体观看时长

资料来源：中国消费者协会《直播电商购物消费者满意度在线调查报告》（2020年发布）。

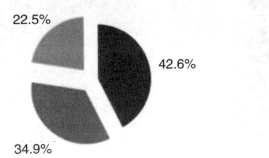

图 3-6　消费者对直播电商和传统电商偏好

资料来源：中国消费者协会《直播电商购物消费者满意度在线调查报告》2021 年度，淘宝直播人均观看时长增长 25.8%。

二、北京新城区消费市场现状与问题

（一）总体消费能力不强，但消费潜力还有较大挖掘空间

相较于中心城区，北京新城区人均可支配收入和人均可支配支出均低于中心城区，但人均可支配收入增速高于中心城区，人均可支配支出下降速度低于中心城区。

据北京市各区统计数据，2020 年北京市中心城城镇居民人均可支配收入 8 万元，其他城区城镇居民人均可支配收入 5.4 万元，低于中心城区 2.6 万元，但增速高于中心城区 1.4 个百分点。受新冠疫情影响，2020 年北京市各城区人均消费支出都有不同程度的下降，其中，中心城区城镇居民人均消费支出 4.6 万元，较 2019 年下降 8.9%；其他城区城镇居民人均可支配支出 3.3 万元，较 2019 年下降 2.3%，较中心城区少下降 6.6 个百分点。（见表 3-1）

表 3-1　北京市各城区城镇居民收支情况　　　　　单位：元

各区	人均可支配收入			人均消费支出		
	2020	2019	名义增速（%）	2020	2019	名义增速（%）
全市	75602	73849	2.4	41726	46358	−10.0
东城区	83501	81592	2.3	46190	52715	−12.4
西城区	90286	88291	2.3	51466	53437	−3.7

各区	人均可支配收入			人均消费支出		
	2020	2019	名义增速（%）	2020	2019	名义增速（%）
朝阳区	78721	76936	2.3	44682	48174	−7.2
丰台区	66799	65215	2.4	38472	43468	−11.5
石景山区	78656	76990	2.2	40096	45904	−12.7
海淀区	86742	84733	2.4	51198	56630	−9.6
中心城区	80261	78443	2.3	45916	50409	−8.9
门头沟区	59360	57892	2.5	33785	38100	−11.3
房山区	52288	50644	3.2	29447	30589	−3.7
通州区	55113	53088	3.8	34532	37187	−7.1
顺义区	49749	47496	4.7	31813	30627	3.9
昌平区	56305	54248	3.8	36732	37335	−1.6
大兴区	58425	56450	3.5	34271	34663	−1.1
怀柔区	48663	46706	4.2	31708	29886	6.1
平谷区	49782	48195	3.3	28187	29424	−4.2
密云区	48860	47231	3.4	29046	27620	5.2
延庆区	50476	48701	3.6	30767	31422	−2.1
其他城区	54475	52546	3.7	33370	34156	−2.3

　　不考虑新冠疫情影响因素，我们分析 2019 年北京市各区社会消费品零售总额数据，2019 年度中心城区社会消费品零售总额较 2018 年增长 3.9%，其他城区增长 6.1%，增速高于中心城区 2.2 个百分点。（见表 3-2）

表 3-2　北京市各区社会消费品零售总额　　　　单位：亿元

各区	2018 年	2019 年	比 2018 年增长（%）
全市	14428.8	15063.7	4.4
东城区	1257.1	1319.5	5.0

各区	2018 年	2019 年	比 2018 年增长 (%)
西城区	1053.7	1095.5	4.0
朝阳区	3407.2	3525.3	3.5
丰台区	1401.4	1463.9	4.5
石景山区	416.3	435.7	4.7
海淀区	2873.1	2972.6	3.5
中心城	10408.8	10812.5	3.9
门头沟区	103.5	109.5	5.9
房山区	354.5	375.6	6.0
通州区	552.2	590.7	7.0
顺义区	603.6	637.8	5.7
昌平区	708.5	743.7	5.0
大兴区	643.6	684.0	6.3
怀柔区	208.2	220.2	5.8
平谷区	156.6	166.2	6.2
密云区	161.4	174.3	8.0
延庆区	100.2	108.0	7.8
其他城区	3592.4	3810.0	6.1
北京经济技术开发区	421.1	441.1	4.8

（二）拥有较丰富的文旅资源，但文旅消费供给水平不高，亟待挖掘提升

新城区所在区域大多拥有较丰富的旅游文化资源，旅游文化产业大多是所在城区产业发展重点，也是新城区促消费的提升重点。

例如，房山区拥有丰厚的旅游文化资源，有以周口店北京人遗址（世界遗产、古人类遗址）、琉璃河西周燕都遗址（北京地区最早的城市起源地）、云居寺（全世界最大、最古老的石刻图书馆）、金陵遗址（北京地区年代最早、规模最大的帝王陵）等为代表的历史文化类资源，有以十渡、石花洞、百花山等为代表的自然风光类资源，有以水峪村（中国历史文化名村）、黑龙关村、南窑村（国家级传统村落）等为代表的风情民俗类资源、有以中粮智慧农场等为代表的科技农业类资源；门头沟区有包括永定河、古村落、古道、宗教、民俗、红色文化等多种类型的文化旅游资源，有山峰、河谷、沟域、古树等多样的生态旅游资源，有长度与深度在北京居第一位的永定河百里大峡谷，及龙门涧、聚灵峡、京西大裂谷等众多峡谷，还有百花山沟、灵山沟、珍珠湖沟等18条多彩沟域。其中以潭柘寺戒台村为代表的宗教文化、以爨柏为代表的古村落文化，在北京乃至全国均具备较高的文化价值。同时门头沟区还是北京的"革命老区"，现存革命斗争遗址、遗存多达百余处。

但目前各城区商旅文融合发展尚在起步阶段，难以满足游客多样化的消费需求。普遍存在旅游服务水平不高；旅游餐饮、住宿缺乏特色和统一标准，高品质餐饮住宿供应不足；旅游购物品质不高、特色不突出；旅游文化休闲娱乐项目开发度不够，探险、探秘、新奇体验等探索性旅游娱乐项目开发尚存在一定空白，游客参与性内容较少等问题。

根据房山区旅游文化消费调研数据，房山区旅游文化人均消费水平较低（2018年度，人均消费1010元），仅为北京市旅游文化平均消费水平（1904元）的一半，交通、游览、住宿消费占比较大，休闲娱乐等服务消费占比小，没有形成完整高品质的"吃、住、行、游、购、娱"服务体系，与房山区"北京源·国际文旅休闲区"的文化旅游功能定位还有很大差距。

（三）大型商业设施规模总量不小，但发展不均衡、品质良莠不齐

1. 大型商业设施在新城中体量过剩与规模不足并存，部分新城居民消费需求不能得到有效满足

从北京新城区大型商业设施情况看，截至2021年底，昌平区、顺义区、大兴区、房山区大型商业设施体量较大，千人建筑面积达到900平方米以上，延庆区、平谷区、怀柔区大型商业设施规模较小，千人建筑面积500平方米以下。（见表3-3）

表3-3 北京市新城所在城区大型商业设施情况一览表

	数量（个）	面积（万平方米）	千人建筑面积（平方米）
门头沟区	13	23	585.2
昌平区	54	209.2	922.0

	数量（个）	面积（万平方米）	千人建筑面积（平方米）
顺义区	37	147.2	1111.8
大兴区	44	200.7	1006.5
房山区	38	129.1	983.2
平谷区	11	19.6	428.9
延庆区	5	12.6	364.2
密云区	9	26.6	503.8
怀柔区	8	20.6	467.1

数据来源：各区统计数据汇总，部分为 2019 年和 2020 年的数据。

同时，在各新城区范围内，大型商业设施的分布也存在体量过剩与设施不足并存的情况。以房山区为例，房山区超过 5000 平方米的大型商业设施 38 个，总建筑面积超过 122 万平方米，以 2020 年底房山区常住人口为基数（129.1 万人），房山区 5000 平方米以上大型商业设施千人建筑面积 983.2 平方米，其中新城区长阳镇和拱辰街道大型商业设施千人建筑面积分别达到了 4000 平方米和 9000 平方米，大型商业设施资源相对过剩。另外一些区域，如新城区燕山地区等，则因人口分布分散、或居民整体消费力较弱，对大型商业设施建设投资方吸引力不够，出现大型商业设施不足，区域内居民购物休闲消费需求不能得到有效满足的问题。（见表 3-4）

表 3-4　房山区 5000 平方米以上大型商业设施分布情况一览表

辖区	总建筑面积（万平方米）	2018 年户籍人口（万人）	人均建筑面积（平方米）	千人建筑面积（平方米）
拱辰街道	36.85	7.6	4.85	4848.82
城关街道	12.26	7.1	1.73	1726.25
长阳镇	56.41	6.2	9.10	9099.13
西潞街道	9.08	3.3	2.75	2751.52
窦店镇	2.95	4.8	0.61	614.58
燕山地区	3.50	7.5	0.47	466.67

2. 高品质商业品牌加速在各新城布局，但传统零售商业仍发挥重要作用，各新城消费中心供给质量与消费需求仍有一定差距

近年来，高品质商业品牌加速在各新城布局，抢占市场先机，但传统零售商业仍在新城商业中发挥重要作用，各新城消费中心供给质量与消费需求仍有一定差距，多数新城商业中心尚未具备地标性区域商业中心的功能，新城区商业中心的品质仍有待进一步发展提升。

以房山区为例，近年来，北京龙湖房山天街、首开龙湖熙悦天街、首创奥特莱斯、中粮万科半岛广场等高品质商业加速在房山聚集，成为房山区消费者青睐的购物休闲场所。阿里巴巴、京东、永辉开设的新零售业态先后齐聚房山，首创奥特莱斯、龙湖房山天街、首开龙湖熙悦天街也集聚着大量国内外知名品牌，整体带动房山区居民消费品质的提升。同时，在房山区消费市场体系中，国泰良辰百货、华冠等传统百货店、购物中心仍发挥重要作用。大部分传统商业设施建设时间较早，软硬件设施相对陈旧，限于原有建筑结构等因素，设施环境品质提升难度较大。盘点房山区整体商业业态和品牌结构，特别是传统百货店、购物中心仍以零售业态和主流商业品牌为主，其业态结构、品牌选择、消费环境等方面的时尚化、体验化水平，与消费者需求还有一定差距，亟待转型升级。例如怀柔区，怀柔老城区商业中心是怀柔传统商业中心区，也是未来怀柔区的核心商业区，随着青春万达广场的正式营业，老城区商业中心品质有所提升，但整体来看，业态和品牌结构仍以传统零售业态和品牌为主，其中商业街店铺结构相对低端、街区环境杂乱，并有大量店铺空置，京北大世界等老牌百货店均遭遇发展瓶颈，尤其是新悦百货和商业街两侧商铺有大量空置，出现经营困境，老城区商业中心品质亟待转型升级。据调研，怀柔新城居民外流的消费占比25%左右，近30%的受访者认为怀柔区的商业中心不能满足自身好消费需求。延庆、平谷等新城传统商业中心均存在类似问题。

（四）社区便民商业网点配置不断完善，但规范化、品牌化水平有待进一步提升

近年来，便民商业网点的发展建设和提升一直是北京各区政府工作的重点，便民商业网点配置不断完善，便民商业服务品质不断提升，但其规范化、品牌化水平仍有待进一步提升。

以房山区、怀柔区和门头沟区为例。据调研，截至2020年3月底，房山区社区便民商业网点连锁化率51.7%，城镇社区五类基本便民商业服务功能总覆盖率达到93.1%，但仍有大量的路边店、夫妻店，多数蔬菜零售网点存在形态

落后、设备陈旧、环境秩序差等问题，还有待进一步发展提升。

怀柔区便民商业网点连锁化率28.37%，其中便利店连锁化率仅11.89%，且品牌知名度不高，44家连锁便利店中，有19家易捷，3家物美，3家大星发，2家苏宁，在调研中，26.75%的受访者认为家附近的社区商业不太能满足需求和完全不能满足需求，37.02%受访者认为一般。（见表3-5）

表3-5 怀柔区连锁超市便利店统计表（2020年度）

连锁店品牌	店铺数量（个）
总计	44
易捷	19
中商惠民	4
世纪华联	4
物美	3
大星发	3
亿多星	2
苏宁	2
沃全	1
首都农资连锁	1
青田联华	1
京客隆	1
家家福	1
二兴益	1
畅购乐派	1

门城地区生活性服务网点连锁化率达到50.53%，高于北京市平均水平，但品牌知名度不高。门头沟区生活性服务业各业态小品牌多，国内外知名的大品牌少，全区共有80家连锁品牌，如表3-6所示，在区内设有3家以上网点的品牌多数是康依家、格林摩尔、鑫维康等区县品牌，以及丰巢、e栈等末端配送快递柜，国内外知名的大品牌极少。

表3-6　设有3个以上网点的连锁品牌一览表（2020年度）

序号	品牌名称	业态	网点（个）
1	丰巢快递柜	末端配送	80
2	e栈	末端配送	48
3	中邮速递易	末端配送	26
4	康依家	社区超市（含便利店）/蔬菜零售	20
5	格林摩尔	社区超市（含便利店）/蔬菜零售	16
6	缤果盒子自助智能便利店	社区超市（含便利店）/蔬菜零售	15
7	快递柜	末端配送	13
8	物美	社区超市（含便利店）/蔬菜零售	11
9	鑫维康	社区超市（含便利店）/蔬菜零售	9
10	富友快递柜	末端配送	8
11	菜鸟驿站	末端配送	6
12	格格货栈	末端配送	5
13	华联超市	社区超市（含便利店）/蔬菜零售	5
14	日日顺乐家	末端配送	5
15	社区服务便民菜站	蔬菜零售	5
16	鸿福立便民菜站	蔬菜零售	4
17	老家肉饼	早餐	4
18	世纪华联超市	社区超市（含便利店）/蔬菜零售	4
19	小光美容美发	美容美发	4
20	一公里	社区超市（含便利店）/蔬菜零售	3
21	玉泉超市	社区超市（含便利店）/蔬菜零售	3
22	智能便民店	社区超市（含便利店）/蔬菜零售	3

三、北京市新城区扩大消费的对策

针对新城区消费市场的现状与问题，建议从提振新城区内消费、吸纳区外消费两个方面着手，线上线下融合，推进新城区内区外消费双增长。

（一）构建两级新城消费中心体系，挖掘区内和周边城区消费潜力

新城区是各城区的中心，也是各城区的消费中心，挖掘各城区的消费潜能，应该从新城区消费中心体系的建立做起，在区内释放居民的消费潜能，并吸纳周边城区部分消费力。

1. 结合新城原有商业中心，打造新城地标性消费中心，吸纳新城区内外消费力

根据《北京培育建设国际消费中心城市实施方案（2021—2025年）》，各区至少有1个现代化的综合商圈。建议在新城区原有商业中心的基础上，按照现代化综合商圈标准，进行商圈升级改造，提升消费体验，将其打造为新城区地标性消费中心，使其成为新城区及其周边城区新的消费引力点。如房山区以首创奥特莱斯为核心的长阳商圈、门头沟区以龙湖长安天街为核心的门城南部商圈、怀柔老城区商业中心、顺义区中粮祥云小镇商圈、密云区华润万象汇商圈等，按照现代化综合商圈标准，优化提升，提升消费体验，将其打造为新城区地标性消费中心，充分激发新城区所在区域的消费潜力，使其成为新城区及其周边城区新的消费引力点。

以房山区长阳商圈为例。一是进一步优化提升首创奥特莱斯消费品质，提升整体消费体验。二是统筹优化提升长阳地区现有商业资源，植入文化、艺术、时尚、休闲等元素。可以强化长阳音乐文化节的品牌效应，对长阳音乐主题公园进行一体化设计提升，加强音乐文化艺术商业融合发展，将音乐文化艺术元素融入公园及周边商业项目，突出音乐主题和亮点，营造音乐主题消费氛围。三是进一步优化商圈环境，提升整体环境的友好性、宜人性。打造集餐饮、购物、休闲娱乐、文化体验等功能于一体的京西南休闲消费中心，使其既是房山区居民休闲消费目的地，提升区内消费；同时辐射周边城区和京保石地区，扩大外来消费。

再如怀柔区可以老城区核心商圈为基础，打造怀柔区地标性消费中心。立足怀柔区本地居民的消费需求，从老城区步行商业街的升级改造开始推进，本着先易后难，低成本、见效快，易操作、可实施作为实施的基本落脚点。以重点项目为突破点，试点先行，以点带面，逐步提升。重点从街区环境升级、业态结构升级、品牌结构升级三个方面着手，打造以时尚、品牌、艺术、沉浸为主要特征的现代化步行商业街。

2. 围绕新城区发展格局，构建新城区区域性消费中心体系，截留与扩大区内消费

新城区地标性消费中心之外的片区，尤其是面积跨度较大的新城区，结合原有商业资源和可开发用地资源，构建新城区区域性消费中心体系，截留与扩大所在片区居民的消费潜能。

如房山区新城区划分为三大新城组团，各新城组团相对独立，可以围绕三大新城组团发展建设、居民消费需求和商业资源现状，构建以拱辰商圈为核心的拱辰消费中心、以首开龙湖熙悦天街为核心的良乡新生活消费中心、以房山老城区城关房山南大街的改造升级和北京东方1956文化创意园区的发展建设为重点的燕房组团消费中心和围绕北京高端制造业基地规划建设的窦店组团消费中心等四大区域级消费中心格局，全方位满足三大新城区组团居民对区域商业中心的多元消费需求，减少外流消费，扩大区内消费。再如门头沟新城区地标性消费中心在门城地区南部，位于北部的传统商业中心区则可打造为区域性消费中心，可以中昂小时代、中骏、华远的高标准规划建设为重点，带动传统商业中心区的品质化提升，为北部商圈注入新的生命力，引导带动门城北部区域居民消费力提升。

（二）商文旅融合发展，推进新城区商文旅消费提质升级

根据《北京培育建设国际消费中心城市实施方案（2021—2025年）》，文旅消费潜力释放行动是实施方案的重点之一。北京新城区所在区域大多拥有丰富的文化旅游资源，商文旅融和发展与消费挖潜，是新城区扩大消费的提振重点之一。

1. 打造商文旅融合的广域型消费目的地项目，形成强大消费吸引力

根据"北京市2022年重点工程计划"，乐高乐园作为文化旅游产业新建项目即将落户房山区长阳镇，乐高乐园与迪士尼、环球影城一起被誉为世界三大主题公园品牌，建成后将成为中国北方又一超大型世界主题公园，拥有万亿级的消费市场，将迎来北京、全国乃至国外庞大客群，将给房山区文旅消费带来重大机遇。可以围绕乐高主题公园的规划建设，在主题公园周边预留充足的储备用地，围绕乐高主题，大力规划与开发周边产业集群，包括特色主题购物、主题餐饮、主题酒店/公寓、主题娱乐、国际会展等，与乐高主题公园形成互动，打造聚力强大的超广域主题休闲娱乐目的地。同时统筹规划房山区全域商旅资源，围绕乐高主题公园项目设计国际旅游精品线，带动房山全域旅游消费提质升级。

2. 将高品质商业融入新城文化旅游项目，提升文旅景区服务供给品质，优化文旅景区消费结构，激发文旅景区消费潜力

围绕新城所在城区对旅游文化产业布局，按亲近自然，享受现代的标准，将高品质商业融入新城区文化旅游项目，完善与优化景区服务体系，提升景区服务体验化、规范化、连锁化、便利化水平，推进景区服务品质的全面提升，优化景区消费结构，激发景区消费潜力。可以从以下几个方面着手。

一是优化与提升文旅景区购物消费供给。在景区引进连锁便利店，满足便利消费需求；引进培育个性、时尚、特色的品质小店，满足与培育特色化、个性化、时尚化消费；创新开发具有景区特色的文化创意产品，在主要景区设专卖点，拓展文创消费。

二是优化与提升文旅景区餐饮消费供给。引进连锁餐饮品牌、规范提升现有餐饮店，满足安全卫生、便捷舒适的旅游便餐需求；培育当地特色餐饮品牌，结合文创旅游主题，发展一批主题餐厅，提升景区餐饮特色化、主题化消费水平；执行旅游餐饮规范，优先推荐星级餐厅，推进景区餐饮规范化、品质化提升。

三是丰富与提升景区休闲娱乐消费供给。核心景区引入和打造应景的、参与式、体验化的丰题娱乐消费项目，提升景区文娱消费吸引力；鼓励住宿体系融入有特色、有文化、有品质的休闲娱乐元素，推进旅游住宿品质化提升。

四是优化与提升旅游住宿消费供给。根据精品民宿的标准，构建各区精品民宿体系；积极撬动社会资源资本，引入优秀民宿企业，聚力推进精品民宿发展建设；引进高星酒店品牌；引进和发展民宿代管服务体系。

3. 将文化艺术元素和消费项目嵌入新城各级商业消费中心，提升商业中心文化艺术品味，提升商业中心引力值

在新城各级消费中心中嵌入文化艺术元素。引入文创商店、特色书店、小剧场、文化休闲娱乐场所等，丰富文化艺术消费供给，对局部空间进行文化艺术主题化、情境化包装，营造主题消费环境。整体提升新城各级消费中心的文化艺术氛围，优化消费环境，提升消费引力，减少外流消费力。

在有条件的社区商业中心嵌入文化消费项目，提升社区商业文化氛围，打造新城区居民身边的文化消费网点。

（三）优化提升社区商业消费，完善社区基础消费

社区商业是消费的毛细血管，渗透到居民日常生活的方方面面，社区商业的完善程度和发展水平最能体现城区的宜居程度，社区基础消费的提升也是新城扩大消费的重要方面。优化提升社区商业消费，从社区商业中心和便民商业

终端的提升两个层次做起。

1. 完善提升新城社区商业中心体系，保障与提升居民社区消费的供给品质，挖掘居民社区消费潜能

按照社区商业综合体配置要求，完善新城区社区商业中心的格局，按照每个街道（镇）不少于1个，每2万人不少于1个，千人建筑面积600—700平方米的标准，完善新城区社区商业中心配置。以新城区现有连锁超市、购物中心等为核心店，与其周边店铺组成的商业综合体、特色商业街为基础，构建新城社区商业中心基础格局。新建社区（含廉租房、公租房等保障性住房小区、棚户区改造和旧城区改造安置住房小区）必须按照不低于总建筑面积10%的规模预留集中的商业用房。

以满足和提升居民社区商业消费品质为目标，优化提升新城区社区商业中心的品质。新建高品质住宅区，按照居民生活方式配建社区商业中心，将其打造为居民在社区内的商业中心、交流中心、文化中心、休闲中心，满足居民对社区的多元消费需求，打造居民在社区里的第三生活空间。

2. 完善优化新城便民商业布局，保障与提升便民基础消费需求

根据生活性服务配置标准，进一步完善新城区便民商业网点布局，引导现有的连锁便民商业网点，搭载或增加蔬菜、餐饮、洗衣代收、家政服务、末端配送等各类所在社区欠缺的便民服务，在不增设新网点的情况下，完善所在社区的便民服务功能。

新增网点必须引进连锁品牌或创新型服务品牌，符合规范化、连锁化、品牌化、便利化、智能化、特色化的"六化"要求的企业和品牌优先，确保新增网点的品质上乘。

鼓励现有低端的便民服务网点通过原网点升级改造、置换、加盟、合作经营等方式，引入连锁品牌，推进现有网点连锁化、品牌化提升。

（四）优化业态和品牌结构、优化消费环境，提升消费供给品质

优化业态结构、品牌结构、消费环境、提升消费供给品质，可以全方位满足新城区居民不断提升、复合多元的消费需求，并创造消费需求，释放新城区潜在的消费力，减少外流消费。

1. 优化业态和品牌结构，提升消费体验

鼓励新城区各级消费中心因地制宜，按所在区域居民的生活方式和消费需求进行业态和品牌结构的优化和升级。压缩传统零售业态比例，增加时尚书吧、书店、咖啡厅、时尚餐饮、休闲娱乐和文化艺术等体验型业态；有条件的消费

中心增设小型展馆和固定的活动场所，不定期开设各类文化艺术展，开展各类人气活动，提升顾客的文化休闲消费体验；压缩大众化品牌比例，引进时尚、特色、个性化品牌，引进旗舰店、体验店，鼓励引进首店首秀首发，提升消费热度。比如位于房山良乡大学城的熙悦天街，其商业设施业态与品牌都是重点针对大学城师生和周边高知工作人群就餐、购物、娱乐、休闲、休憩等高品质消费需求而选择设立的，以此构建多元化生活场景，突出城市会客厅功能。

2. 优化消费环境，提升环境品质，打造环境友好的消费空间

根据各消费中心设施的具体情况，因地制宜优化消费环境，提升环境的友好性、文化性、体验性、艺术性、增加更多能够进行交往互动的社交空间，加强室内室外空间的融通与商业项目之间的联通，构建友好的商业空间环境。比如房山区可以借力乐高主题公园、长阳音乐主题公园等项目的主题元素，带动周边项目环境主题化提升。

建议从以下几个方面着手：一是根据各消费中心具体情况逐步改造和提升商业街区环境，增设公共休闲服务设施，增加街区绿色元素，设置街头艺术化小品与布景，整体提升消费环境；二是加强室内室外融合与过渡，优化街区楼宇间友好通融系统，通过空中连廊、地下商业连廊，或活动广场构建各建筑体之间的通联系统；三是有条件的消费中心可以在楼体之间增设小型展览展示空间、小型活动场所、参与性游乐性空间，增加街区城市社交功能；四是改善步道系统，增强人行尺度，提升街区友好通融性，注意构建各级消费中心与轨道交通站点和公交系统无缝衔接的步行系统，打造步行环境友好的消费空间；五是鼓励大型商业设施针对自身情况，对室内空间环境进行沉浸式主题化包装，划分主题区域，刻画不同的生活场景，增加室内休闲休憩空间，营造沉浸式主题氛围。

（五）引导与培育消费新模式，激发新的消费潜能

大力发展夜间经济，拉动夜间消费；鼓励传统企业开展特色主题营销活动和直播等互动式营销模式，增强顾客粘性；发展"互联网+"消费体系，线上线下融合促进消费增长。

1. 繁荣夜间经济，拉动夜间消费

全面铺设夜间消费基础网点，结合社区生活性服务网点配置，在大型社区、商业中心、写字楼等人口密集、人流量大的重点区域全面铺设 24 小时连锁便利店，满足夜间便利消费需求，构建夜间消费基础服务网；鼓励餐饮企业延长营业时间，推出后晚餐时段的针对性餐品和服务，营造夜间餐饮和休闲氛围。

打造夜间消费示范项目，示范带动新城区夜间消费发展提升。如房山区可以首创奥特莱斯、龙湖天街、长阳音乐主题公园、万科半岛广场、拱辰商圈等作为夜间经济发展的先行示范区。

引导夜间经济业态发展壮大，丰富夜间消费内容。在夜间经济重点引导发展区植入餐饮、酒吧、咖啡厅、书吧等长时间经营业态，引入艺术馆、演艺社、小剧场等艺术休闲业态，鼓励原有店铺延长营业时间，丰富夜间消费内容，提升夜间经营的活跃度。

打造靓丽的夜间街景，提升各商圈夜间吸引力。鼓励新城区各街区的消费中心通过环境设施整治和改造、绿化美化工程、广场节点工程、利用灯光、投影幕墙、夜间无障碍设施的设置、推出主题灯光秀等，使街区的夜间亮起来，打造靓丽的夜间街景。

商文旅融合发展夜间经济，推进夜间消费。鼓励有条件的文化旅游景区延长关门时间，或开放夜间旅游，策划推出夜间文化活动、夜间旅游精品线路。

2. 创新营销模式，激发消费潜力

引导鼓励新城区实体商业开展门店社群、门店微信群、网络直播等线上互动式营销模式，锁定目标客群，开展针对性、专属的营销活动，增强顾客粘性，激发消费潜力。

加强专业网络营销人才培训，为企业培训专业数字营销师、数字运营师、专业主播等专业网络营销人才。提升实体商业企业网络营销技能，引导营销人才，尤其是专业主播树立遵纪守法，诚实守信的价值观，加强消费者网络消费保障。

支持企业与专业优质电商平台对接，强化线上营销内容的审核管理。对发布的营销信息、视频严格把关，确保信息真实、可靠，避免虚假信息、虚假交易，保障消费者权益。

鼓励开展多元特色主题活动，激发消费潜力。鼓励实体商业利用周末、节假日、黄金周等，设计、组织和开展多元特色主题活动；鼓励将文化艺术元素融入主题活动中，增加活动的文化艺术氛围；在符合公共安全的前提下，鼓励开展户外营销活动；鼓励有条件的实体商业开辟固定的活动空间，将主题营销活动常态化。

3. 完善新城区"互联网+"消费体系，线上线下融合促消费

依托电商平台发展"互联网+"生活性服务，使居民通过网络享有零距离到家生活性服务。鼓励发展生活用品、餐饮到家服务，未开通相关到家服务的街道与京东到家、美团外卖、美团买菜等O2O（线上到线下）生活服务平台和

生鲜电商平台建立战略合作关系，在各新城区全面铺开蔬菜、餐饮、便利店 /
超市到家服务。鼓励发展"互联网+"生活性服务，尤其是对于洗染、家政、
维修等居民日常消费频次不高的生活性服务，鼓励未开通相关服务的街道（乡镇）
与美团、e 袋洗、管家帮等生活性服务平台建立战略合作关系，实现生活性服
务线上消费，服务零距离到家。

　　鼓励实体商业与线上专业平台对接，与"最后一公里"服务资源对资，整
合资源，搭建线上业务的后台供应链，发展线上业务，拓展离店消费；鼓励有
条件的企业设立线下线上消费体验馆；引导各区文化旅游景区、景点、文艺演
出、休闲娱乐等各类文化旅游场所广泛进行线上预约互联网售票，二维码验票，
提升各区文旅场所宽带移动通信网络覆盖水平，整体提升文旅消费的便捷程度。

　　本课题负责人：康健，北京财贸职业学院，副研究员。

　　本课题组成员：韩凝春，北京财贸职业学院，研究员；王春娟，北京财贸
职业学院，教授；李馥佳，北京财贸职业学院，副研究员；赵挺，北京财贸职
业学院，助理研究员；王红梅，北京财贸职业学院，助理研究员。

参考文献

　　[1] 康健 . 北京生活性服务业配置现状及发展路径研究 [J]. 时代经贸，2019（28）：
12-15.

　　[2] 康健，王成荣，王春娟 . 数字经济背景下智慧型社区商业配置研究 [J]. 商业经济
研究，2021（21）：29-32.

　　[3] 康健，关于北京社区商业综合体发展的几点思考 [J]. 时代经贸，2020（2）：
58-61.

　　[4] 刘璇 . "十四五"时期中国扩大新消费需求的创新体系建设 [J]. 新疆社会科学，
2021（5）：18-26.

　　[5] 郭馨梅，杨雪 . 北京市夜间消费现状及对策 [J]. 商业经济研究，2021（5）：50-
52.

　　[6] 于进 . 扩大和升级城乡居民文化消费的路径研究 . 宏观经济管理，2019（6）：
72-76.

　　[7] 陈兵 . 有序升级消费者权益保护系统 新发展格局下扩大消费需求的关键路径 [J].

人民论坛，2021（4）：42-45.

[8] 张恒龙，姚其林.扩大居民消费需求，构建新发展格局 [J].科学发展，2020（12）：92-100.

[9] 谢芮，宋杨.消费驱动背景下零售数字化与城乡居民消费扩容提质：基于区域差异视角.商业经济研究，2021（4）：55-58.

[10] 许永兵.扩大消费：构建"双循环"新发展格局的基础 [J].河北经贸大学学报，2021（2）：26-32.

[11] 王艳化.江苏省居民服务消费特点及扩大升级建议 [J].中国经贸导刊，2021（2）：55-57.

[12] 韩燚华.高质量发展时期扩大消费的路径研究 [J].当代经济，2021（2）：26-29.

[13] 宋瑞.经济新发展格局下促进旅游消费的思路与方向 [J].旅游学刊，2021（1）：3-5.

[14] 张勇."双循环"新发展格局下 上海促进消费研究 [J].科学发展，2021（2）：37-48.

[15] 赖阳，韩凝春.论"云消费"时代的零售革命 (上) [J].商业时代，2014（4）：29-30.

[16] 赖阳，韩凝春，王春娟.关于"云消费"基本特征的研究 [J].北京财贸职业学院学报，2014（4）：15-20.

[17] 任保平，苗新宇.新经济背景下扩大新消费需求的路径与政策取向 [J].改革，2021（3）：14-25.

北京国际商贸中心研究基地项目

项目编号：ZS202008

项目名称：双循环背景下北京旅游者消费行为研究

双循环背景下北京旅游者消费行为研究

高丽敏

一、研究背景分析

（一）双循环背景

2020年5月14日，在中共中央政治局常委会会议上，习近平总书记首次提出了"要深化供给侧结构性改革，充分发挥我国超大规模市场优势和内需潜力，构建国内国际双循环相互促进的新发展格局"。"双循环"成为我国未来经济建设的主要方向。这是党中央基于国内发展形势、把握国际发展大势作出的重大科学判断和重要战略选择。

同样，旅游业在双循环背景下，如何发挥国内旅游和国际旅游的优势和作用，也是旅游业构建双循环中要重点考虑的问题。国内旅游经历了高速发展，正确分析双循环格局对北京旅游业的要求，判断旅游业在双循环格局中应该如何去做，如何更好地发展国内旅游，是旅游从业者的关键课题。

（二）疫情背景

2020年以来的新冠疫情前后持续了将近3年时间。3年来，旅游业受疫情影响非常大，旅游从业者克服重重困难，不断探索在疫情下的旅游发展新模式。同时针对旅游消费者的新需求，不断调整发展模式、经营模式，如旅游消费供给侧推出了数字体验游、沉浸式体验游等云旅游经营模式，旅游者的消费由传统的观光休闲旅游，转化为定制旅游、小众旅游等数字体验式的云旅游等。所以，进一步分析旅游者消费行为，改善旅游消费供给侧供给模式，对促进旅游业健康发展具有重要的现实意义。

二、研究方法和路径

（一）研究方法

本课题研究将从双循环背景下旅游动机与旅游消费行为基础理论研究入手，运用 SWOT 理论分析疫情下和双循环格局下北京旅游发展的优势、劣势、机遇与挑战。运用统计分析方法，分析新冠疫情下旅游消费者的出游动机和出游行为的变化，运用动机——行为模型分析疫情及双循环背景下旅游动机与旅游消费行为的转型发展模式，探讨疫情常态下，提升北京旅游者旅游恢复心理预期和探索旅游消费新模式，为旅游决策者和旅游经营者有针对性地改变旅游经营行为提供决策，促进北京在疫情常态下和双循环格局下国内旅游的恢复与健康发展。

具体研究方法：

本课题将采取文献分析法、系统分析法、实地调研法等方法。对疫情背景资料、双循环格局资料进行深度分析；系统研究动机——行为理论、旅游经营和旅游消费的协同度；分析新冠疫情下北京旅游者的消费行为，探讨北京旅游在双循环背景下转型发展的健康之路。

文献分析法——主要是对新冠疫情下旅游危机、国内外旅游危机、旅游经营行为和旅游消费行为等研究文献进行分析，再结合疫情下北京旅游者消费行为进行分析。

系统分析法——主要是以北京旅游消费者及消费供给侧进行系统分析，收集系统数据，对新冠疫情下北京旅游消费者消费行为及消费供给侧供给行为进行解读对双循环背景下发展北京旅游进行系统研究，提出有针对性的举措。

实地调研法——本项目将针对北京在此次疫情下对北京旅游者及旅游消费供给侧经营者进行面对面和问卷星访谈，收集第一手资料和数据，为提出有建设性的建议提供依据。

（二）研究路径

1.研究对象及主要目标

本课题以双循环格局为背景，在国家大力倡导国际国内双循环相互促进大格局前提下，以旅游消费者的消费行为为研究对象，切实分析旅游者的消费理念、消费行为和消费习惯。

主要研究目标是正确分析双循环格局对北京旅游业的要求，判断旅游业在双循环格局中应该如何去做，如何更好地发展国内旅游。运用动机——行为理论模型分析在双循环背景下北京旅游者的旅游动机与旅游消费行为的关系，在数字新媒体下北京数字化文旅、数字化旅游的发展新路径。疫情对北京旅游业在双循环中发展国内旅游的新问题和新形势进行分析。

2. 总体框架及主要内容

本课题研究总体框架：背景分析—理论与模型分析—实证研究—结论分析。在双循环理论和旅游危机理论研究基础上，结合新冠疫情分析此次旅游危机的影响，并且在旅游危机背景下以及双循环背景下研究旅游动机——行为理论、协同发展理论，具体分析北京旅游者的消费动机和消费行为发生的变化。寻找北京旅游健康发展的新路径和新模式。为北京旅游应对旅游危机、持续健康发展做贡献。课题研究技术路线图如图4-1所示。

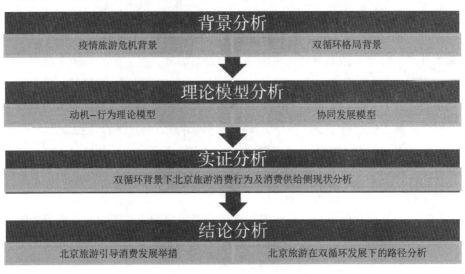

图4-1　课题研究内容技术路线图

三、研究理论分析

（一）国外相关研究动态及应用情况

国外关于旅游者消费方面的研究集中在对旅游动机、旅游行为、旅游消费行为等方面研究。

旅游动机研究：著名旅游学家罗伯特（Robert）将众多具体需要所触发的旅游动机总结成四个基本类型：文化方面的动机，身体方面的动机，人际（社会交往）方面的动机、声望和地位方面的动机。

旅游行为研究：国外对旅游行为的研究最早可以追溯到意大利统计局博迪奥 1899 年发表的《外国人在意大利的移动及其花费的金钱》以及 1923 年尼塞福罗发表的《外国人在意大利的移动》。两者都是通过旅客的逗留时间、旅客的人数和旅客的消费能力几个方面来认知旅游现象的经济方面的内涵。

旅游消费行为研究：消费者行为理论的研究最早兴起于 19 世纪末 20 世纪初、消费者行为理论研究的目的通过对消费影响的因素进行分析、为了理解并预测消费者行为。莫拉（Moura，2014）对大学生的旅游消费行为和价值观相互之间的关系进行了检验，采用的方法是多变量异数法。

（二）国内相关研究动态及应用情况

1. 对双循环及与旅游关联方面的研究

双循环从 2020 年提出后，国内研究者对双循环的概念、内涵及实施路径等进行了研究。如葛扬（2021）对我国构建"双循环"新发展格局进行了理论分析；不同产业领域的学者结合产业在双循环中如何发展进行了阐释。如钟钰（2021）对农业"双循环"战略思路与系统性对策进行研究。在旅游与双循环结合方面的研究中，很多学者已经在理论探讨和实际应用研究方面有一些研究成果出现，如吴曦（2021）探讨了旅游业融入双循环的路径，黄震方（2021）从理论思考与创新实践方面进行了"双循环"新格局与旅游高质量发展的关系。

此次旅游危机与双循环关系紧密，对国内学者针对旅游危机的研究进行简单分析。国内学者关于旅游危机的研究始于 2003 年"非典"疫情之后，在旅游危机生命周期理论、旅游业的敏感性及脆弱性等方面进行了集中研究。魏小安（2003）等从多角度分析了"非典"疫情对我国旅游业的影响，提出了"旅游业敏感但不脆弱"的观点；孙根年（2008）将旅游危机划分为外源型和内生型，提出了旅游危机的生命周期理论，对旅游危机的分析、评估和管理作出了重要理论贡献。

2. 对旅游消费行为的研究

对旅游动机的研究。在旅游动机研究方面，我国学者主要集中在对不同尺度特定地域（景区／景点）的旅游动机、特定群体的旅游动机和特定目的旅游活动的旅游动机等方面。这方面研究起步较早，成果也较多。

对不同尺度特定地域（景区／景点）的旅游动机：在对客源地游客的出游旅游动机的实证研究中，研究成果较多，出现的也比较早。黄海明（2020）对上海市邮轮旅游者就其动机和出游行为进行的实证分析。黄国庆（2003）、张宏梅（2004）、陈德广（2006）等对重庆市江北区、皖江、开封等地市民的旅游动机及其影响因素进行了分析；张春花（2007）等以上海市和南京市居民为例，将中国城市居民乡村旅游动机划分为"游览观光型""康体放松型""体验学习型"三大类，且游客职业与动机类型显著相关；刘蕾（2008）认为，寻找现实与影视情景对照的"印证性动机"是南昌市赴韩旅游者的旅游动机，其旅游活动类型可称之为"影视旅游"。

特定群体的旅游动机：旅游"特定群体"主要是指在校大学生、老年游客、乡村旅游者三大类，文献资料较多。郑璐（2020）分析了大学生旅游动机与旅游消费行为关系。李丽梅（2000）、金平斌（2004）、杨瑞（2007）等分别以中山大学学生、杭州市部分高校学生、西安市部分高校学生为例，研究了大学生这一特定群体的旅游动机因子、旅游行为特征及旅游消费行为。对老年人旅游动机研究中，袁利（2011）等则以西安为例，详细研究了老年女性出游的五项动机因子与市场细分。在乡村旅游者旅游动机研究中，陈鹏（2009）、张明珠（2007）等分别以浙江省、上海市为例，研究其乡村旅游者的旅游动机与行为特征，将乡村旅游者的动机归结于"乡土情结和乡村体验"，并对乡村旅游动机的类型及基于人口统计因素的动机差异进行了比较分析。张锦（2020）分析了河南省居民乡村旅游需求动机。

特定目的旅游活动的旅游动机："特定目的"指一种专项旅游活动，且与当下的社会热点、氛围紧密相关，且具有鲜明的时效感，如探险旅游、红色旅游、游学旅游等。学者们的研究方向多种多样，颜为蒙（2020）以湖北省大学生为例分析了红色旅游偏好与行为特征，林传红（2006）认为，红色旅游动机由内在需要（游客的"红色情结"）和外部诱因（目的地的红色资源及红色社会环境的氛围）两部分构成；陈禹（2020）分析了登山探险旅游者参与动机的影响因素。

旅游消费行为研究。旅游消费行为是在人们基本生活需要满足之后而产生的更高层次的消费需要的行为。它包括保健性旅游消费、基础性旅游消费、文化性旅游消费、享乐性旅游消费、纪念性旅游消费。游客的收入水平、游客的构成和旅游产品质量都影响着旅游消费水平和消费结构。目前对旅游消费模式和消费行为的研究较多。唐代剑、隋丽娜（2006）在实证研究的基础上从出游认知、消费构成、消费评价和消费趋势进行分析，探讨了长三角地区居民赴韩旅游消费模式；孟祥林（2008）认为，要通过旅游产品加强北京、天津、保定三核城市群的建设，并提出保定旅游消费模式的创新对策。郭思佳（2020）以西南民族大学学生为例分析了大学生旅游消费行为。

3. 双循环背景中的旅游消费行为研究

从搜集的文献资料中可以看出，疫情对旅游消费行为影响较大，也促使双循环中旅游消费的国内循环发展。近一年研究疫情与旅游方面的文献，集中在几个方面：一是新冠疫情对旅游业的影响和应对措施分析。如戴斌（2020）新冠疫情对旅游业的影响及应对方略。二是对新冠疫情下旅游需求进行分析。如中国社会科学院旅游研究中心（2020）通过大量调研和数据分析，形成了《新冠肺炎疫情下的旅游需求趋势调研报告》。三是对疫情下旅游消费发生的变化及旅游经营者的应对策略。如朱运海（2020）新冠疫情后旅游消费预期变化与景区经营策略研究等，刘瑶（2021）疫情防控常态下促进吉林省旅游消费的对策。

我们从中国知网上查阅的文献资料来看，中国知网上搜索旅游消费行为的文章较多，但双循环背景下旅游消费行为的文章较少，正处于研究的起步阶段。

四、北京近五年旅游发展现状数据

我们以 2017 年至 2021 年五年数据进行分析。根据北京市统计局，北京市 2017 年至 2021 年国民经济和社会发展统计公报数据分析。

（一）北京近五年全年接待国内旅游者人次分析

根据北京市近几年统计公报显示：2017 年北京全年接待国内旅游者 2.9 亿人次，比上年增长 4.4%；2018 年北京全年接待国内旅游者 3.1 亿人次，比上年增长 4.6%；2019 年北京市全年接待旅游总人数 3.22 亿人次，比上年增长 3.6%；2020 年，北京全年接待旅游总人数 1.84 亿人次，比上年下降 42.9%；2021 年北京市全年接待旅游总人数 2.6 亿人次，比上年增长 38.8%（见图 4-2）。可见，2017 年至 2019 年是持续增长，2020 年由于新冠疫情的影响北京接待国内旅游者呈断崖式下降，经过对新冠疫情的有效控制，2021 年旅游接待人数比 2020 年有所增长。

（二）北京近五年国内旅游收入分析

2017 年北京市国内旅游总收入 5122.4 亿元，增长 9.4%；2018 年北京市国内旅游总收入 5556 亿元，增长 8.5%；2019 年北京市国内旅游总收入 5866.2 亿元，增长 5.6%；2020 年北京市国内旅游总收入 2880.9 亿元，下降 50.9%；2021 年北京市国内旅游总收入 4138.5 亿元，增长 43.7%（见图 4-3）。可见，2017 年至 2021 年北京市国内旅游收入由持续增加至 2020 年断崖式下降，到 2021 年缓慢回升。

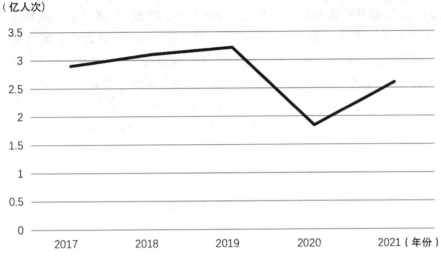

图 4-2　北京市 2017 年至 2021 年全年接待国内旅游者人次

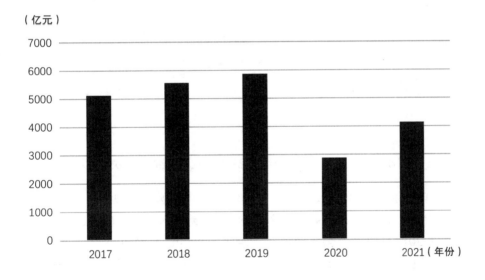

图 4-3　北京市 2017 年至 2021 年国内旅游总收入

（三）北京近五年接待入境旅游者人次和国际旅游收入分析

2017 年北京市接待入境旅游者 392.6 万人次，下降 5.8%，旅游外汇收入

51.2 亿美元，增长 0.9%；2018 年北京市接待入境旅游者 400.4 万人次，增长 2.0%，旅游外汇收入 55.2 亿美元，增长 7.5%；2019 年北京市接待入境游客 376.9 万人次，下降 5.9%，旅游外汇收入 51.9 亿美元，下降 5.9%；2020 年北京市接待入境游客 34.1 万人次，下降 91.0%；旅游外汇收入 4.8 亿美元，下降 90.7%；2021 年北京市接待入境游客 24.5 万人次，下降 28.2%，旅游外汇收入 4.3 亿美元，下降 10.4%（见图 4-4）。由此可见，近五年北京接待入境旅游者数量和旅游外汇收入呈现下降的态势。尤其是 2020 年以后，这一数据下降得非常明显。

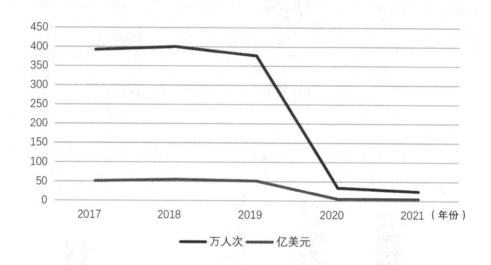

图 4-4　北京市 2017 年至 2021 年接待入境旅游者人次与收入

（四）北京近五年全年经旅行社组织的出境游人数分析

2017 年北京市全年经旅行社组织的出境游人数 511.5 万人次，下降 10.5%；2018 年北京市全年经旅行社组织的出境游人数 510.9 万人次，下降 0.1%；2019 年北京市全年经旅行社组织的出境游人数 484.5 万人次，下降 5.2%；2020 年北京市全年经旅行社组织的出境游人数 47.2 万人次，下降 90.3%（见图 4-5）；2021 年统计公报里未列出此数据。可见，由旅行社组织的出境游人次近几年是缓慢下降的，2020 年由于受到疫情影响，呈断崖式下降。2021 年各旅行社响应国家政策号召，没有组织出境游。

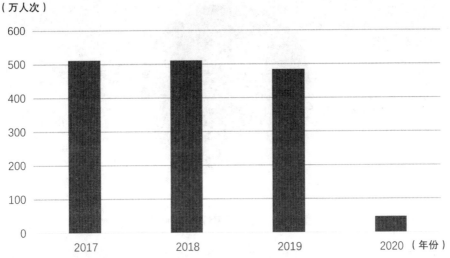

（万人次）

图4-5　北京市2017年至2020年经旅行社组织的出境游人数

五、双循环背景下北京旅游消费行为分析

为了更好地分析双循环背景下北京旅游者旅游消费行为，采取问卷星进行发放调查问卷，调研北京市旅游者旅游动机和旅游行为。课题组设计了一份针对北京旅游者旅游消费行为的调查问卷，利用问卷星形式进行数据收集。2022年5月份共发放调查问卷262份，回收问卷262份。问卷数据分析如下。

（一）被调查者的基本统计特征

1.性别

在被调查人员中，男性有117人，占被调查总人数的44.66%；女性有154人，占被调查总人数的55.34%（见图4-6）。我们可以看出填写问卷的女性稍微多一些，但不影响数据的收集和分析。

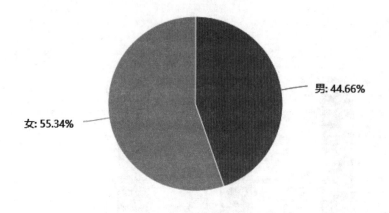

图 4-6　被调查者性别比例情况

2. 年龄

在被调查人员中，从年龄分布看，18 岁以下的人有 3 人，占被调查总人数的 1.15%；18~30 岁的人有 75 人，占被调查总人数的 28.63%；31~45 岁的人有 130 人，占被调查总人数的 49.62%；46~60 岁的人有 54 人，占被调查总人数的 20.61%；60 岁以上的没有（见图 4-7）。可以看出被调查的人员年龄分布比较广泛，其中 31~45 岁的人数最多，也正是社会上的工作人群，其次是 18~30 岁和 46~60 岁的人数。可以保证能够充分了解当今社会上大部分人群旅游消费行为。

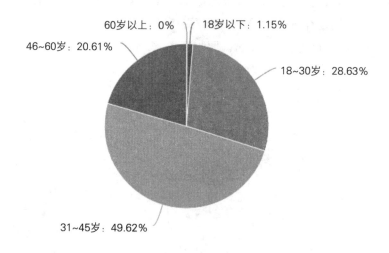

图 4-7　被调查者年龄结构情况

3. 学历

在被调查人员中，学历为初、高中的有 27 人，占被调查总人数的 10.31%；学历为大专的有 85 人，占被调查总人数的 32.44%；学历为本科的有 119 人，占被调查总人数的 45.42%；学历为研究生及以上的有 31 人，占被调查总人数的 11.83%（见图 4-8）。从调查中可以看出，此次填写问卷的多数学历为大专和本科，研究生学历人数也占有一定比例。说明被调查人员的受教育程度比较高。

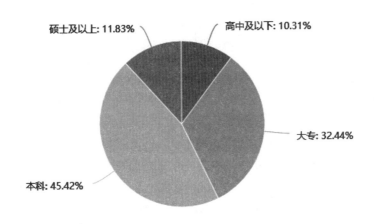

图 4-8 被调查者学历层次及受教育程度分布情况

4. 职业

在被调查人员中，企业员工有 142 人，占被调查总人数的 54.2%；在校学生有 43 人，占被调查总人数的 16.41%；教师有 31 人，占被调查总人数的 11.83%；公务员、事业单位人员有 17 人，占被调查总人数的 6.49%；个体户及自由职业者有 14 人，占被调查总人数的 5.34%；其他从业者有 14 人，占被调查总人数的 5.34%；农民 1 人，占被调查总人数的 0.38%（见图 4-9）。从中可以看出，参加此次调查的人群职业覆盖面较广，职业类型较为全面。

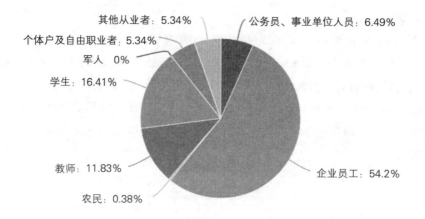

图 4-9 被调查者职业分布情况

5. 每月的可支配收入

在被调查人员中，每月可支配收入在 1000 元以下的有 16 人，占被调查总人数的 6.11%；每月可支配收入在 1001~3000 元的有 42 人，占被调查总人数的 16.03%；每月可支配收入在 3001~5000 元的有 59 人，占被调查总人数的 22.52%；每月可支配收入在 5001~7000 元的有 55 人，占被调查总人数的 20.99%；每月可支配收入在 7001~10000 元的有 37 人，占被调查总人数的 14.12%；每月可支配收入在 10000 元以上的有 53 人，占被调查总人数的 20.23%（见图 4-10）。从中可以看出，参加此次调查的人群每月可支配收入 5000~7000 元占一部分，10000 元以上的占一大部分。

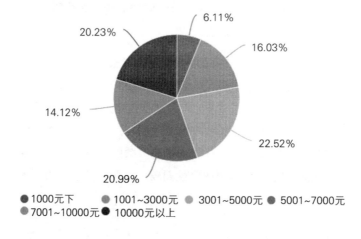

图 4-10 被调查者每月可支配收入情况

（二）近3年北京旅游者旅游消费意愿与行为分析

1. 北京旅游者有强烈的出游意愿，但出游次数很少

从调查问卷中可以看出，人们有强烈的旅游意愿。调查数据显示，在被调查人员中，旅游意愿强烈的有120人，占被调查总人数的45.8%；旅游意愿较为强烈的有113人，占被调查总人数的43.13%；旅游意愿不确定的有25人，占被调查总人数的9.54%；旅游意愿低的有4人，占被调查总人数的1.53%（见图4-11）。从调查中可以看出，人们的出游意愿非常强，想去旅游和非常想去旅游的占被调查总人数的88.93%。说明人们的出游意愿非常强，有去旅游的、去欣赏自然山水和人文风光的强烈愿望。

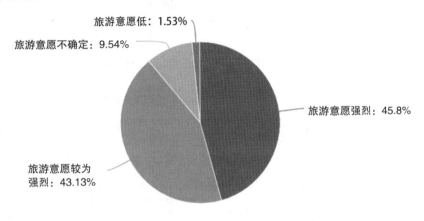

图4-11　被调查者旅游意愿情况

近3年的出游次数明显减少。在被调查人员中，出游1~5次的有167人，占被调查总人数的63.74%；未出游的有66人，占被调查总人数的25.19%；出游6~10次的有14人，占被调查总人数的5.34%；出游10次以上的有15人，占被调查总人数的5.73%（见图4-12）。从调查中可以看出，从2020年全球性新冠疫情发生以来，疫情对人们出游产生了很大影响。人们的出游意愿非常强，但在被调查者中一半以上的人近3年来平均每年出游只有1~5次，疫情前人们每年出游次数可能也要3~5次。根据交差分析图可以看出，进3年平均每年出游1~5次的人员中，年龄集中在31~60岁，收入集中在月收入3001~5000元，文化程度集中在本科学历，职业集中在企业员工（见表4-1到表4-4）。可见，处于工作状态的人员出游次数比较多。

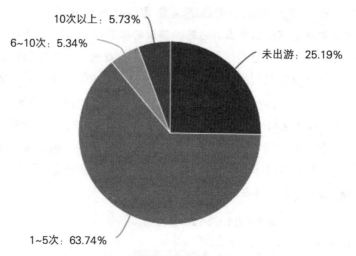

图 4-12 被调查者近三年出游次数情况

表 4-1 被调查者不同年龄段与出游次数关系表

年龄段/出游次数	未出游	1~5 次	6~10 次	10 次以上	小计
18 岁以下	0（0.00%）	3（100%）	0（0.00%）	0（0.00%）	3
18~30 岁	16（21.33%）	45（60%）	6（8%）	8（10.67%）	75
31~45 岁	37（28.46%）	83（63.85%）	6（4.62%）	4（3.08%）	130
46~60 岁	13（23.64%）	37（67.27%）	2（3.64%）	3（5.45%）	55
60 岁以上	0（0.00%）	0（0.00%）	0（0.00%）	0（0.00%）	0

表 4-2 被调查者不同收入段与出游次数关系表

收入/出游次数	未出游	1~5 次	6~10 次	10 次以上	小计
1000 元下	5（31.25%）	8（50%）	1（6.25%）	2（12.5%）	16
1001~3000 元	11（26.19%）	26（61.90%）	2（4.76%）	3（7.14%）	42
3001~5000 元	15（25%）	41（68.33%）	3（5%）	1（1.67%）	60
5001~7000 元	14（25.45%）	36（65.45%）	3（5.45%）	2（3.64%）	55
7001~10000 元	11（29.73%）	22（59.46%）	2（5.41%）	2（5.41%）	37
10000 元以上	10（18.87%）	35（66.04%）	3（5.66%）	5（9.43%）	53

表4-3　被调查者文化程度与出游次数关系表

学历/出游次数	未出游	1~5次	6~10次	10次以上	小计
高中及以下	12（44.44%）	13（48.15%）	1（3.70%）	1（3.70%）	27
大专	26（30.23%）	48（55.81%）	4（4.65%）	8（9.30%）	86
本科	24（20.17%）	83（69.75%）	6（5.04%）	6（5.04%）	119
硕士及以上	4（12.90%）	24（77.42%）	3（9.68%）	0（0.00%）	31

表4-4　被调查者职业类别与出游次数关系

职业类别/出游次数	未出游	1~5次	6~10次	10次以上	小计
公务员、事业单位人员	4（23.53%）	9（52.94%）	2（11.76%）	2（11.76%）	17
企业员工	38（26.76%）	92（64.79%）	8（5.63%）	4（2.82%）	142
农民	0（0.00%）	1（100%）	0（0.00%）	0（0.00%）	1
教师	7（21.88%）	23（71.88%）	1（3.13%）	1（3.13%）	32
学生	8（18.60%）	26（60.47%）	2（4.65%）	7（16.28%）	43
军人	0（0.00%）	0（0.00%）	0（0.00%）	0（0.00%）	0
个体户、自由职业者	5（35.71%）	8（57.14%）	1（7.14%）	0（0.00%）	14
其他从业者	4（28.57%）	9（64.29%）	0（0.00%）	1（7.14%）	14

出游距今最近一次时间比较久远。在被调查人员中，最近一次旅游距今一年以上的有93人，占被调查总人数的35.5%；最近一次旅游距今一年以内的有56人，占被调查总人数的21.37%；最近一次旅游距今半年以内的有38人，占被调查总人数的14.5%；很少出游的有43人，占被调查总人数的16.41%；最近一次旅游距今3个月以内的有13人，占被调查总人数的4.96%；最近一次旅游距今1个月以内的有19人，占被调查总人数的7.25%（见图4-13）。可见，人们的最近一次的出游时间距调查大概在一年左右的占有56.87%。说明大部分人们已经长时间没有出去旅游了。

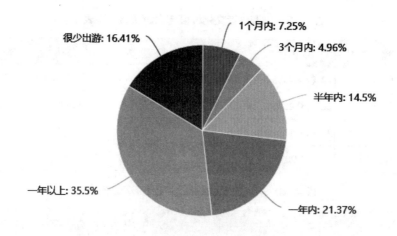

图 4-13　被调查者距今最近的出游时间情况

2. 北京旅游者出游距离缩短，以国内游为主，北京城区及郊区成为主要旅游目的地

通过调查数据分析显示，北京旅游者从 2020 年至调研期间由于受新冠疫情影响，旅游目的地出境游几乎停滞，以国内游为主，并且北京市区和郊区游比较活跃。在被调查人员中，有出境游经历的有 13 人，占被调查总人数的 4.96%；有京外其他城市旅游经历的有 123 人，占被调查总人数的 46.95%；有北京城区游经历的有 105 人，占被调查总人数的 40.08%；有北京郊区游经历的有 99 人，占被调查总人数的 37.79%（见图 4-14）。可见，北京旅游者在北京室内和北京郊区旅游的人数较多，出省旅游的人数也占有一定比例，出境游人员比例非常少，所以，北京旅游者近三年以国内游为主。

旅游者旅游目的地选择以自然风光和文物古迹为主。在被调查人员旅游目的地选择方面，选择自然风光型旅游目的地有 235 人，占被调查总人数的 89.69%；选择文物古迹类型的有 185 人，占被调查总人数的 70.61%；选择民俗风情型旅游目的地的有 151 人，占被调查总人数的 57.63%；选择主题公园型旅游目的地的有 111 人，占被调查总人数的 42.37%；选择都市购物型旅游目的地的很少，只有 63 人，占被调查总人数的 24.05%（见图 4-15）。北京旅游者选择自然风光和文物古迹类旅游目的地占绝大多数，为大部分旅游者所喜欢。

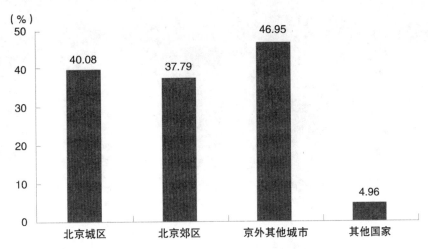

图4-14　被调查者出游目的地情况

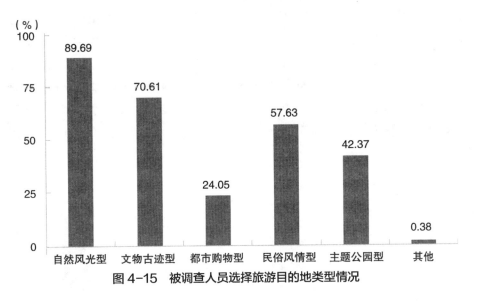

图4-15　被调查人员选择旅游目的地类型情况

3. 北京旅游者出游习惯分析

（1）出游时间段以节假日为主

北京旅游者近3年旅游次数虽然很少，以京郊和国内游为主。出游选择的时间段一般是在节假日如春节、清明节、劳动节、端午节和国庆节等小长假。在被调查人员中，选择节假日出游的人数为194人，占被调查总人数的74.05%。其次是平时的周末出游人数为130人，占被调查总人数的49.62%。还有部分旅游者选择在工作日出游，人数为53人，占被调查总人数的20.23%（见图4-16）。

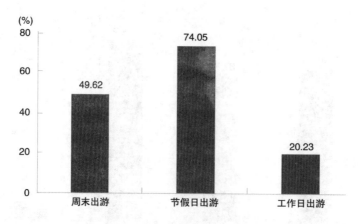

图 4-16 被调查者出游时间段情况

（2）出游以自行安排旅游线路为主，跟团游已经逐渐减少

由于互联网和出游经历的增加，北京旅游者进三年出游主要以自行安排旅游线路为主，跟团游较少。在被调查人员中，自行安排旅游线路的有 184 人，占被调查总人数的 70.23%；跟团的旅游者很少，在被调查人员中，在出发地跟团的游 45 人，占被调查总人数的 17.18%；在目的地跟团的有 12 人，占被调查总人数的 4.58%。私人定制虽然是一个兴起的出游选择，但北京旅游者对比选择较少，选择私人定制旅游产品的只有 21 人，占被调查总人数的 8.02%（见图 4-17）。

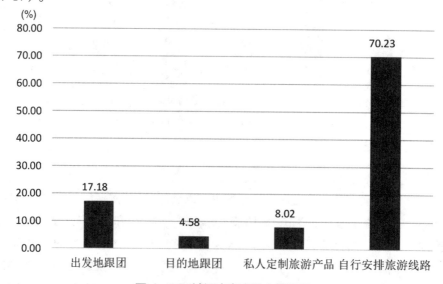

图 4-17 被调查者出游安排情况

（3）出游伙伴以家人亲属为主，跟朋友出游或独自出游的很少

在被调查人员中，与家人亲属出游的有 188 人，占被调查总人数的 71.76%；与朋友同事出游有 56 人，占被调查人数的比例为 21.37%；独自出游的有 18 人，占被调查人数的 6.87%（见图 4-18）。可见，目前以家庭为单位的出游较多，也是目前主要的出游模式。

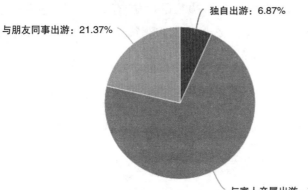

图 4-18　被调查者出游伙伴情况

（4）出游天数以 2~5 日居多

北京旅游者出游的时间安排一般时间较短，以 2~5 日的出游天数居多。在被调查者中有 148 人选择 2~5 日出游时间，占被调查总人数的 56.49%。其次是短期一日游的有 61 人，占被调查总人数的 23.28%。出游在 6 日以上的很少，只有 42 人，占被调查总人数的 16.03%，10 日以上的就更少了，只有 11 人，占被调查总人数的 4.2%（见图 4-19）。为旅行社和景区安排旅游行程提供的依据。

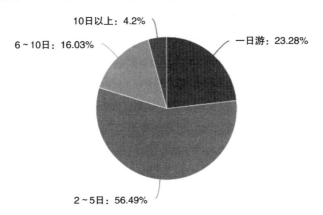

图 4-19　被调查者出游天数情况

4. 北京旅游者有比较强的消费能力

在被调查人员中，一次旅游人均花费在 2000 元以上的有 79 人，占被调查总人数的 30.15%；一次旅游人均花费在 1001~2000 元的有 74 人，占被调查总人数的 28.24%；一次旅游人均花费在 501~1000 元的有 54 人，占被调查总人数的 20.61%；一次旅游人均花费在 201~500 元的有 43 人，占被调查总人数的 16.41%；一次旅游人均花费在 200 元以下的有 12 人，占被调查总人数的 4.58%（见图 4-20）。可见，一次旅游人均花费在 1000 元以上占比较大，在 58.39%。北京旅游者的人均旅游消费能力比较强。

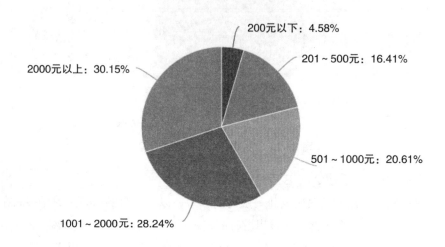

图 4-20　被调查者人均旅游花费情况

5. 选择住宿的影响因素分析

（1）选择住宿价格分析

被调查的北京旅游者选择住宿的价位一般为每人每天 300 元以下的为 114 人，占被调查总人数的 43.51%；选择每人每天 300~500 元的有 113 人，占被调查总人数的 43.13%。这两个区间价位是大部分游客的选择。选择每人每天 501~800 元的有 17 人，占被调查总人数的 6.49%；选择每人每天 801~1000 元的有 12 人，占被调查总人数的 4.58%；选择每人每天 1000 元以上的有 6 人，占被调查总人数的 2.29%（见图 4-21）。可见北京旅游者选择住宿价格集中在每人每天 300 以内以及 300~500 元。

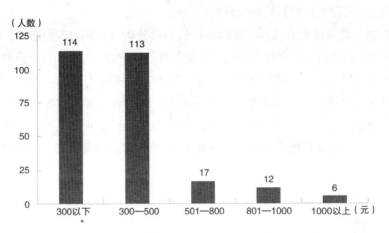

图4-21　被调查人员选择住宿价格分析

（2）住宿选择类型分析

据调查数据显示，北京旅游者考虑选择的住宿类型比较多，但以经济型酒店和民宿、客栈以及农家乐为主，四五星级酒店和不住宿或住亲友家选择的比较少。选择经济型酒店的有187人，占被调查总人数的71.37%；选择民宿、客栈以及农家乐的有159人，占被调查总人数的60.69%；选择四五星级酒店的有64人，占被调查总人数的24.43%；选择不住宿或住亲友家的有50人，占被调查总人数的19.08%（见图4-22）。

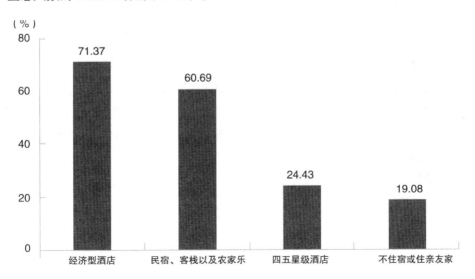

图4-22　被调查者选择住宿的类型

（3）住宿条件的影响因素分析

根据对北京旅游者选择住宿时考虑的因素分析，可知，人们选择住宿地点时，考虑的因素由大到小排序分别是住宿环境的安全性、卫生条件、住宿价格、住宿类型、服务水平、周围环境、内部设施和房间主题（见图4-23）。可见，旅游者对住宿的安全性和卫生条件特别在意，这两点是影响游客选择住宿地点的主要因素。其次才会考虑住宿价格和住宿类型。所以北京及周边的住宿企业应该更加关注住宿环境本身及周边的安全性，给游客提供安全舒适的住宿环境。

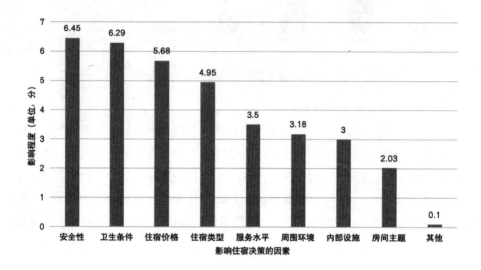

图4-23　被调查者认为影响出游住宿决策的因素排序

6.选择餐饮的影响因素分析

（1）北京旅游者对出游选择餐饮的影响程度

北京旅游者认为出游时决定选择餐饮的影响因素由大到小排序主要因素：餐饮企业的卫生、餐饮价格、菜品种类、就餐环境、服务水平、餐饮设施和其他影响因素（见图4-24）。可见，旅游者对餐饮企业的卫生条件要求比较高，这也是餐饮企业需要提高的内容。

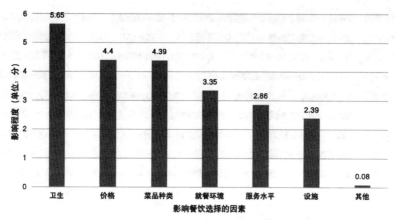

图4-24　北京旅游者出游时选择餐饮的影响因素排序

（2）出游时倾向的餐饮类型

北京旅游者出游选择的餐饮类型根据喜好程度排序主要有当地特色餐饮、家常菜、中式快餐、自助餐、西式快餐、高端餐饮（见图4-25）。排序在最前面的是当地特色餐饮和家常菜。提高当地的特色餐饮的水平，丰富菜品菜系非常关键。

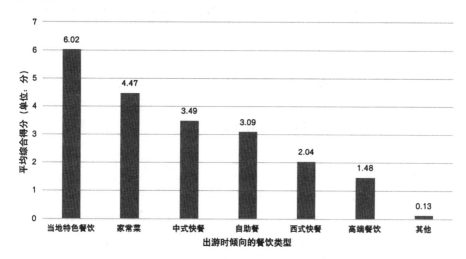

图4-25　被调查者出游时倾向的餐饮类型排序

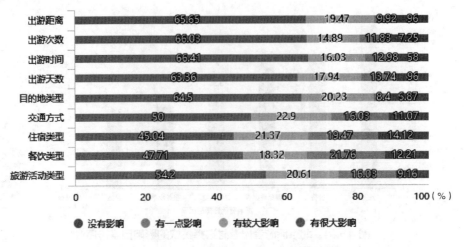

图4-26　疫情对旅游者出游的影响情况

7.新冠疫情对旅游者出游影响巨大

近3年，国内和国外新冠疫情不断反复，病毒也在不断变异，由于对疫情反复带来的不确定性，对人们出游的各个方面都带来很大的影响。通过问卷调查，疫情对人们出游距离、出游次数、出游时间、出游天数、目的地类型、交通方式的选择、住宿类型、餐饮类型和旅游活动类型的影响都是巨大的（见图4-26）。疫情影响出游的方方面面，各地政府和旅游企业一定要重视疫情对旅游的影响程度，尽最大可能减少疫情对旅游业的影响。

六、提升旅游消费体验的举措

（一）政府加大对国内旅游的支持力度

1.政策支持

国内旅游是双循环背景下的主要旅游市场，尤其是在疫情常态下，国内旅游是旅游者的首选市场。各级政府应该加大对国内旅游的扶持力度，从政策上加大支持。如北京市应出台旅游者在北京旅游的支持政策，鼓励旅游景区进行基础设施的改造提升，开发沉浸式体验旅游产品。鼓励旅游企业联合开发深度旅游体验的旅游产品，让游客在旅游中提升旅游品质。根据目前线上购买交通票、景区门票和住宿预订等消费形式的变化，鼓励景区、酒店等旅游企业进行线上平台的搭建。

2. 机制保障

北京旅游市场不仅是北京当地人旅游的市场，由于其深厚的文化底蕴，北京市更是全国人民的旅游市场。北京市政府与其他省份政府应该从促进北京旅游健康协调发展机制上进行深度建设。首先，制度保障。旅游业在现代产业体系中具有带动性强、关联度高、综合效益好的特点，应保障旅游业持续健康发展，建设旅游业绿色、持续发展的制度，形成旅游评价制度。其次，激励机制建设。建立激励旅游企业发展机制，旅游消费者消费机制，制造舒适的消费环境。

3. 健全法规

旅游立法在旅游业发展中具有至关重要的作用，旅游方面的法规建设一般滞后于旅游业的实际发展。尤其是在旅游过程中随意违反旅游合同，降低住宿酒店星级、更改用餐标准、随意进行旅游行程的变更、随意增减旅游项目等问题，旅游企业这些不规范行为会严重影响旅游者的消费热情。国内旅游中的不规范行为时有发生，通过健全旅游法规，逐步规范旅游企业的经营行为，创造和维护良好的旅游环境是十分必要的，也是北京旅游业健康发展的保障。

4. 经济优惠

北京市旅游主管部门在保障双循环旅游发展基础上，运用经济刺激政策，通过发放旅游消费优惠券等方式鼓励北京市民走出家门，在北京市内及郊区开展旅游活动，并且加大旅游消费的优惠力度，吸引国内其他省份的旅游者来北京旅游。对旅游企业线上平台的搭建给予经济支持。

5. 系统升级

（1）根据旅游者对旅游资讯的依赖程度在逐步提高，进而加大旅游各方面资讯平台的推广与使用

旅游者出去旅游前一般都会了解一些旅游资讯，我们可以根据旅游者对旅游资讯的需求完善旅游相关信息的发布，根据游客了解咨询的平台或途径，完善各旅游相关平台的内容丰富性和及时性。在被调查人员中，出游前想了解景点信息有 239 人，占被调查总人数的 91.22%；想了解住宿信息的有 227 人，占被调查总人数的 86.64%；想了解交通信息的有 215 人，占被调查总人数的 82.06%；想了解当地餐饮信息的有 196 人，占被调查总人数的 74.81%；想了解当地疫情形势和防疫政策的有 195 人，占被调查总人数的 74.43%；想了解当地风俗禁忌的有 108 人，占被调查总人数的 41.22%；想了解当地文娱活动信息的有 104 人，占被调查总人数的 39.69%；想了解当地旅游商品信息的有 61 人，占被调查总人数的 23.28%（见图 4-27）。

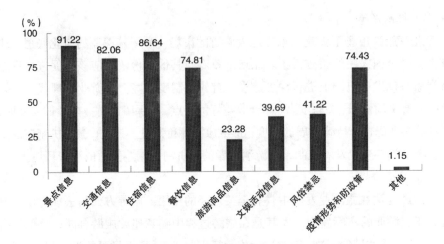

图 4-27　被调查者出游前想了解的旅游资讯情况

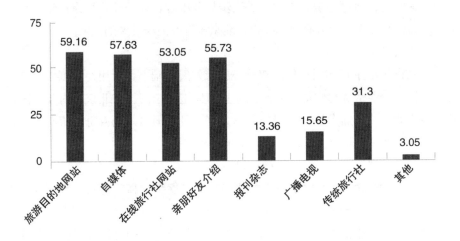

图 4-28　被调查者出游前了解旅游信息的平台和途径

人们出游前想了解的旅游信息有很多，人们通常有自己了解旅游信息的平台与渠道。在被调查人员中，通过旅游目的地网站了解旅游信息的有 155 人，占被调查总人数的 59.16%；通过自媒体（抖音、快手、小红书等）了解旅游信息的有 151 人，占被调查总人数的 57.63%；通过亲朋好友了解旅游信息的有 146 人，占被调查总人数的 55.73%；通过在线旅行社网站（携程、飞猪、美团等）的有 139 人，占被调查总人数的 53.05%；通过传统旅行社了解旅游信息的有 82 人，占被调查总人数的 31.3%；通过广播电视了解旅游信息的有 41 人，占被调

查总人数的 15.65%；通过报纸杂志了解旅游信息的有 35 人，占被调查总人数的 13.36%。（见图 4-28）

由以上分析可以看出，人们出游前最想了解的是景点信息、住宿信息、交通信息和餐饮信息。另外，由于近几年的新冠疫情影响，人们出游前对旅游目的地的疫情形势及防疫政策也有很大的关注度。旅游者习惯了解旅游资讯的平台如旅游目的地网站以及抖音、快手、小红书等自媒体。在线旅行社网站如携程、途牛等。今后要根据旅游者了解旅游资讯的需求和了解渠道，更多地在人们习惯使用的资讯平台上呈现旅游者想了解的景点信息、住宿信息、交通信息和餐饮信息等，而且要提供更多详细的信息，以便旅游者深入了解旅游目的地，为进行合理的出行安排提供服务。

（2）根据游客购买旅游产品的习惯，开拓线上和线下混合的资讯平台

由于互联网资讯的发达，旅游者购买旅游景点门票、交通票据、住宿、旅游文化娱乐活动门票、餐饮、旅游商品。经过对比分析，大部分是通过线上预订：如景点门票线上预订的人数有 128 人，占被调查总人数的 48.85%；交通票据线上预订的有 156 人，占被调查总人数的 59.54%；住宿线上预订的有 180 人，占被调查总人数的 68.7%。直接线下购买的是餐饮和旅游商品占大多数：餐饮直接线下购买的有 154 人，占被调查总人数的 58.78%；旅游商品直接线下购买的有 192 人，占被调查总人数的 73.28%。只有旅游文娱活动门票线上预订和临时线上购买以及直接线下购买的人数比例相差不多，占比 30% 左右（见图 4-29）。

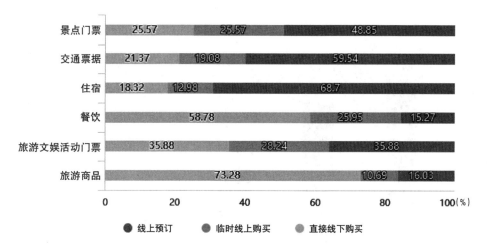

图 4-29　被调查人员购买旅游相关产品的习惯分析

根据被调查旅游者购买旅游相关产品的购买习惯，在景点门票、交通票据、住宿预订上要丰富不同平台的购买系统，让游客在线上购买更加方便。在餐饮、旅游商品购买上，北京旅游者一般采取线下直接购买的比较多，增加旅游的参与感和直观感受。同样要在线上推出更丰富的景区餐饮特色的宣传和旅游商品线上购买渠道的畅通，增加旅游商品的丰富性和趣味性。文娱活动门票线上预订和线下购买比例相当，所以在线上和线下在文娱活动的宣传上同时增加宣传力度，让更多的人了解当地的文娱活动。

（3）根据旅游者预订交通工具的习惯，不断完善并扩大交通票据的预订系统

根据调查结果显示，人们预订机票或火车票等交通工具的平台大部分是选择航空公司或铁路官网，人数为169人，占被调查总人数的64.5%；通过网上第三方平台携程订购的有144人，占被调查总人数的54.96%；通过美团订购的有84人，占被调查总人数的32.06%；通过飞猪平台订购的有35人，占被调查总人数的13.36%；还有其他途径的有15人，占被调查总人数的5.73%（见图4-30）。北京旅游者出游选择订购机票或火车票大部分选择航空公司官网和铁路官网，其次是近一半的旅游者会选择携程网站，其他平台选择人数很少。加强航空公司官网和铁路12306平台的建设，让游客方便购买机票等，增加第三方平台在机票、火车票等的销售力度，提供更加多样的服务，在交通票据购买的方面，为游客出行增加便利程度。

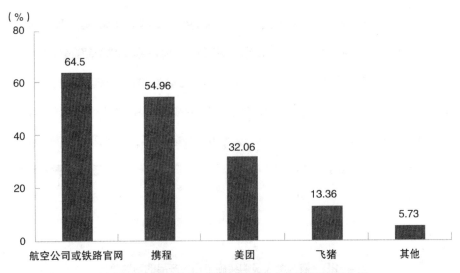

图4-30 被调查人员预订机票或火车票的途径分析

（4）提高旅游景区门票的预订系统

根据被调查人员显示，预订景区门票一般有以下几种途径：选择景区官网预订的占绝大多数，有165人，占被调查总人数的62.98%；选择景区微信公众号的有130人，占被调查总人数的49.46%；选择景区小程序的有118人，占被调查总人数的45.04%；选择携程平台的有113人，占被调查总人数的43.13%；选择美团平台的有109人，占被调查总人数的41.6%；选择飞猪平台的有23人，占被调查总人数的8.78%；选择其他平台的如大众点评、导游、跟团购买的有8人，占被调查总人数的3.05%（见图4-31）。可见，北京旅游者选择景区官网、景区微信公众号、景区小程序、携程、美团平台购买景区门票的较多，其他平台的选择很少。

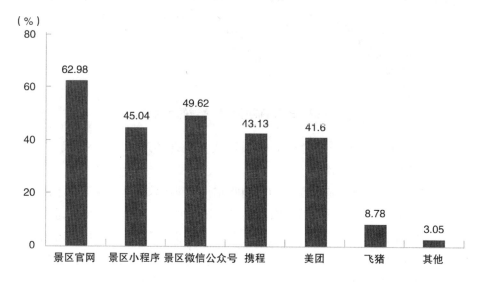

图4-31　预订景区门票通过途径分析

（5）提高酒店或民宿的预订途径

被调查者中预订酒店或民宿的途径中选择携程平台的有150人，占被调查总人数的57.25%；选择给酒店或民宿直接打电话预订的有114人，占被调查总人数的43.51%；通过酒店或民宿小程序预订的有111人，占被调查总人数的42.37%；通过酒店或民宿微信公众号的有110人，占被调查总人数的41.98%；通过美团平台预订的有96人，占被调查总人数的36.64%；通过飞猪平台预订的有27人，占被调查总人数的10.31%；通过其他途径如携程、旅行社预订的有7人，占被调查总人数的2.67%（见图4-32）。可见，北京旅游者预订住宿的平台主要有携程和打电话，各住宿点的微信小程序和微信公众号也是主要途径。

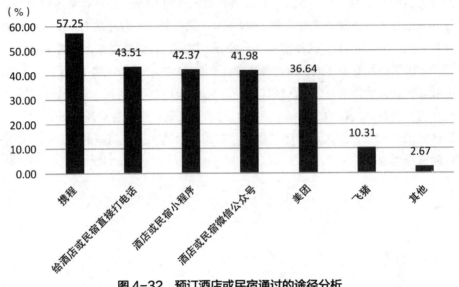

图4-32 预订酒店或民宿通过的途径分析

（二）北京旅游经营者不断转型发展，提升品质

1.旅行社的转型发展

旅游市场的双循环应该是国内和国际旅行市场的双循环。从近几年的国际和国内旅游市场来看，国际旅游市场的恢复还需要一定的时间，而且是与新冠疫情的发展情况和疫情防控政策的变化有关。所以，目前我们的旅游市场还是以国内旅游市场为主。旅行社要及时转变发展方向，根据旅游者消费行为的变化，调整旅行社发展方向。

（1）及时了解北京旅游者消费需求和消费行为习惯

双循环背景下北京旅游者的消费心理和消费动机发生了很大变化，根据调查问卷显示，旅游者以国内旅游为主，出游以家庭为单位居多，旅游时间以3~5日为主，以北京及周边的人文景观和自然景观为主，自由行的旅游者占绝大一部分。旅游者的消费需求和消费行为会随着时间推移、社会环境的变化、自身家庭发展阶段和周边环境的影响而变化，旅行社首先应及时关注旅游行业报告，及时了解最新行业信息及变化情况；其次进行调查问卷分析，定期进行针对旅游者对旅游目的地的选择和出游动机等方面进行调研，设计调查问卷，进行问卷分析；最后要充分运用旅游者大数据，分析旅游者的最新消费需求和消费行为习惯，做到心中有数。

（2）根据旅游者消费行为习惯开发适宜的旅游产品

旅行社要随时展开社会调查，了解不同时期不同年龄段、不同职业、不同收入人群的消费需求和消费行为，如不同年龄段选择的旅游目的地、出游形式等都不一样。开适合旅游者的旅游产品，如自由行产品、以家庭为单位的出游产品、深度体验旅游产品、富有深度文化体验的文化旅游产品等。（见表4-5至表4-7）

表4-5　不同年龄段旅游者选择旅游目的地区域情况

单位：%

年龄	目的地区域			
	北京城区	北京郊区	京外其他城市	其他国家
18 岁以下	0.00	33.33	100	3.33
18~30 岁	52	52	36	5.33
31~45 岁	35.38	29.23	46.92	4.62
45 岁以上	36.36	38.18	60	3.64

表4-6　不同年龄段旅游者选择旅游目的地类型情况

单位：%

年龄	目的地类型					
	自然风光型	文物古迹型	都市购物型	民俗风情型	主题公园型	其他
18 岁以下	100	66.67	66.67	33.33	33.33	0.00
18~30 岁	88	62.67	42.67	65.33	52	0.00
31~45 岁	89.23	75.38	14.62	54.62	43.08	0.77
45 岁以上	92.73	69.09	18.18	56.36	27.27	0.00

表4-7　不同年龄段旅游者预订景区门票的途径

单位：%

年龄	预订门票途径						
	景区官网	景区小程序	景区微信公众号	携程	美团	飞猪	其他
18 岁以下	66.67	66.67	66.67	33.33	33.33	0.00	33.33
18~30 岁	69.33	65.33	70.67	48	53.33	13.33	1.33
31~45 岁	60.77	40	37.69	42.31	41.54	6.92	1.54
45 岁以上	58.18	29.09	49.09	40	25.45	7.27	7.27

（3）提高服务质量，提升旅游体验

旅游者的旅游体验非常重要，随着旅游者收入水平的提高，旅游经历越来越丰富。旅行社不仅要设计出丰富的独具特色的旅游产品，而且在旅游者旅游消费过程中，要提高旅游服务质量，如提高导游服务的水平，包括讲解能力、沟通能力、旅游节奏的把握能力等。提高导游在旅游过程中处理问题的能力，包括对于游客个别问题的处理、旅游突发事件的处理、旅游公共卫生突发事件的处理等。通过提升导游服务质量，提升旅游者的旅游感受。

（4）及时收集游客旅游体验感受，不断改进和提高服务水平与服务质量

旅行社应在每一个旅游团旅游结束后，通过问卷或访谈的方式，及时了解游客在旅游过程中的感受，喜欢的环节和不满意的环节都有哪些。如对旅游节奏的安排；旅游过程中的交通、住宿、景区游览、用餐等环节的安排；导游讲解和服务水平的评价；旅游景点游览的内容安排等。通过收集游客的切身感受，及时调整旅行过程中的各个环节，为游客提供更好的旅游体验。通过旅游产品的不断调整和改进，提高旅行社的产品质量，提高旅行社的品牌。

2. 提升旅游酒店和民宿的接待品质

（1）提高酒店和民宿的线上预订系统开发

随着互联网的飞速发展，旅游者通过线上平台如酒店和民宿网站、公众号、携程、飞猪等进行酒店和民宿的预订，线上预订已经成为常态，也是大多数旅游者预订酒店和民宿的主要途径。酒店和民宿要进行预订系统深度开发，第一，App界面设计尽量简洁。一些基本功能如搜索住宿、筛选房间、预订酒店和支付界面等。第二，加强酒店和民宿自身数据库设计，如为每个办理住宿的客户设定唯一的ID，一方面存储该客户的相关信息，另一方面用户能更方便快捷地查询和订购。第三，完善后端开发。尽量实现酒店和民宿系统后台数据管理，提供住宿酒店维护，实现账号管理、财务统计等功能。第四，提高安全技术。为了保障客户的隐私，应对网络各种安全攻击要实现安全的数据传输，建立系统防火墙，严格控制访问策略，保护系统安全。

（2）加强住宿环境建设

旅游者出门旅游不仅是游览名胜古迹，提高文化修养，而且对住宿环境的要求也越来越高。随着人们生活水平的提高，人们对出门旅游的住宿要求也越来越高，通过问卷调查显示，旅游者对酒店或民宿住宿环境的安全性、卫生条件、住宿价格、住宿类型、服务水平、周围环境、内部设施和房间主题等都有提升的要求，特别是对环境的安全性和卫生条件。所以，第一，要不断开发特色民宿、

文化主题饭店、精品旅游饭店等旅游住宿业态,增加绿色旅游饭店数量;第二,加强安全保卫,增加监控设施,提高游客的安全保障;第三,提升住宿整体功能,保持住宿内外环境的保洁,营造温馨和谐的住宿环境。

（3）提升服务水平与服务质量

旅游住宿接待的服务水平和服务质量直接关系着旅游者的旅游体验。良好的住宿环境和服务水平会给游客带来美好的旅游体验,相反,恶劣的住宿环境和服务水平给游客的旅游体验大打折扣。在旅游接待住宿企业中,应该加大对住宿设施的功能设计,如酒店卫生间的防滑功能、酒店儿童嬉戏功能区的设计、当地文化体验功能区等。提升和加强住宿服务水平以及服务人员整体素质,目前,市区酒店服务人员的水平和知识素养比郊区民宿要好一些。

北京及周边民宿发展较快,民宿发展参差不齐。据调查显示,北京民宿在卫生条件方面需要提高的有195人,占被调查总人数的74.43%;认为民宿内部设施需要提高的有153人,占被调查总人数的58.4%;认为民宿周边环境需要提高的有149人,占被调查总人数的56.87%;认为民宿服务水平需要提高的有140人,占被调查总人数的53.44%,还有认为在民宿特色、民宿价格亲民上需要提高水平的有4人,占被调查总人数的1.53%（见图4-33）。在旅游接待住宿企业中,应该加大对住宿设施的功能设计,如酒店卫生间的防滑功能、酒店儿童嬉戏功能区的设计、当地文化体验功能区等;京郊民宿加强民宿周边环境靓丽水平提升,提升民宿内部及周边环境的干净整洁;加大对京郊民宿工作人员的培训力度,如组织仪容仪表礼仪、餐饮住宿接待规范培训等。提升住宿行业的整体服务水平和服务质量。

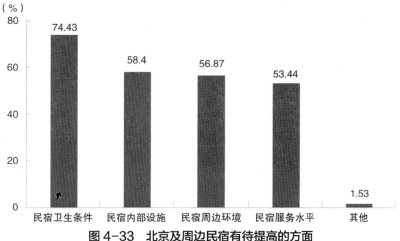

图4-33　北京及周边民宿有待提高的方面

3. 提高景区游览的便捷性和体验性

（1）发挥北京周边旅游目的地的优点，弥补缺点

北京周边是近 3 年北京旅游者的主要出游目的地，据被调查人员的反馈统计，北京旅游者认为北京周边旅游目的地主要优点有文化底蕴深厚、自然风光优美、旅游目的地交通便利、旅游目的地配套设施较齐全，表达此观点的调查人员分别占总调查人数的 75.57%、63.36%、53.05%、49.24%。有旅游者提出在北京及周边旅游人多、旅游服务不友好、餐饮住宿品质参差不齐，缺乏典型案例的宣传（见图 4-34）。可见，北京周边旅游资源丰富，但配套设施不尽如人意，北京周边旅游目的地交通便利性有待提高。景区开发者增加京郊旅游景区的文化体验深度游，提高景区的吸引力；加强旅游接待设施（包括停车场、酒店、饭店等）、旅游购物设施、娱乐设施、医疗救护设施等配套设施的建设，提高景区的便利性。

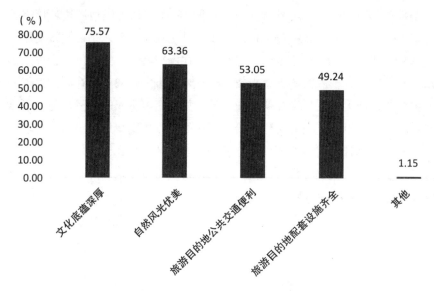

图 4-34　北京及周边旅游目的地的优点

被调查人员中，认为北京及周边旅游目的地的缺点主要有自然风光一般有 122 人，占 46.56%；旅游目的地公共交通不畅通 108 人占 41.22%；旅游目的地配套设施不齐全 81 人占 30.92%；缺乏文化内涵 66 人占 25.19%。另外还有旅游者提出在北京及周边旅游人多、旅游服务水平差、餐饮住宿品质参差不齐，缺乏典型案例的宣传（见图 4-35）。

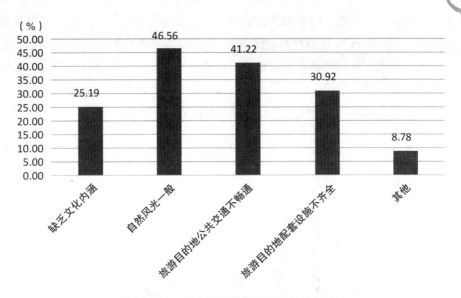

图4-35 北京及周边旅游目的地的缺点

（2）加大对景区游览预订系统的升级

在双循环背景及近几年疫情常态下，景区游览提前预约已经成为一种常态。人们通过景区App、景区微信公众号、第三方平台如携程等进行景区游览预约和预订门票。景区在线下当场进行景区门票出售外，应在景区App、微信公众号中对景区预约系统进行不断升级，提高游客预约的便捷性。在预约系统中，增加对景区的宣传介绍，吸引更多的游客。在第三方平台如携程、美团、大众点评网等推广景区，以此提高人们的认知度。

（3）提高景区"云旅游"的投入力度

在此前受新冠疫情影响下，线上云旅游和线下实地旅游是景区旅游发展的一个新思路。景区应该培养导游人员进行在线讲解，利用"抖音"平台或微视频等其他直播平台进行景区直播，让人们足不出户就能体验到景区的自然风光和丰富的文化知识。在线上充分与游客互动，进行景区知识竞猜、有奖问答等。在"云旅游"中，不仅要提升导游的讲解水平和感染力，同时要通过直播更好地展现景区的美，用镜头呈现景区的植被、建筑和山石之美；直播景区的一些文化活动和文旅项目。

（4）结合景区自然景观和文化内涵，开发不同主题的深度体验游产品

由于近3年受新冠疫情影响，人们出游时间较少，但出游意愿更强烈。在被调查人员中，按照旅游动机由强到弱进行排序依次为休闲度假、观光游览、

丰富阅历、娱乐消遣、陪伴家人、学习知识、健康疗养、探亲访友、冒险挑战和其他（见图4-36）。从出游的动机来看，休闲度假和观光旅游仍然是主要目的。针对人们在近3年出游动机，旅行社应该多设计以休闲度假和观光游览为主要目的的旅游产品，满足大部分旅游者的需求，并且在游览中注重提升旅游者旅游阅历、促进家人互相陪伴、增进亲情和友情的旅游项目。

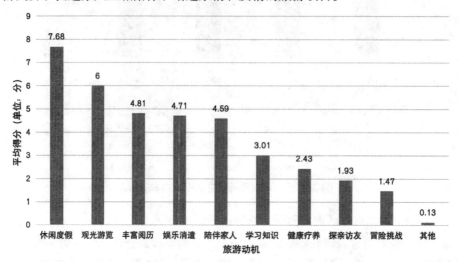

图4-36　被调查者旅游动机排序情况

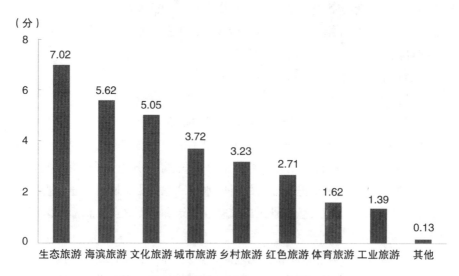

图4-37　被调查者出游的旅游业态排序情况

在被调查人员中，按照出游倾向的旅游业态由强到弱进行排序依次为生态旅游、海滨旅游、文化旅游、城市旅游、乡村旅游、红色旅游、体育旅游、工业旅游及其他特色旅游（见图4-37）。排序在前三名的是生态旅游、海滨旅游、文化旅游。可见，人们追求自然环境，享受海滨风光，提升文化体验是旅游的主要目的。旅游景区要加大开发力度，提升服务质量。

在被调查人员中，认为北京及周边需要开发的旅游资源有沉浸式体验游项目的有174人，占被调查总人数的66.41%；认为需要开发大型主题公园的有118人，占被调查总人数的45.04%；认为需要开发亲子游项目的有113人，占被调查总人数的43.13%；认为需要开发农家乐旅游项目的有93人，占被调查总人数的35.5%；认为需要开发冬奥体育旅游项目的有90人，占被调查总人数的34.35%。其他如认为应该开发养生休闲度假项目、文化研学项目的人数有9人，提出了宝贵的意见（见图4-38）。

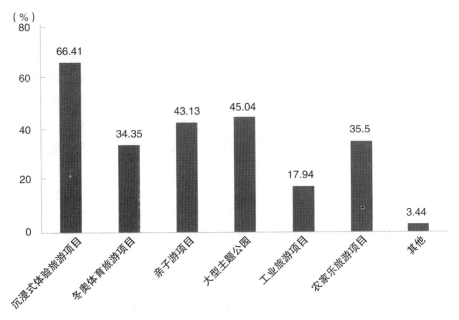

图4-38　北京及周边需要开发的旅游项目情况

北京市内或郊区的景区非常多，拥有丰富的自然风光和世界文化遗产，在传统观光旅游基础上，景区的深度开发非常重要。各景区结合自身自然风光和文化内涵，为游客量身打造景区深度体验游旅游产品。如故宫在2019年元宵节举办"上元节之夜"夜游故宫活动。北京通州"三庙一塔"景区内举办状元文化展、运河养生展、北运河非遗传习所等游客沉浸式体验项目，全面展示燃灯塔及周边古建筑群的历史文化魅力。让游客走进景区、深入景区，体验景区深层文化。

（5）提高北京郊区旅游景区的通达性

北京交通设施的建设一直在全国比较领先，但有些偏远郊区的景区周边交通还需要不断完善。如密云、怀柔、房山、门头沟等远郊区的景区，京郊旅游景点有的比较偏僻，自驾车道路比较艰难，而且有一定的危险性。为保障北京，在北京市内到郊区开通多条京郊旅游公交、地铁等公共交通，提高景区的通达性。

开通具有旅游特色的旅游专列线路。乡村旅游对乡村振兴具有至关重要的作用，在京郊旅游有特色的旅游景区，开通京郊旅游专列，或者京郊旅游公共交通。让游客轻松体验京郊美景。如春天花海游专列、夏季的避暑游专列、秋季的香山或西山赏秋游专列、冬季的滑雪之旅专列等。把北京游特色的旅游景点或有特色的主题旅游景点开发出来，形成独具特色的旅游专列线路。

（6）提高景区对自驾机动车（包括房车）的基础设施和服务保障

随着家庭汽车拥有量的增加，北京旅游者自驾游的比例显著提升，在被调查者中有 188 人选择自驾出游，占总调查人数的 71.76%。其次是乘火车出游，在被调查人数中有 134 人选择乘火车出游的交通方式，占被调查总人数的51.15%；乘飞机出游的有 91 人，占被调查总人数的 34.73%；乘坐市内公共交通工具出游的有 84 人，占被调查总人数的 32.06%；选择骑自行车出游的人数较少，只有 21 人，占被调查总人数的 8.02%（见图 4-39）。可见，随着私家车的普及，人们出游方式更多集中在与家人、朋友一起自驾车出游，即便利又减少与人的接触范围和接触程度。目前，有些边远景区只能通过自驾到达，公共交通还没有打通。北京旅游基础设施建设上要加大对自驾车旅游的服务内容，在汽车能源补给、景区停车场的规划上加大力度，对自驾游出行的游客在景区周边停车安全性、便捷性上给予更多的考虑，保障自驾游客旅游的舒适体验。同时为房车旅游游客提供房车所需要的用水、用电等相关问题，免除房车游客的后顾之忧。

针对自驾游的兴起，北京市景区在自驾车停车、能源补给等方面应提高建设力度，尤其是市内景区周边停车和郊区周边加油站等的设计。在市内景区开放更多的周边的公共停车资源。在北京郊区对停车场所进行改造升级，提高停车的安全性。对京郊房车旅游的游客，提供更多的房车服务，如房车用电、用水等，房车停车管理。为游客提供安全舒适的旅游停车环境。

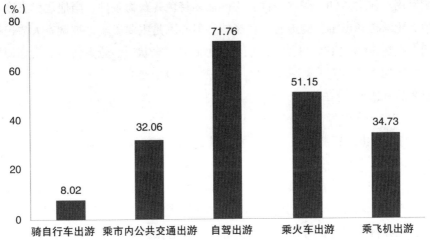

图 4-39　被调查人员出游方式选择情况

（7）加强旅游目的地安全性保障，提升景点特色与魅力

根据调查显示，北京旅游者出游选择旅游目的地受不同因素的影响分析可知，旅游者对旅游目的地的安全性特别看重，被调查人数有 151 人认为旅游目的地的安全状况对出游选择有很大影响，占被调查总人数的 57.63%；其次是景点特色影响出游选择，有 103 人认为景点特色对出游选择有很大影响，占被调查总人数的 39.31%。另外两个因素交通距离和便捷性、气候条件对出游选择目的地有较大影响，但没有安全状况和景点特色的影响程度大。其他几个因素如

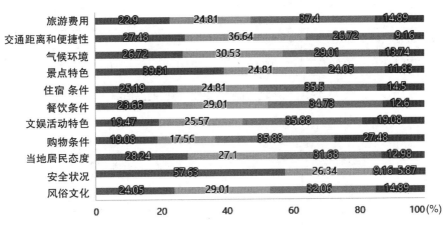

图 4-40　被调查人员出游影响因素分析

旅游费用、住宿条件、餐饮条件、文娱活动特色、购物条件、当地居民态度和风俗文化对选择出游目的地有一些影响，但并不是主要影响，被调查人数选择比例一般在30%左右。可见，人们更看重的是安全状况、景点特色、交通便捷度和当地的气候环境（见图4-40）。在景区建设中要在这几个方面下功夫，成为游客的首选旅游目的地。

4. 不断丰富游客的购物体验

（1）积极进行旅游商品的开发，满足不同年龄段与不同学历、不同职业人群的需求

根据调查显示，旅游者到旅游目的地都会或多或少买一些旅游商品，其中无论是不同年龄段、不同学历、不同职业的旅游者，在旅游过程中对旅游纪念品、特色食品和特色服饰都有需求，甚至部分游客对旅游城市或景区的品牌商品情有独钟。需要旅游城市或旅游景区积极针对不同的游客需求，开发大众化商品，同时开发具有自身特色的品牌商品，满足游客对旅游购物的体验。（见表4-8至表4-10）

表4-8 不同年龄段旅游者购买旅游商品情况

单位：%

年龄	旅游商品类型				
	旅游纪念品	特色食品	特色服饰	品牌商品	不购买旅游商品
18岁以下	66.67	66.67	66.67	0.00	0.00
18~30岁	62.67	66.67	33.33	28	18.67
31~45岁	56.92	60	26.15	7.69	20.77
46~60岁	49.09	54.55	21.82	12.73	25.45
60岁以上	0.00	0.00	0.00	0.00	0.00

表4-9 不同学历旅游者购买旅游商品情况

单位：%

学历	旅游商品类型				
	旅游纪念品	特色食品	特色服饰	品牌商品	不购买旅游商品
高中及以下	66.67	44.44	18.52	11.11	22.22
大专	56.98	65.12	36.05	19.77	17.44
本科	54.62	60.50	24.37	12.61	24.37
硕士及以上	58.06	64.52	25.81	9.68	16.13

表 4-10 不同职业旅游者购买旅游商品情况

单位：%

职业	旅游商品类型				
	旅游纪念品	特色食品	特色服饰	品牌商品	不购买旅游商品
公务员、事业单位人员	70.59	58.82	23.53	11.76	17.65
企业员工	54.93	61.97	29.58	11.97	18.31
农民	0.00	0.00	0.00	0.00	100
教师	65.63	75	31.25	12.5	6.25
学生	62.79	60.47	37.21	32.56	23.26
个体户、自由职业者	42.86	42.86	0.00	7.14	50
其他	42.86	42.86	7.14	0.00	42.86

　　扩大旅游创意产品开发，丰富旅游商品及特色。据调查显示，北京旅游者出游购买旅游商品选择旅游纪念品的有 150 人，占被调查总人数的 57.25%；选择特色食品的有 159 人，占被调查总人数的 60.69%；选择特色服饰的有 72 人，占被调查总人数的 27.48%；选择品牌商品的有 38 人，占被调查总人数的 14.5%；不购买旅游商品的有 55 人，占被调查总人数的 20.99%（见图 4-41）。可见，选择旅游纪念品和特色食品的旅游者较多，在这方面要加大旅游商品开发力度，扩大创意元素的渗入，提高旅游商品的文化内涵。给游客更丰富的旅游体验。

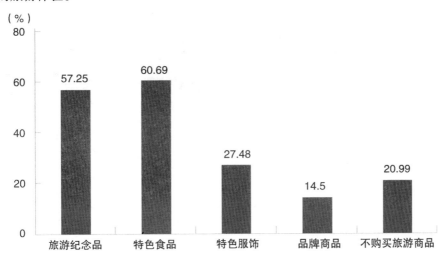

图 4-41 被调查者出游时购买旅游商品的类型

（2）完善景区线下旅游商品的供应，打造不同景区的特色商品

通过调查显示，旅游者购买旅游商品大部分是通过线下购买，尤其是到景区实地购买。目前各景区旅游商品同质化比较严重，迫切需要开发具有景区特色的文创产品，目前做得比较好的有故宫博物院等，故宫博物院针对故宫文化特色，研发了有故宫历史文化特色的旅游商品如千里江山系列文创产品、故宫猫摆件等。景区应组建文创产品研发团队，深入挖掘景区文化内涵，研发具有景区特色的文创商品。对旅游商品进行研发，可以形成旅游城市或旅游景区的特色品牌商品。

（3）打造线上与线下旅游商品销售的互动互助

互联网提高了人们在生活各方面的便捷程度，在旅游商品购买途径上也拓宽了购买渠道，一些景区有自己的淘宝店，如故宫淘宝店、颐和园淘宝店等，线上销售旅游商品成为一种时尚。但目前的线上旅游商品的销售与线下相比还比较薄弱，通过调查显示，无论是不同年龄段、不同收入、不同学历、不同职业的旅游者通过线上购买旅游商品的人数较少，绝大部分旅游者是通过线下购买。一是线下购买体验感较好，二是线上购买旅游商品的习惯还没有养成。所以，无论是旅游城市还是旅游景区，要加大线上旅游商品销售的宣传力度，同时增加线上旅游商品购买的优惠力度，让游客购买旅游商品形成线上和线下相互呼应的局面，形成多渠道销售旅游商品，让游客增加不同渠道的旅游商品购物体验。（见表4-11至表4-14）

表4-11　不同年龄段旅游者购买旅游商品形式

单位：%

年龄	购买形式		
	线上预订	临时线上购买	直接线下购买
18 岁以下	33.33	0.00	66.67
18~30 岁	26.67	12	61.33
31~45 岁	11.54	12.31	76.15
46~60 岁	10.91	7.27	81.82
60 岁以上	0.00	0.00	0.00

表 4-12　不同收入旅游者购买旅游商品形式

单位：%

收入	购买形式		
	线上预订	临时线上购买	直接线下购买
1000 元下	37.5	6.25	56.25
1001~3000 元	23.81	14.29	61.90
3001~5000 元	13.33	15	71.67
5001~7000 元	20	9.09	70.91
7001~10000 元	13.51	16.22	70.27
1 万元以上	3.77	3.77	92.45

表 4-13　不同学历旅游者购买旅游商品形式

单位：%

学历	购买形式		
	线上预订	临时线上购买	直接线下购买
高中及以下	22.22	14.81	62.96
大专	23.26	16.28	60.47
本科	12.61	8.40	78.99
硕士及以上	3.23	3.23	93.55

表 4-14　不同职业旅游者购买旅游商品形式

单位：%

职业	购买形式		
	线上预订	临时线上购买	直接线下购买
公务员、事业单位人员	11.76	29.41	58.82
企业员工	14.08	11.97	73.94
农民	0.00	0.00	100
教师	0.00	3.13	96.88
学生	37.21	6.98	55.81
个体户、自由职业者	21.43	21.43	57.14
其他	7.14	0.00	92.86

5. 完善旅游娱乐设施，开发娱乐项目

（1）完善旅游娱乐设施建设，提升旅游安全性、文化性和趣味性

在旅游过程中观看文化娱乐节目，参与文化娱乐活动已经成为旅游者的大众化行为。我国的旅游文化娱乐活动越来越丰富，从印象刘三姐、印象丽江等大型实景演出娱乐活动，到室内的演出活动，吸引着大量的旅游者前来观看、欣赏。北京具有丰富的旅游娱乐资源，文化娱乐活动非常丰富，如北京的京剧、杂技、演唱等节目深受游客欢迎。在保障娱乐活动有序开展的前提下，应对娱乐设施进行不断完善，增加建设投资，保障娱乐设施的安全性。同时，保障游客的观赏效果，提高娱乐节目的文化性和趣味性。

（2）拓宽思路，开发多样化的娱乐项目

娱乐活动成为旅游者旅游活动的一部分，经过多年的发展，很多地方的娱乐项目也出现了雷同和重复的现象。为保障游客能够拥有不同的娱乐体验，北京市应多开发具有北京文化特色的文化娱乐项目，让北京丰富的文化融入旅游文化中，文旅融合提升旅游娱乐项目的文化魅力。

（3）不断丰富文娱活动线上预订平台

文娱活动已经深受旅游者的喜爱，通过问卷调查显示，旅游者购买文娱活动的门票通过线上预订的较多，尤其是 30 岁以下的年轻人，线上预订比例达到54.67%。18 岁以下旅游者线上预订人数比例达到 66.67%。线下购买活动门票的人群集中在中老年旅游者。社会需要加大对中老年人进行互联网平台使用的培训力度，让更多的旅游者能够通过互联网进行预订文娱活动的门票，提高文娱活动组织的针对性和有效性。同时，线上平台的设计要更加简捷，让游客有更好的购买体验，感受到互联网的便捷高效。（见表 4-15）

表 4-15　不同年龄段旅游者购买文娱活动门票形式

单位：%

年龄	购买形式		
	线上预订	临时线上购买	直接线下购买
18 岁以下	66.67	33.33	0.00
18~30 岁	54.67	26.67	18.67
31~45 岁	32.31	29.23	38.46
46~60 岁	16.36	29.09	54.55
60 岁以上	0.00	0.00	0.00

（三）加大对旅游者理性消费行为的培养

1. 树立正确的旅游消费观，理智分析对待自己的消费行为

旅游消费行为的形成与旅游消费心理息息相关，目前存在一些不利于理性消费行为的心理。如从众化心理、炫富旅游消费心理等。这些旅游消费中的不良消费心理直接导致旅游者的非理性消费行为。旅游者应根据自己的实际情况、旅游动机，树立正确的旅游消费观，客观理性地对待自己的消费行为，在消费过程中做到不从众、不攀比，避免不成熟的消费行为。

2. 主动全面了解旅游信息，做明智的旅游者

旅游者由于对旅游目的地和旅游行程不了解，会造成旅游预期效应与实际效应的不一致。成熟的旅游者不仅要被动接受旅游信息，同时，要主动通过互联网平台、旅游达人的分享等主动了解旅游资讯，成为学习型旅游消费者。主动了解旅游目的地的风土人情、旅游企业操作规程，形成自己的旅游计划，根据自己的实际情况形成适合自己的旅游行程，养成良好的旅游消费习惯，熟悉当地相关旅游法规，在旅游过程中遇到问题随时保护自身权益。

3. 提高对互联网信息的深入分析能力，形成线上线下相结合的旅游消费习惯

随着互联网的发展，旅游经营者通过微信公众号、旅游网站发布旅游信息成为普遍现象，通过互联网进行线上预订实现线上消费成为主流行为。旅游者要不断学习，提高使用互联网工具的能力，大型旅游互联网站的使用，如携程、去哪儿网、途牛等；快捷旅游相关旅游 App 的使用，如大众点评网、美团等；各景区和酒店的微信公众号，了解景区和酒店的预订和预约机制；旅游娱乐的大型演出门票的预订网站；旅游交通和旅游美食的预订和线下消费体验等。"互联网+"旅游已经成为旅游发展的风向标，数字旅游无处不在。旅游者要加强学习，对旅游互联网的功能深入学习，提高旅游的便捷性和高效性，提高旅游美好体验。

4. 提高文明旅游意识，做文明旅游的践行者和推广者

倡导文明旅游一直是旅游消费中的重中之重，旅游者的素质代表着我国的国民的整体素质。在出境旅游消费过程中，要遵守目的地国的法律法规、当地的宗教信仰、风俗禁忌、礼仪知识等，旅游过程中注重仪容仪表、衣着得体，注意语言文明。在旅游过程中的交通、住宿、就餐、参观游览、购物、娱乐等环节，时刻注意自己的言谈举止，要时刻体现我国旅游者的文明旅游风范。在国内旅游时同样要遵守当地的风俗习惯，以不扰乱当地人民的生活、不破坏当地的生态环境为基准，做文明旅游的践行者。同时在自己的能力范围内，多宣传文明旅游，做文明旅游的宣传者。

本课题负责人：高丽敏，北京财贸职业学院，教授、博士。

本课题组成员：王丽娟，北京财贸职业学院，副教授；周航，北京财贸职业学院，讲师；侯雪艳，北京财贸职业学院，副教授；陈昱霖，北京财贸职业学院，副教授；曲琳娜，北京财贸职业学院，副教授、博士；王剑，北京财贸职业学院，研究员、博士；于继超，北京财贸职业学院，副研究员。

参考文献

[1] 葛扬，尹紫翔. 我国构建"双循环"新发展格局的理论分析 [J]. 经济问题，2021（4）：1-6.

[2] 黄汉权. 加快构建双循环相互促进的新发展格局 [N/OL]. 中国共产党新闻网，2020-07-15[2023-11-25].

http://theory.people.com.cn/n1/2020/0715/c40531-31783726.html.

[3] 吴曦. 旅游业融入"双循环"路径探析 [J]. 开放导报，2021，2（1）：79-87.

[4] 戴斌. 新冠疫情对旅游业的影响及应对方略 [J]. 人民论坛. 学术前沿，2020，（6）：46-52.

[5] 中国社会科学院旅游研究中心. 新冠肺炎疫情下的旅游需求趋势调研报告. [R/OL].（2020-24-29）[2023-11-25].

https://tech.sina.com.cn/roll/2020-04-29/doc-iircuyvi0397146.shtml.

[6] 朱运海，祝铠，张小明，康玲. 新冠疫情后旅游消费预期变化与景区经营策略研究 [J]. 湖北文理学院学报，2020，41（11）：5-10.

[7] 魏小安，付磊. 旅游业受"非典"影响情况分析及对几个相关问题的辨析 [J]. 旅游学刊，2003，18（4）：14-23.

[8] 孙根年. 论旅游危机的生命周期与后评价研究 [J]. 人文地理，2008，23（1）：7-12.

[9] 黄薇薇. 国内游客旅游动机及消费模式研究综述 [J]. 经济研究导刊，2019（1）：156-158.

[10] 田靖. 后疫情时期文化旅游企业营销的颠覆与自救策略 [J]. 当代旅游. 2021，19（4）：66-67.

[11] 陈勇. "大事件"、需求波动与旅游业经济周期：新冠疫情的影响及其他 [J]. 旅游学刊，2020，35（8）：11-13.

北京国际商贸中心研究基地项目

项目编号：ZS202007

项目名称：北京环球影城主题公园游客消费行为意向研究

北京环球影城主题公园游客
消费行为意向研究

郝珍珍

一、导论

（一）研究背景

旅游逐渐成为寻常百姓的一种休闲方式，是人们生活的重要组成部分。伴随着旅游业的发展，旅游景点数量井喷式增加，旅游业的竞争日益加剧，旅游满意度（tourist satisfaction）不仅是景区关注的重点，也成为旅游领域研究的热点。旅游者对景区的满意度是支撑景区可持续发展的重要影响因素。

主题公园是近年来发展快速的现代旅游资源，在推动文旅融合发展、满足人们文化旅游需要、完善城市功能、助力地区经济发展中发挥了重要的作用，并具有强劲的市场发展潜力。据不完全统计，目前我国已开发近3000个主题公园式旅游景点，是美国近60年开发数量的70多倍；与此同时，国际主题公园因其自身的品牌效应而具有更强大的市场能力，如上海迪士尼开园首日门票瞬间一抢而空，试运营23天期间接待游客96万人次；在新冠疫情防控常态化、旅游业饱受打击的特殊时期，北京环球度假区在携程、去哪儿网、中青旅等21家官方授权合作伙伴的在线旅游营销渠道依然火爆，抖音平台宣传视频日点赞达2.5万次，日转发量达1.7万次，日留言量500多次。

主题公园发展虽然取得瞩目成就，然而在发展过程中仍然面临重游率低、同质竞争严重、门票经济、文创产品创新不足、旅游新业态支撑力弱、亏损严重等一系列的问题，在一定程度上影响了行业的健康发展。国内外诸多学者研究成果显示，解决这些问题的关键，最根本的就是要想清楚如何吸引顾客，如何为顾客提供难忘的旅游体验，怎样使顾客能够再度光临并推荐亲友光临。这就需要主题公园的设计者和运营商深入思考影响游客旅游体验因素有哪些，怎样的体验能够激发顾客正向的行为意向，使主题公园长盛不衰。

（二）研究目的

本课题将围绕北京环球影城主题公园游客服务消费行为开展相关研究。本课题研究将以北京环球度假村游客评论大数据为基础，采用扎根理论的质性分析方法，剖析游客评价体验产品的心理传导机制，分析游客体验价值对游客行为意向的作用，以期为环球影城主题公园管理者制订运营策略提供一定的参考。

（三）主要研究内容

本课题研究将围绕游客消费行为意向展开，研究内容包含如下五个部分：

1. 国内外研究现状及趋势分析

在主题公园游客消费行为意向测度评价领域，通过文献资料查阅，梳理国内外专家、学者、研究机构等在主题公园游客消费行为意向领域的公开发表的研究成果，分析归纳研究领域、研究方法和研究结论，尝试分析该领域的研究趋势。

2. 游客留言和评论大数据资料分析

资料分析是质性研究中最重要和最难以掌握的环节。本课题将采用连续化比较等方法，寻找游客网络留言数据中所呈现的区别和联系，尝试识别概念、范畴和子范畴，分析他们之间的联系，初步剖析游客评价北京环球影城体验的心理传导机制。

3. 游客体验价值对游客行为意向的影响分析

国内外有较多学者研究了游客体验价值对行为意向的影响，因研究对象不同，研究结果存在较大差异。本课题将以北京环球影城为研究对象，通过网络留言大数据的文字解析，分析北京环球影城游客体验价值对行为意向的影响。

4. 基于消费行为意向差异的游客群体研究

游客心理传导机制和旅游行为意向研究往往基于游客情感或享乐方面的主观指示。在游客体验的心理传导机制和游客体验价值对行为意向影响的分析结果基础上，本课题将尝试从不同消费行为意向形成的心理评价逻辑，将游客划分为若干个特性鲜明的群体，并尝试分析各游客群体的旅游体验需求。

5. 研究结论与建议。

依据前述研究内容和研究结果，结合北京环球影城运营情况，提出相应的经营策略建议。

本课题的总体研究框架如图 5-1 所示：

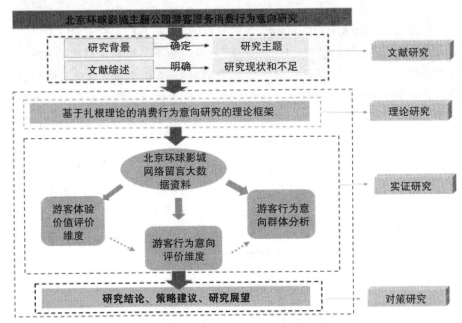

图 5-1　本文主要研究框架

（四）研究意义与研究价值

首先，主题公园等旅游产品的旅客消费行为意向研究较少，结论不一，本研究将从游客留言评论视角，探究国际品牌的大型主题公园的旅客消费行为意向，以期进一步丰富主体公园消费行为意向的相关理论，具有一定的理论研究价值。

其次，目前尚没有针对北京环球影城游客消费行为意向的实证研究。本研究将采用扎根理论分析法，通过收集环球影城试运营期间游客发表在携程、去哪儿网等北京环球度假区官方合作伙伴网站上的留言评论，试图剖析游客评价体验产品的心理传导机制，分析体验价值与行为意向之间的关系，为主题公园管理者能够更好地理解顾客体验、改善服务，以满足体验需求，获得更广阔的游客市场提供依据和动力。

二、国内外研究现状及趋势分析

行为意向（behavior intention）是消费者在消费后对产品或者企业所可能采取的特定活动或行为的倾向（Engel et al.，1995），具体而言，可理解为顾客对环境体验过程中所产生的评估与感受，进而影响顾客的态度、未来意向与他人推荐的可能性，包括再访意愿、介绍亲友、多元参观等。行为意向可以用来预测可否能成为企业的长期客户，同时为产品带来固定利润来源，是旅游项目投资、开发、建设及运营关切的一个重要问题。

关于旅游消费行为的提出，最早可以追溯到 1899 年意大利政府发表的《外国人在意大利的移动及其花费的金钱》，之后陆续有学者开始了对旅游消费行为的研究，发展至今，研究成果相对比较丰富。研究内容在 20 世纪初是发散式的主题，到 21 世纪，研究内容相对聚焦，集中于旅游消费动机、旅游者决策行为和游后行为意向等专题性研究，研究范围扩大，研究视角和研究方法更为丰富。

（一）主题公园游客行为研究

国外主题公园发展较早，并形成有专门的管理机构和专业的研究机构，积累了较多的研究成果和实践经验，如美国主题娱乐协会（TEA）、美国国家娱乐公园历史协会（NAPHA）、美国 AECOM 集团（旅游行业研究及咨询机构）、国际娱乐协会（IAAPA）、经济研究所（ERA）、主题公园在线（Theme Parks Online）等，研究领域主要有主题公园区位选择、客源市场研究、游客决策行为影响因素分析、游客满意度分析评价等。主题公园游客行为分析常用的工具有问卷调查、评价量表体系建设与实施、框架体系建设、数理模型建设等，尤其在数据模型构建分析上，根据不同的研究需求，在不同的研究视角下，开展了游客价格敏感行为、游玩项目吸引度、游客选择约束、游客潜在情感引致机理等，形成了大量既有学术价值又有实践应用的研究成果。

从国内研究成果看，伴随我国主题公园的快速发展，国内研究成果数量也有较大的增长，取得了一些有影响的学术成果。在理论研究上，保继刚等（1994、2021）持续对主题公园的概念进行阐释和辨析，为我国主题公园的建设提供了一定的理论基础；李海瑞等（1995）则以华侨城为成功案例，分析了主题公园建设的要素，形成主题公园建设发展运营基本框架。赵莹（2017）以紧凑型建设、高密度到访的主题公园为研究对象，采用 GPS 行为跟踪数据，分析讨论了演艺项目对旅游者的影响，分析了旅游者参与时空固定的演艺项目对其可达活动空间的影响。梁增贤和保继刚（2012）分析了主题公园旺季游客流季节性及其影响因素。梁增贤（2017）研究了主题公园的游客流波动规律，他提出在主题公园的管理实践中，游客流的季节性波动并不完全是困难或障碍，也可以看成是经营管理的一种有效的因素；董观志，刘萍和梁增贤（2010）则指出主题公园的游客满意度曲线表现为倒"U"形，游客的满意度在不同时期会发生规律性的变化，景区运营方可以有效利用"U"型游客满意度提升景区的运营绩效。

（二）旅游者消费动机研究

旅游消费动机是旅游者消费行为最为核心的因素，也是最重要的刺激因素。消费动机研究也是研究时间最长、研究者最多、研究最为深入的领域。旅游消费动机的研究领域可以大致归为游客消费动机、游客消费动机影响因素、游客消费群体旅游消费动机的差异化研究。

旅游动机研究。游客的消费行为受到多种因素的影响，并因地域、区域环境、社会文化、消费群体、景区等的不同而出现较大的差异。夏洛特·M.埃赫特纳和布洛特·里奇（Charlotte M. Echtner and J.R. Brent Ritchie，1991）提出，旅游者的行为收到社会互动和本能动机两个因素的影响，并由单一的旅游动机决定。爱德华·G.托马斯等（Edward G. Thomas et al.，1992）研究了英国居民的旅游，根据旅游者的研究动机将游客分为 11 种类型，研究发现，不同类型的旅游者对旅游目的地的属性的偏好存在差异。刘昕怡等（2022）自主设计了基于深度访谈和调查的测量量表，分析了我国游客的消费动机，研究结果表明，我国游客旅游的消费动机因子主要有 8 个，按照权重大小，依次为社交与归属、媒体引致、个人薪酬、旅游产品、自我放松、休闲娱乐与新奇、自我发展、沉浸式体验。杜佳毅和陈信康（2022）研究了游客消费体验和提升主题乐园游客重游意愿的措施，同时研究提出游客情绪会对游客满意度和重游意愿产生重要的影响。

游客消费动机影响因素。游客消费动机受多种因素的影响，如旅游目的地的环境氛围（Frisvoll et al.，2016）、景区的运营管理策略（Martin-Santana et al.，2017）、景区对游客服务的细节以及服务的质量（粟路军等，2017）、景区的演艺节目的独特性体验感和更新频率（施思等，2021）、景区的接待设施的完备性和人性化设计（陈志军等，2021）等，这些影响游客消费动机的因素，直接影响游客的感知和游客体验，从而刺激游客产生某种情绪上的认知或者变化，也就是游客的满意度，而游客的满意度会进而影响游客重游的意愿以及景区的口碑。马天（2020）则基于扎根理论研究了游客旅游体验作用路径游客群体差异性分析。既有研究表明，游客年龄代际差异、社会阶层方面的文化差异，有不同的旅游消费动机。相同的旅游目的地，不同的文化背景、不同年龄群体、不同收入阶层的旅游者，会产生不同的旅游满意度，收入较低、教育水平较低、老年旅游者的旅游消费动机更多的是跟随、打卡等，旅游有可能是奢侈的消费，注重团队整体的感受，在整体氛围的影响下，一般旅游的满意度较高。这些影响因素会影响游客的情感变化，直接关系着游客的满意度。畅嘉丽和李辉（2022）研究了基于感性文本挖掘和共识协调的预订群体酒店选择框架，提出不同游客群体在选择上存在差异较大，旅游酒店可以依据群体情感偏好研究，设计以满足群体个性化需求的方案。

（三）游客消费行为意向研究

国内外在游客行为意向已有较多的研究，早期的研究侧重于哲学、心理学、概念界定等，近年来在测度和评价方面也有较丰富的研究成果，但是研究结论因研究主体不一而出现差异。国外学者和研究机构在该领域的理论研究和实践应用分析相对丰富，尤其是基于调查分析的游客行为意向的测度评价方面有较多成果，具有较高的理论价值和实际应用价值，如蔡特哈姆尔、贝里和帕拉休拉曼（Zeithaml, Berry and Parasuraman，1996）将行为意向分为忠诚度（loyalty）、支付更多（pay more）、转移行为（switch）、内部反应（internal response）和外部反应（external response）五个维度，每个维度编制评量项目；格伦霍尔特、马滕森和克里斯滕森（Gronholdt, Martensen and Kristensen）将顾客再购意愿、向他人推荐意愿、价格零容忍、顾客交叉购买忠诚度等作为研究指标；还有的学者将消费者的行为意向进行了再次细分，划分为购买、再购、消费意向、支出意向等；克罗宁（Cronin, 2000）的研究提出了四种消费行为意向模式，分别是，价值模式、满意度模式、简介模式、研究模式。此外，国际游乐园及景点协会（IAAPA）、美国国家娱乐公园历史协会（NAPHA）、经济研究所（ERA）、主题公园在线（Theme Parks Online）等研究机构在主题公园消费体验和行为意向领域已有比较广泛和深入的研究，诸多研究成果将消费体验的观念应用于购物中心、餐饮业、观光景点、网络等，并将其与品牌资产、品牌忠诚度、消费者购买意图、满意度等理论结合，探究了游客体验对顾客满意度、忠诚度和消费行为意向的影响。

消费行为意向的概念在我国引入较晚，近年来，我国学者在该领域的研究偏重于概念界定和基于相关性分析的消费体验、满意度、行为意向的驱动传导机制等方面，如李幼瑶（2007）运用生活形态研究旅游消费行为，研究了生活形态对消费体验、体验价值和行为意向的关系，提出主题公园产业发展需要从为游客创造难以忘怀的体验方面来加强竞争力;徐虹、李秋云等(2017)按照游客行为意向的心理评价逻辑,将游客分为满意导向型、价值导向型、全面要求型和体验导向型;姚作为(2005)研究了服务品牌消费决策行为;江苏佳、郑雷等(2019)从沉浸传播的角度分析了环球影城影视主题乐园的游客体验;此外还有诸多学者以某一个或多个主题公园为例,采用相关关系分析,在研究游客满意度同时,探究了游客的行为意向。陈晓琴和蔡瑞林(2016)从游客消费体验出发,探究了消费体验对感知服务质量的影响,并进一步探究了感知服务质量对游客消费情感和消费行为意向的依次影响关系。

根据已有研究文献,游客行为意向的衡量大致可归纳为如表 5-1 所示。

表 5-1 游客行为意向衡量因素

序号	学者	衡量项
1	萨莉丝(Salnes, 1993)	重构意愿;向他人推荐的意愿
2	格里芬(Griffen, 1995),麦克劳克林等(mclanghlin, et al., 1998)	重构意愿;购买该公司其他产品或者服务;口碑宣传;对其他企业同类产品或者服务的排斥度
3	蔡特哈姆尔、贝里和帕拉休拉曼(Zeithaml, Berry and Parasuraman, 1996)	忠诚度、支付更多、转移行为、内部反应和外部反应
4	格伦霍尔特、马滕林和克里斯滕林(Gronholdt, Martensen and Kristensen)	顾客再购意愿、向他人推荐意愿、价格零容忍、顾客交叉购买忠诚度
5	Mittal et al.,1996	服务质量;总体满意水平;向其他人推荐意愿
6	佩尔蒂埃、韦斯特福尔等(Peltier, Westfall et al., 2000)	重购意愿;向他人推荐意愿
7	李幼瑶(2007)	游客体验难忘程度
8	徐虹、李秋云等(2017)	满意度,重游意愿
9	姚作为(2005)	服务质量,品牌关系质量
10	江苏佳、郑雷等(2019)	重游意愿,情感召唤,沉浸感
11	陈晓琴和蔡瑞林(2016)	消费体验,感知服务质量,重游意愿

纵观国内外的研究学者在游客消费行为意向衡量因素的研究,旅游消费者的消费体验、服务质量感知、向他人推荐、品牌观念、满意度、重游意愿等是重要的影响因素。这些影响因素大都是游客主观的感觉、想法等,游客消费行为意向的测度与评价是旅游研究中的一个重要领域,在该领域中,不同的学者

采用了不同的测度和评价的方法，根据文献搜集，总结来看，大致分为如下三个方面：

（1）游客消费行为意向测度研究。游客消费行为意向的测度既有定量测度，也有定性分析，高李想（2015）的研究，通过调查问卷的方式，采用 AMOS 数据分析软件，对游客的消费行为意向进行定量的分析；孙平、邵帅等（2020）则基于自我决定理论和计划行为理论，分析抖音视频文案，从旅游动机内化和出游动机到旅游意愿的转化形成机制两个方面研究，构建了抖音用户旅游出行行为的形成机理模型。

（2）游客消费行为意向评价。旅游消费意向评价是研究旅游消费意向行为的一个重要问题，当前研究文献，各学者主要采用建设指标体系和数理模型的方法进行研究，孙治和包亚芳（2009）通过建立涵盖服务环境、服务品类及质量、价格可信度、有形展示等四个方面的评价指标体系，对游客消费行为意向进行综合评价。有的学者则引入结构方程模型、线性回归模型、决策树模型等，预测游客消费行为意向。

（3）游客消费行为意向与旅游决策研究。游客消费行为意向是旅游决策的重要影响因素，同时旅游决策也会影响游客消费行为意向。当前大数据时代，有较多的学者采用信息技术手段提取游客评论、游客行为数据来分析游客的消费决策，采用质性分析的研究方法，建立游客消费行为意向的决策模型，最后再形成一定的理论，推动游客消费行为相关问题的研究。

综上所述，游客消费行为意向的测度、评价以及游客心理决策机制是游客旅游行为的重要内容，通过对游客消费行为意向的测度和评价，可以帮助旅游企业更好地了解游客的需求和偏好，从而制定更精准的营销策略和产品计划。同时，也可以看出来，不同的研究学者由于研究视角、对象选择、研究思路、研究方法和工具的选择不同而得出不同的结论，但是这些结论对于旅游经营者制定精准营销方案和产品计划提供了有效的理论支撑。

三、游客留言和评论大数据资料收集与分析

（一）游客大数据资料来源及说明

本课题旅游大数据来自携程网关于环球影城度假区的游客评论，数据采集时间范围包含两个时间段，分别为 2021 年 10 月 1 日至 2021 年 4 月 1 日，2021年 6 月 1 日至 2022 年 10 月 1 日，共 3327 条，之后课题组对评论数据进行清洗，

删除掉重复的留言、无效留言和点赞留言，删减后的留言总量为2731条。

为保证评论数据对于研究的支撑性，保障所采用的基础数据得出结果具有可信性，本报告对于采集到的留言数据，做如下几个说明。

（1）以携程游客评论数据为样本数据，但具有一定的代表性。据百度研究院相关统计数据表明，2020年我国在线旅游品牌市场份额中，携程占40.7%，因此，游客在线数据具有一定的代表性。（见图5-2）

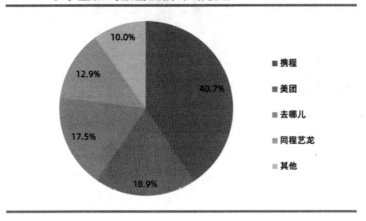

2020年中国在线旅游品牌市场份额

- 携程 40.7%
- 美团 18.9%
- 去哪儿 17.5%
- 同程艺龙 12.9%
- 其他 10.0%

图5-2　2020年中国在线旅游品牌市场份额

（2）限于研究期间新冠疫情防控措施，游客满意度数据调查涵盖疫情因素，且为不可剔除因素。北京环球度假区开园的时间为2021年9月20日，那时候我国疫情防控措施得当，国内新冠疫情整体得到了控制，从游客角度看，持核酸阴性证明可以实现国内出行，到各旅游景点也不受限制；从旅游景区看，那时候景区入园管理基本上都采取预约制，并且旅游景区按要求设置了各种疫情防控的各种设施设备。到2021年10月，北京疫情防控措施又有所收紧，2021年10月22日北京暂停跨省旅游，至2021年12月，国家确定了"外防输入、内防反弹"总策略、"动态清零"总方针，对环球度假区游客在入园前以及入园过程中的体感会有所影响。

课题研究正处于疫情防控特殊阶段，为减少疫情防控对游客满意度的影响，本课题在筛选数据的时候，分了两个时间段截取数据，避开了2022年5月1日和2022年10月26日的短暂关停两个时间点及后续一个月的游客评论数据。

图 5-3　北京环球度假区的游客评论（携程旅行）

（3）评论人员地域限于国内游客。北京环球度假区设计之初，对游客量预测时，预估有 20% 的国外游客。而实际上，进入园区的国外游客较少。在评论区的数据中，课题研究时间段所采集的 3000 余条数据中，英文的评论数仅有 3 条，这 3 条中可能也不全部是外籍游客。因此，本报告再对基础人群做分析的时候，不再将国外游客作为专门的群体来进行分群体研究。

（4）游客按照属地分群和年龄分群进行研究。在开题报告中，假定按照游客的年龄进行研究旅客的消费行为意向。而在实际的数据获取中，发现携程、去哪儿、飞猪等网站并没有设置游客年龄的信息项。因此，通过评论数据采集游客的年龄存在一定的困难。为有效解决这个问题，本课题参与者编制了调研问卷，通过样本调查的方式，研究不同年龄的游客对于北京环球度假区体验的满意度，本问卷纳入了环球影城与首都文化结合点的市级调研课题中，同步进行研究，本报告引用了其部分研究结论。

（二）游客评论数据清洗

在收集到的评论数据中有一些是重复的、无效的数据，需要对数据进行删除，以排除干扰项，提升最终分析结果的精确性。

1. 删除重复数据

在搜集的 3327 条数据重，有 268 项是重复的评论。虽然存在评论者不同但是评论相同的情况，但是为保障数据的合规性，但凡是重复的评论数据，都将其做了删除处理。

图5-4 游客评论重复数据删除分析

2. 删除无效数据

在评论区的数据，有的写了"哈哈哈***""点赞点赞点赞""Qicbfnck""11111"等没有实际价值的数据。采用手动删除数据。

通过上述数据清洗过程，最终，剩余的有效评论数据为2727条，后续的数据分析，以当前筛选后的有效数据为主进行分析。

（三）游客评论数据情感分析

伴随大数据分析在市场中所产生的重要意义和重要价值，越来越多的大数据分析软件为数据分析者提供了帮助。本研究报告尝试采用Gooseeker软件进行评论数据的初步拆解分析。

本研究选取的游客评论有2700多条，若仅凭借人工对评论进行分析的话，需要对这些评论逐一审阅，并逐句标注其关键词。由于个人主观意向和偏好选择，往往会对实际的研究结果带来偏差，因此，我们采用相关的软件，对评论数据中出现的关键词进行拆解和梳理，找寻出语句中所含的关键词以及其在所有的评论中出现的频率。这样就能避免人为的主观判断导致的研究偏差，也为后续的评论主轴编码提供一定的参考。

按照我们研究的目标，按照Gooseeker软件分词的结果，选择了"非常""体验""会再来""排队""好玩""推荐"等评论中出现率较大词语。具体如下表5-2所示。

表 5-2　游客评论数据高词频的词语统计

序号	词语	词频	文频	评论例句
1	排队	1010	651	特地跑北京玩的，携程买票还有优惠，挺不错，里面唯一记得就是排队排队排队，不过环球影城效率挺高，整体不错
2	环球	637	439	环球影城不用多说，值得一去
3	可以	587	385	体验感还是可以的，就是有的项目排队时长比较长，吃吃喝喝价格还可以接受
4	非常	568	452	非常不错的一次旅行体验，虽然下着雨，但不影响游玩体验，希望大家都有机会去体验一番，非常非常非常不错的地方啊，有机会大家一定去
5	不错	543	462	不错不错，很推荐，真的好好玩，环球还是值得一去的
6	体验	488	393	非常好的体验！还会再来的，沉浸式体验，很吸引人～孩子们都很喜欢
7	没有	392	309	里面人特别多，排队也没有可以休息的地方，排队的路线也绕得很迷，感觉里面的游客都很疲惫。餐厅也要排队，根本没有服务
8	值得	347	314	比较值得去，感觉还可以，交通十分便利，风景十分优美，可以再去一次，好评
9	好玩	335	277	很好玩，真的挺好的感觉，很酷很酷的感觉，孩子很喜欢，下次还要去的，从早上出门一直玩到晚上 10 才到家。未来水世界很好玩，努布拉岛也很好玩
10	开心	263	246	非常非常开心，可以忘却烦恼的地方，一天十一个小时，虽然腿很酸，但是真的很开心很开心！原本不敢坐的霸天虎过山车，也体验了，真的是太刺激了
11	推荐	232	178	值得拥有推荐给大家，大人孩子都在这里可以体验到自己喜欢的样子
12	特别	231	199	北京环球影城，还没开业就期待它，去玩了很满意，真的特别特别特别好玩，个人觉得比迪士尼好玩，一定还要二刷的地方，强烈推荐
13	喜欢	221	197	三刷了，小朋友虽然什么项目也不能玩，但是好像真的很喜欢里面的氛围，妈妈也是，超喜欢功夫熊猫，觉得打造的很逼真，小黄人也很可爱，侏罗纪和变形金刚比较刺激，我们没敢尝试 看看都怕了，期待夏天，继续去吃小黄人雪糕，小朋友最爱
14	刺激	171	153	几大主题园区都有不同刺激程度的游乐设施，每个年龄段都有可玩的项目。特色食品也不错。唯一希望能改变的就是人多，但是这太难了
15	超级	110	96	北京环球度假区真是漂亮极了，也是超级好玩的，吃喝玩乐一条龙不在话下，拍照也是超多景色，所有的地方都很迷人哦。【景色】美。【趣味】高级。【性价比】特值

序号	词语	词频	文频	评论例句
16	景区	104	75	景区自然是没得说！很棒的体验！重点是想说说带餐券的票简直超值！关键是那个双层汉堡超级大，原本我以为景区的汉堡一般都是袖珍版本呢！结果这里真是良心卖家啊！我和儿子俩人才搞定一个汉堡！套餐里的一份薯条和热饮用来添添缝？要知道，单点这个套餐是108米啊？感觉自己不要太会过
17	门票	94	85	国内首个环球影城开园啦！人山人海，即使买了快速票，也是要排队很久。趣味性还是很足的，七大主题都值得体验，门票不算便宜，尤其是加上快速票，门票消费不低
18	魔法	93	67	真的值得一去，不仅是小朋友的乐园，更是大朋友们的天堂。霍格沃兹魔法学院真的是让人置身其中无法自拔，有机会还会再去体验一下
19	疫情	91	85	一直很想去，北京，这次来到了就要好好玩玩著名的环球影城，因为疫情原因所以人不算很多，毗邻富祥河畔，环境清新怡人，周末节假日，建议"逆人流"游玩。很少会走回头路，四五个小时就能逛完。还可以试下跟帝企鹅、海狮、海豹等亲密接触
20	冒险	85	82	很棒的体验～特别推荐鹰马飞行、火种源争斗战、侏罗纪大冒险
21	热情	84	83	园区大，老年人也有可以参与的项目，有很多室内,冷气足，舒适度好，休息区多，卫生间也很多，工作人员热情，礼貌，餐饮卫生，选择多样，出餐快，老人玩得很愉快，满意
22	度假	70	60	非常不错的度假区！特别适合带小孩子去！都是动画主题的乐园！很好玩
23	希望	64	60	非常值得去的地方，非常好玩，价格合理，趣味性也特别强，希望下次还能去，希望商家也能越办越好，吸引更多的消费者来此地游玩
24	环境	63	62	给儿子闺女买了两张票，孩子们玩的都非常开心，环境没得说，交通也非常便利，出了地铁就到了，本来我还想开车送他们，查了一下路线，地铁非常方便
25	好看	58	47	一次体验，项目肯定不会全部玩完，不用跟着攻略，自己在 App 上看等待时间，哪个方便就玩哪个，小黄人系列会停留时间较长，好吃好玩好看的实在太多太多了。侏罗纪奇遇迅猛龙那个体验画面感太美了，很真实，身临其境的感觉！哈利·波特禁忌之旅绝对刺激，哈密们一定要穿学院风的衣服，手拿魔杖，体验感才会很有趣。这次环球影城之旅很满意，纪念品都是很值得入的，推荐小黄人汽车爆米花桶，背上超好看
26	热门	56	54	18 日去的 人不是太多 热门项目都刷到了，有的还二刷，如果带娃去，可以去侏罗纪营地，里边有儿童乐园，必刷不可驯服。其他项目小朋友估计都会害怕
27	预约	51	38	比官网订票便宜，人不多，很多项目二刷了。哈利·波特二刷，过山车三刷，很爽。入园直接预约，然后刷身份证入园就可以，携程很方便的

序号	词语	词频	文频	评论例句
28	欢乐	50	42	来之前对环球度假区的期待值太高了，玩了一天整体没有想象中好。1.虽然园中主体比较多，但是每个主题能玩的项目就那么几个，未来水世界也没有想象中的好，就是看了一个表演节目，来之前以为会有玩水的项目，这点很失望；2.人真的超多，来了一天95%的时间都在排队，真的不建议这个时间来玩，天太热，衣服是湿透了；3.项目整体都没有太高的趣味性，只有变形金刚主题那有个过山车，而且跟欢乐谷的过山车比真的差远了，其他的项目都是比较适合小朋友来玩的，成人如果想要玩一些刺激的项目不建议来这儿。整体来说性价比太低了，六百多的门票前天都在排队中度过，而且有的项目真的很幼稚，比如恐龙奇遇记，排了半个小时就为了跟假恐龙拍个照，而且项目介绍一点都不明确，很多人排了半天队都不知道是啥项目。不会来第二次，如果带小朋友来玩，还是可以的，小朋友应该会比较喜欢这里
29	挺好玩	47	44	推荐，挺好玩的，推荐，就是人太多，别在人多的时候来。排队很久，都是一个小时起步，特别是很火的项目，都在一小时以上，体验很不好。加油
30	不好	47	47	体验感不好，不能赶在暑期的时候，排队能排死，携程的客服非常好，有问题非常热心的帮忙沟通
31	满意	45	41	冬天去游玩体验真的好。非常满意，非好好玩，唯一缺点就是纪念品的设计有些不太可爱，选了好久也没有特别满意的。价格还不便宜
32	好莱坞	45	35	全国人民都来了，环球影城的哈利·波特、好莱坞、霸天虎，都是我们喜欢的IP。最喜欢的是演出，张艺谋和斯皮尔伯格的演出不排队、效果非常好
33	节假日	40	35	人多，每个项目都排队，还是在非周末和节假日！难以想象节假日会是什么样。大多数项目大同小异，只有擎天柱过山车和哈利·波特奇幻之旅还有特色。其他意思不大
34	主题乐园	40	38	北方地区首家全球连锁主题乐园，游乐项目很多，花车游行的小姑娘和小伙子都很热情
35	遗憾	35	33	值得去！暴走累并快乐的一天，因为疫情原因无法和朋友二刷心心念念的新年布景，还是有点遗憾。希望回国之后可以和志同道合的男朋友一起去

通过 Gooseeker 软件，我们可以对每条评论的关键词进行分析。该软件能够找寻游客最关注的点。

在这些游客关注点中，我们还发现有些词汇出现在了特殊的语境中，比如"环球"经常和"影城"连接使用，"非常"一般和"好玩""不错"等带有游客正向情感的词汇在一块，表示了游客满意的情感。

后续我们将依据这些高频词汇出现的评论逐步来归纳游客的感情，从而能够更有效地抓取游客的潜在心理。

（四）游客在线评论数据的扎根分析

1. 游客评论词云分析

本报告选取排名前 75 的热词，进行词云分析，通过词云的图片，能够清楚地看出这些热词在游客评论中的使用量。

从词云图中看出，最大的词是"排队"，用词文频是 651 个，也就是 2727 条有效游客评论中，有 651 位游客提到了"排队"。（见图 5-5）

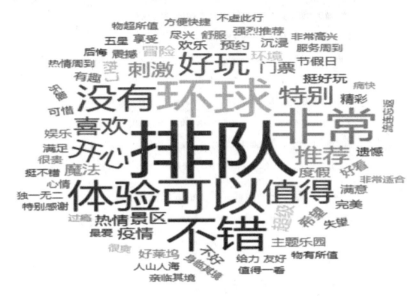

图 5-5　游客评论数据词云分析

从提到"排队"的游客的 651 条评论看，排队在一定程度上影响了游客的游玩体验，要是没有"排队"，游客会有更好的体验。

通过游客评论看出，排队是游客普遍感受和吐槽的。我们仔细观察带有"排队"之词的所有评论，发现"排队"虽然是游客所吐槽的，但是大部分游客并没有因为"排队"影响了在环球影城体验，大部分游客的情绪还是正向的。比如"总体感觉不错""园区服务人员都还不错""环球影城挺好玩的"等。简单从评论上，我们认为"排队"对游客的体验感觉是有限的。

为了更深入地了解出现频度高的关键词之间的相互关系，本报告采用"共词匹配分析"工具进行分析。共词匹配分析在于分析评论中两个词之间的相互匹配性，比如下面的图片，分析了评论中词频高的词语之间的两两匹配性。（见图 5-6，图 5-7）

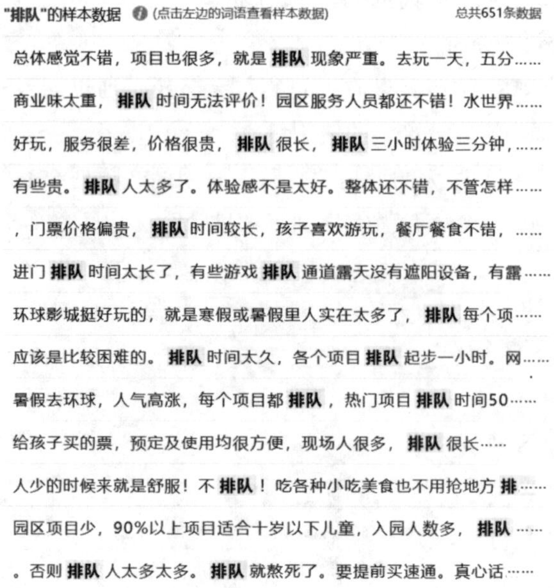

"排队"的样本数据 ⓘ (点击左边的词语查看样本数据)　　　　　　　总共651条数据

总体感觉不错，项目也很多，就是 **排队** 现象严重。去玩一天，五分……

商业味太重，**排队** 时间无法评价！园区服务人员都还不错！水世界……

好玩，服务很差，价格很贵，**排队** 很长，**排队** 三小时体验三分钟，

有些贵。**排队** 人太多了。体验感不是太好。整体还不错，不管怎样……

，门票价格偏贵，**排队** 时间较长，孩子喜欢游玩，餐厅餐食不错，……

进门 **排队** 时间太长了，有些游戏 **排队** 通道露天没有遮阳设备，有露……

环球影城挺好玩的，就是寒假或暑假里人实在太多了，**排队** 每个项……

应该是比较困难的。**排队** 时间太久，各个项目 **排队** 起步一小时。网……

暑假去环球，人气高涨，每个项目都 **排队**，热门项目 **排队** 时间50……

给孩子买的票，预定及使用均很方便，现场人很多，**排队** 很长……

人少的时候来就是舒服！不 **排队**！吃各种小吃美食也不用抢地方 **排**……

园区项目少，90％以上项目适合十岁以下儿童，入园人数多，**排队** ……

。否则 **排队** 人太多太多。**排队** 就熬死了。要提前买速通。真心话……

图5-6　游客评论关键词情感分析

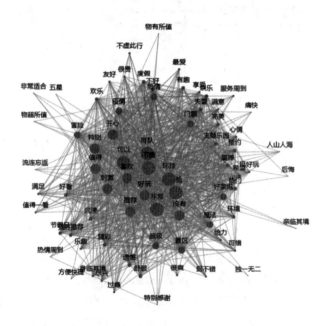

图5-7　游客评论关键词关联分析与情感分析

在实际的分析框图中，可以攫取两两词语之间的相互关系及匹配性。

分析结果中间的"环球""开心""特别""可以""喜欢""好玩""体验""非常""推荐""刺激""不错""没有"等词语的匹配性较强，也就是这些词语配合使用的频次较高。（见图5-8）

本研究发现共词词频较高的词语，大都是一些积极的词语，说明了大部分游客对于北京环球度假区游玩的总体感觉是满意的，展现了积极的评价。同时，共词分析也从另外一个角度反映出了"排队"等这样的词语，其实并没有在很大程度上影响游客的体验。

图5-8　游客评论关键词相互关系及匹配性分析

2. 开放式编码

研究组成员对2727条数据开展开放式编码分析。开放式编码对每条评论数据进行贴标签，并进行反复对比、整理。在进行贴标签之前，本研究先将资料评论数据进行编码，有的单条评论数据很长，体现的观点比较多，因此，对单条评论内容多、体现观点丰富的评论进行拆分，用Tm-n来表示，比如T2-3表示第一条评论的第3个独立的观点。

本次开放式编码采用上述情感分析Gooseeker软件的结果辅助进行，以减少工作强度。在此基础上，将课题组成员分为2组进行讨论，以得到一些重要的概念，比如"简直不要太爽""心满意足""很悠哉""总体很惬意"等，这些归类为"a2心情舒畅"这样的初始范畴。

初始范畴主要是将性质和内容相近的要素进行重新组合，从而形成初步的不相关联的概念。2个小组的同学借鉴Gooseeker软件分析的结果，并在NVIVO软件上进行编码输入。经过几轮的循环，最终形成了"攻略经验""心情舒畅""辅助设施完善"等 76 个初始的范畴，具体见表 5-3。

表 5-3 游客评论数据开放式编码

原始语句（初始概念）	初始范畴（ai）
T1-1 准备：身份证、72 小时核酸证明、充电宝、非玻璃材质水杯（原图有热水）、小零食、舒服的鞋、可以团租魔法袍和互动魔杖等，提升体验效果，得意⋯⋯（攻略经验）	a1 攻略经验
T2-1 疫情后又一次开园来的，11 月 2 日，基本上所有项目都不用排队，想玩哪项直接进～简直不要太爽！（太爽了）	a2 心情舒畅
T2-2 天气越来越冷，园区到处都有接热水的地方，一定要带个保温杯，还有穿一双舒服的鞋，全园暴走。（接热水方便）	a3 辅助设施完善
T2-3 我是上午十点半进的门，晚上灯光秀六点半，看完正好是把全园所有项目都玩了一遍，不到七点，心满意足地打道回府啦！（能玩完所有项目）	a4 时间足够
T3-1 挺好的，因为孩子生日，选择去那里，留个记忆。（生日纪念）	a5 特殊日子旅游
T3-2 这次是弥补上次没有逛过的地方，很悠哉，不想那么紧张，总体很惬意吧。（心情惬意）	a6 心情惬意
T3-3 唯一的遗憾是丢了上次买的魔杖，肯定是照相时换场景，丢在某个地方了，回去找，早已无影踪。欢乐中的小遗憾吧。（留有遗憾）	a7 丢失物品
T4-1 进门可以买本护照，每个景点可以盖章，一共 10 个，都盖全了有纪念品，我没盖全。进去先玩哈利·波特禁忌之旅，然后出来逛霍格沃茨城堡，买黄油啤酒。鹰马飞行不建议玩，没意思⋯⋯（攻略经验）	a1 攻略经验
T5 环球度假区之夜【景色】夜幕降临时，整个度假区灯光璀璨，到处是欢声笑语，霓虹闪烁。尤其是哈利·波特城堡的灯光秀，充满神秘奇幻的魔力。（夜景美好）	a8 夜景美好
T6-1 哈利波特区必去！！还原度很高很有电影的氛围，最喜欢哈利波特区的禁忌之旅，很震撼有身临其境的感觉。（身临其境）	a9 身临其境
T6-2 最好吃的店应该是三把扫帚，性价比很高，东西也很好吃。（饮食性价比高）	a10 饮食性价比高
T6-3 夜景真的好看，很适合拍照	a8 夜景美好
T6-4 一整天基本把项目都玩了一遍	a4 时间足够
Tm-n⋯⋯	⋯⋯

从评论数据抓取初始范畴是一项相对繁重、耗费精力的工作。在进行范畴化的时候，需要将重复的频次小于 3 的，以及个别前后矛盾的初始概念剔除掉，从而从评论数据中抓取核心的概念。

3. 主轴式编码

主轴式编码是指通过资料中不同部分之间的关联性明确各概念之间的各种关系。上面的研究中，采用开放式编码所抓取的初始范畴，各个范畴之间的关系并不明确，比较模糊。

本报告将依据各初始范畴之间的内在联系和相互之间的关系。本研究根据这些联系，进一步归纳副范畴和 5 个主范畴，也就是消费体验、服务质量感知、消费情感、文化感知、行为意向。

表 5-4　游客评论数据主轴式编码分析

语句（初始概念）	初始范畴（ai）	副范畴（Ai）	主范畴（AAi）
T1-1 准备：身份证、72 小时核酸证明、充电宝、非玻璃材质水杯、小零食、舒服的鞋、可以团租魔法袍和互动魔杖等，提升体验效果，得意……（攻略经验）	a1 攻略经验	A1 愉快体验	AA1 消费体验（A1-A5）
T2-1 疫情后又一次开园来的，11 月 2 日，基本上所有项目都不用排队，想玩哪项直接进，简直不要太爽！（太爽了）	a2 心情舒畅	A1 愉快体验	AA1 消费体验（A1-A5）
T10-1 商业味太重，排队时间无法评价	a18 商业化	A9 商业化	AA2 服务感知（A6-A10）
T10-2 园区服务人员都还不错！水世界，不可，灯光三个表演推荐！小黄人，哈利优秀！火种配不上 100 分钟排队	a7 服务不错	A10 项目体验	AA2 服务感知（A6-A10）
T10-2 多增加点歇凉设备要不然中暑分分钟	a21 需要纳凉设备	A6 设施完备	AA2 服务感知（A6-A10）
T2-2 天气越来越冷，园区到处都有接热水的地方，一定要带个保温杯，还有穿一双舒服的鞋，全园暴走。（接热水方便）	a32 热水方便	A6 设施完备	AA2 服务感知（A6-A10）
T2-3 我是上午十点半进的门，晚上灯光秀六点半，看完正好是把全园所有项目都玩了一遍，不到七点，心满意足地打道回府啦！（能玩完所有项目）	a4 时间足够	A9 消费情感	AA2 服务感知（A6-A10）
T3-1 挺好的，因为孩子生日，选择去那里，留个记忆。（生日纪念）	a5 特殊日子旅游	A25 纪念留念	AA3 行为意向
T3-2 这次是弥补上次没有逛过的地方，很悠哉，不想那么紧张，总体很惬意吧。（心情惬意）	a6 心情惬意	A9 消费情感	AA2 服务感知（A6-A10）

语句（初始概念）	初始范畴（ai）	副范畴（Ai）	主范畴（AAi）
T3-3 唯一遗憾是丢了上次买的魔法杖，肯定是照相时换场景，丢在某个地方了，回去找，早已无影踪。欢乐中的小遗憾吧。（留有遗憾）	a7 丢失物品	A3 失落体验	AA1 消费体验（A1-A5）
T4-1 1.进门可以买本护照，每个景点可以盖章，一共10个，都盖全了有纪念品，我没盖全。进去先玩哈利·波特禁忌之旅，然后出来逛霍格沃茨城堡，买黄油啤酒。鹰马飞行不建议玩，没意思……（攻略经验）	a1 攻略经验	A1 愉快体验	AA1 消费体验（A1-A5）
T5 环球度假区之夜【景色】夜幕降临时，整个度假区灯光璀璨，到处是欢声笑语，霓虹闪烁。尤其是哈利·波特城堡的灯光秀，充满神秘奇幻的魔力。（夜景美好）	a8 夜景美好	A1 愉快体验	AA1 消费体验（A1-A5）
T98-3 整体体验很棒，有机会还会再来玩	a27 还会再来	A 重游选择	AA5 出游意愿
……	……	……	……

表5-4中展示了初始编码到副范畴到主范畴编码产生的过程，需要做以下几点说明：

（1）副范畴编码具有一定的主观性、分歧性，但上述表格主轴式编码的产生由3个小组讨论产生，副主轴式编码的产生相对烦琐一些，初始范畴的数据进行再整理与再认识，在此过程中中产生了很多的分歧，当前的表格中所展示的内容是编码的部分内容。

（2）主轴式编码数量求质不求量。在由副主轴编码确定主轴编码的时候，请各小组控制的数量为8个，然后集体讨论选择其中的5个作为主轴式的编码，为后续的行为意向影响因素分析和关系分析提供基础。

四、游客体验价值对游客行为意向的影响分析

根据游客评论数据的整理分析，发现游客行为意向的传导机制受多种因素的影响，如主轴式编码所总结出来的消费体验、服务质量感知、消费情感、文化感知、行为意向等，而这些因子之间是否有相互联系，这些因子如何影响游

客消费行为意向是值得进一步探究的问题。本部分将从游客消费体验与服务质量感知、服务质量感知与行为意向、消费意向与游客情感、游客情感与行为意向、游客文化感知与行为意向进行逐级分析，以探究游客消费行为意向的产生机制。

（一）游客消费体验与感知服务质量

北京环球度假区游客评论数据中可以看出，游客对环球影城的 IP 有很强的期待性，毕竟是在国内就能体验国际知名的沉浸式、高品质主题公园。在评论数据中，游客用大量的形容词来表达他们的消费体验，比如激动、兴奋、放松、惊呆等。通过对在线评论数据的整理，结合对已有研究文献的整理，本课题组综合考虑借鉴施米特（Schmitt, 1999）的研究观点，游客消费体验可以划分为感官体验、情感体验、思维体验、行动体验、服务体验五个方面，这些体验感觉也直接对游客感知服务质量产生影响。

1. 感官体验与服务质量感知

感官体验（sense）主要是游客通过视觉、听觉、嗅觉、味觉和触觉等感官来感知主题公园的各个方面。主题公园通过五种感官达成消费者刺激，通过感官冲击来打动游客，引起顾客动机，增加产品价值，并将这些价值传递给游客。例如，游客对环球度假区的外观、游乐设施的视觉效果、声音效果、气味、食品和饮料等的感受。例如以下评论："看到北京大雪，立刻出发去了环球影城哈利·波特城堡，果然是别有一番风情。拍出的照片张张是大片。""人太多，一个项目俩小时，排队迷宫不停地走。""北京环球度假区真是漂亮极了。""黄油啤酒挺特别的,满满一大杯","巡游的演员感觉没激情,没对比没怀念呀!""拍照也是超多景色，所有的地方都很迷人哦。""过山车看着就好玩。""功夫熊猫的灯光和声音做的也太差了，配不上环球影城，拉低了档位，像一般的游乐场。"旅客的感官体验是最直接的体验，通过感官可以引发游客的情感或者情绪。

通过刺激（stimuli）—过程（processes）—反应（consequences）的 S—P—C 感官体验模式，使得游客对环球度假区的服务质量有直接的反映。通过评论数据，我们发现既有强烈、正面的服务质量评论数据，也有负面的服务质量评论。

2. 情感体验与服务质量感知

情感体验（feel）主要指的是游客在主题公园中的情感和情绪体验，包括游客在园区所感受到兴奋、激动、高兴、惊恐、平静、放松等的情绪。在搜集到的评论中,很多内容都表达了游客的情感,而且大部分都是直接表达的,比如:"项目很精彩，环境令人身临其境。""过山车玩了四五次，弹射起步很刺激。""吃的太贵了，东西太贵了，还不能吃泡面，实在奇葩了！""需要暴走一天，穿舒服的鞋。"

由此，也可以看出，情感体验是在感官体验上的进一步深入，是游客在感官上的情绪表达。

通过评论数据也可以看出，不同的游客面对相同的感官体验会产生不同的情感。同样是看到"未来水世界"的起伏跌宕的故事情节，具有相似感官体验的游客的表达会有差异，如"我觉得未来水世界真是太刺激了，沉浸感很强"，"未来水世界真的很刺激，但是沉浸感没那么好，还要改进"，这也说明了，情感体验并不完全由感官体验直接获得，还受到其他因素的影响，比如游客的经历、消费水平、年龄层次、基础情感等。

以游客的消费理念为例，有的游客更关注沉浸式体验和尝试，而有的游客则注重消费约束，只需体验就行，其余的消费能减少就减少。例如，同样是功夫熊猫馆主体餐厅的特色餐饮，有的游客表示"很有特色，有食欲，价格也合理"，而有的游客则提出完全相反的观点，"这也太贵了吧，就是普通的米饭配菜"。再比如黄油啤酒，"环球影城卖的黄油啤酒不含酒精，还是值得一喝的"，"黄油啤酒都可以不算是啤酒，没有任何啤酒的味道，大家别上当，看看周边垃圾桶中没喝完的杯子就知道了"。

情感体验直接体现了游客的情绪，与消费者对服务质量的满意度直接相关联，也就是积极的情感体验，会对服务质量满意，而消极的情感体验会对园区的服务质量感到不满意。因此，园区要营造积极的氛围，使得游客产生更多的积极的情感体验。

3. 思维体验与服务质量感知

思维体验（think）主要包括游客在主题公园中通过思考和反思所获得的体验。施米特（Schmitt，1999）认为，思维体验期望的是顾客的智力参与，目标是采用一些创意的模式，使得消费者创造认知，并通过一些方法解决问题的体验。运用惊奇、兴趣等，挑起消费者进行自我思考或者群体思考，利用创意，吸引消费者参与其中，让消费者思维更好地转移到项目中来。

在环球度假区沉浸式体验中，设置了很多的创意点，引导游客进行思维体验。在侏罗纪世界大冒险黑暗骑乘的项目中，游客可以乘坐游览车与逼真的恐龙并肩而行，引导游客思考恐龙生活的时代特征，它们如何生存、猎食以及躲避袭击。这些震撼的场景，通过影视虚拟现实配合主题建筑还原技术实现，在这样的场景中,自然而然会带给游客的沉浸式体验以及思索并留下深刻的印象。北京环球度假区的沉浸式体验环境和技术是其最大的卖点,也是吸引游客的最重要元素,这些元素优于国内其他主题公园和游乐场,因此,由环境和新技术带来的思维体验,也会令游客感知其优秀服务质量。

4. 行动体验与服务质量感知

行动体验指的是游客在主题公园中所参与的各种活动和体验,游客可能会参与游乐设施、观看表演、购买纪念品、品尝食品和饮料等。在北京环球度假区中,游客的行动体验比较多,七大主题景区——功夫熊猫盖世之地、变形金刚基地、小黄人乐园、哈利·波特的魔法世界、侏罗纪世界努布拉岛、好莱坞和未来水世界,有许多需要游客参与其中的沉浸式体验项目,这些项目在游客评论中也占有较大的比重,如"打卡北京环球度假区,你可以是哈利·波特里面赫敏,也可以是侏罗纪公园中的冒险家,在这里你就是主角"。"虽然说人满为患,但是依托于良好的排队攻略,可以让你不用等待太久就可以体验到不同的项目哦。""亮点特色:各大主题游艺活动自然少不了,尤其是哈利·波特景区。穿上巫师袍,带上你的魔法棒来这里感受一下魔幻世界下的感觉。绝对是超大片的既视感。""当然,环球影城自然少不了的就是各种大片。变形金刚、海底世界、侏罗纪公园……一样一样玩的你不亦乐乎哦。""就连午餐都可以感受到浓厚的影片元素,不知道这款侏罗纪公园同款有没有 get 到你?"游客这样攻略式的评论挺多,虽然不同的游客对七大主题景区的行动体验参与度不同,但是无一例外的都对行动体验项目展示出积极的情感,如"爽了!""完美!""超级刺激""很好吃,建议大家都来尝一尝,不枉来一次"等评论。

北京环球度假区主题特色非常明显,具有强大的电影 IP。度假区将电影和电影文化为载体,再形成一定的创意,然后打造具体的旅游项目、旅游产品。电影和电影文化所宣传的内容不分种族、不分民族,各个地区的消费者都能接受,到了环球度假区,大家有共同的关于影片情节和人物的记忆,这种沉浸式的体验得到了广大民众的喜爱。同时,环球度假区的高质量建设,也为游客对服务质量的感知提供了重要的支撑,当前沉浸式的体验项目广泛出现在国内大中型公园中,但是游客的乘坐体验却有较大的差别,"在这的项目也是紧张的、刺激的,但是做了几圈下来,不觉得头晕,和北京欢乐谷完全不同呀!"

通过上述的分析,我们发现游客的行动体验与游客服务感知存在直接的联系。北京环球度假区有七大主题景区、37 处骑乘娱乐设施及地标景点、24 场娱乐演出、80 家餐饮及 30 家零售门店,游客在其中的沉浸式体验使游客能够很好的感受其服务质量。

5. 相关体验与服务质量感知

相关体验主要包括游客在主题公园中所获得的所有其他方面的体验，比如，游客可能会对公园的环境、卫生状况、服务水平等进行评价。"多增加点歇凉设备要不然中暑分分钟"，"天气越来越冷，园区到处都有接热水的地方，一定要带个保温杯，还有穿一双舒服的鞋，全园暴走（接热水方便）"。

游客的消费体验还包括了相关的服务体验，例如，游客对这个主题公园的清洁、安全和秩序等方面的感受。如果主题公园在这些方面表现出色，游客就会对整个消费体验留下积极的印象。

6. 综合分析

通过上述分析，我们发现，主题公园游客的消费体验中的感官体验、情感体验、思维体验和行动体验都与感知服务质量之间存在直接的关系。游客会用不同的感知词汇来描述其感知的服务质量，主要有如下几方面的结论。

（1）消费体验和感知服务质量范畴不同，一个是主观经历，一个是主观评价。消费体验包括游客在主题公园中的所有消费活动和经历，如购买门票、参与游乐项目、购买纪念品等。而感知服务质量则是指游客对主题公园所提供服务的主观评价。

（2）游客旅游消费体验对感知服务质量有重要影响，影响有正向的，也有负向的。在消费体验方面，游客的消费体验对他们的感知服务质量有着重要影响。如果游客对主题公园的消费体验感到满意，他们就会认为服务质量很高，从而对主题公园产生积极评价。例如，如果游客觉得门票价格合理、游乐项目有趣、餐饮设施完善等，他们就会认为这个主题公园的服务质量很高。相反，如果游客的消费体验不满意，他们就会对主题公园的服务质量产生负面评价。例如，如果游客发现门票价格过高、游乐项目不够有趣、服务人员态度不够好等，他们就会认为这个主题公园的服务质量很差。

（3）游客前期的消费期待和消费情感会影响消费体验，从而影响游客的服务质量感知。游客的消费情感也会受到他们消费体验的影响。如果游客的消费体验良好，他们就会产生积极的消费情感，从而对主题公园产生正面评价。反之，如果游客的消费体验不佳，他们就会产生消极的消费情感，从而对主题公园产生负面评价。

（4）游客的消费体验和消费情感共同影响游客消费服务质量。也就是说，如果游客对主题公园的服务质量评价越高，他们就会产生越积极的消费情感，从而对主题公园产生越强烈的旅游行为意向。反之，如果游客对主题公园的服务质量评价越低，他们就会产生越消极的消费情感，从而对主题公园产生越低的旅游行为意向。因此，主题公园不仅需要重视环境、活动项目等硬件服务水平，而且需要重视工作人员言行举止等软服务水平。同时，也需要重视游客之间的互动，因为这也会影响到游客的消费体验和他们对服务质量的感知。（见图5-9）

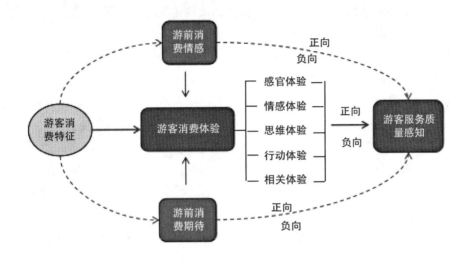

图5-9　游客消费体验与感知服务质量关系图

（二）游客感知服务质量与行为意向

本部分将延续上一小结的内容，继续探究游客感知服务质量与行为意向之间的关系，从一般意义上理解，主题公园游客感知服务质量与行为意向之间应该存在正相关关系。本部分将从游客评论大数据的角度来证实这个观点。

1. 感知服务质量

感知服务质量是游客对主题公园所提供的服务的主观感受和评价，它包括硬件服务水平和软服务水平等多个方面，多数依托问卷调查和问卷分析工具研究表明，游客的感知服务质量对其行为意向有着重要影响。

如果游客对主题公园的服务质量评价很高，他们就会更愿意推荐该主题公园给其他人，甚至计划未来再次光顾该主题公园。此外，如果游客感受到服务质量很高，他们还可能更愿意购买主题公园的商品和餐饮，以及参与主题公园的各种活动。

因此，主题公园应该致力于提高游客的感知服务质量，从而促进游客产生积极的消费情感和行为意向，增加主题公园的收入。同时，提高游客的感知服务质量也有助于提升主题公园的口碑和形象，有利于主题公园的长远发展。

2.感知服务质量各方面与行为意向

依据本研究副范畴编码产生、主轴式编码的总结过程，本报告认为，除了感知服务质量，游客对主题公园消费行为意向还受到其他因素的影响，主要包括消费体验、消费情感、服务人员表现、安全管理、目的地形象等。

从消费体验来看，游客在主题公园中的消费体验对其对服务质量的评价有着重要影响。例如，游客在购买门票、参与游乐设施、观看表演、购物等方面的体验都会影响他们对服务质量的评价。如果游客的消费体验良好，他们就会对服务质量的评价更高。如在购买门票方面，游客提到"其实很多途径都可以购票，我是携程有一些会员优惠买的，但有的途径不用会员也一样的价格，希望改进！""在携程买票很方便，预订好票之后，当天是凭身份证进入的，建议大家在网上提前预约买票"，这两个评论分别流露出积极的情感和消极情感，积极的情感提到了将方便的购票方式推荐给其他人。因此，本报告认为，主题公园应采取问卷调查、大数据分析、现场调查等方法，及时分析游客对服务质量的感知及其影响因素，提升游客传播正向情感的行为意向。

从游客消费情感来看，游客在主题公园中获得的消费情感也会影响他们对服务质量的评价，进而影响游客的消费行为。如果游客在主题公园中感受到了积极的情感，例如兴奋、激动、愉悦等，他们就会产生积极的行为。相反，如果游客感受到了消极的情感，例如失望、不满、愤怒等，他们就会对主题公园产生消极的行为。"这里的餐饮价格不便宜，但是味道确实差的会比较多，园区允许游客'自带干粮'的。"比如，这条评论是对北京环球度假区餐饮的评价，"不便宜""差"表现出游客明显对餐饮感到不满意，他的行为就是"自带干粮"的选择，把园区的一些特色饮食推荐给其他人的行为概率就比较小。比如这条评论中就提到了不一样的观点，"第二次去了，还是那么好玩！这次又买上黄油啤酒了，有股果香，哈利·波特主题区来一杯，然后在九又四分之三车站那拍个照"，这条评论中，游客感知的情感是"好玩"，而且是第二次去，这名游客的行为意向就是"又买"的选择，积极的消费情感，会有积极的消费行为意向。

从服务人员的表现来看，主题公园服务人员的表现也会影响游客的消费行为意向。服务人员应该具备良好的服务态度、专业知识和技能，能够为游客提供高质量的服务，这样才会使得游客有更积极、更开心的消费行为。如果服务人员表现不佳，例如态度冷漠、缺乏专业知识或技能不足等，就会影响游客的消费行为。比如"服务热情，尤其前台的 Jarvis（贾维斯），非常热情周到"。"那些蓝色可爱礼貌周到辛劳敬业的服务人员会让你有意外惊喜和发现！""服务人员比国内其他乐园好，有点儿国际化。还是能感到非常强烈的异域文化的。很开心。"上述这些都是对于服务人员的评价，这些评价也可以反映出来游客的情感，在一定程度上会影响其行为意向，如向他人推荐、口碑宣传、消费支付等。

从景区安全管理来看，目前国际上的环球度假区尚没有出现大型的景区安全管理事件，同时景区也编制了各种应急方案，包括人群管理方案、应急消防方案、应急救援方案等。如果主题公园存在安全隐患或者出现安全事故频发等现象，就会让游客感到不安全，从而令游客产生负面的行为意向。

从旅游目的地整体形象来看，如果旅游目的地的形象不佳，包括旅游景区脏乱差、旅游安全问题频发等，就会让游客对主题公园的服务质量产生怀疑，从而影响游客的选择和评价。北京环球度假区高品质建设以及大量的服务人员的参与维护，使得度假区的整体环境、总体形象都维护得很好。"环境整洁干净优美大方，家人们和孩子都非常喜欢！""环境很好，里面也很安全，拟人动物质量也高，还有表演节目，值得推荐。小孩子特别喜欢看拟人动物表演，还有互动环节，就是过去有点远，其他都是挺好的。""游乐园环境优美，布局合理，干净整洁，员工热情有礼貌，微笑对待每位游客，纪念品商品丰富多彩，满足不同年龄段的需求。"游客评论中提到了 56 次环境，都是正向的评价，这也反映出来游客对于北京环球度假区的总体环境是满意的。

3. 综合分析

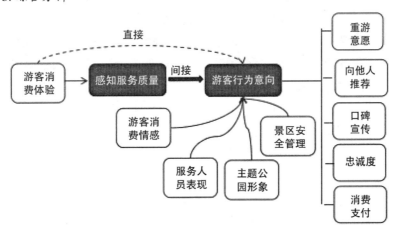

图 5-10　游客感知服务质量与消费行为意向

通过上述分析研究发现，游客行为意向与服务质量感知有直接的影响。除此之外，游客行为意向还受消费体验、消费情感、服务人员表现、安全管理、目的地形象等其他因素的影响。

（三）游客消费体验与消费情感

1. 游客消费体验、消费情感与感知服务质量

游客的消费体验包括从进入主题公园的那一刻起，到离开主题公园的整个过程。游客通过感官、情感、思维和行动等方面来感知和体验主题公园。例如，游客可以看到主题公园的景观、游乐设施、表演等，可以感受到主题公园的气氛、文化等，还可以参与各种游乐活动、购物等。"还有周边产品，可能是我欣赏不来，但是真的是贵到离谱，一个哈利·波特互动魔法棒349元，只能对着个别橱窗挥动几下，变形金刚周边一个像塑料的变形金刚卖549元，小黄人产品也是，根本没有什么新奇有趣的。"这名游客的消费体验直接影响其情感，感受比较负面，商品"贵到离谱"，导致她认为"没什么新奇有趣的"。如果互动魔法棒、变形金刚这些玩具能以比较便宜的价格出售，可能游客的消费情感会发生变化。

需要注意的是，本部分"消费体验→消费情感"与前述"消费体验→感知服务质量"部分的反映维度不一样，消费情感是游客的主观自我心理感受，感知服务质量则是游客对于主题公园所提供的服务品质的态度。而从游客的评论数据对比，也可以看出来，游客消费情感更加直接，游客的感知服务质量则有可能是间接的，是在消费情感基础上的再反映，比如"全程调动小朋友积极性，帮助摆拍，非常高效，非常非常满意，再次对工作人员表示感谢！"在这个评论中，我们发现游客对服务质量的感知来自游客"非常满意"的消费情感，而这个消费情感来自游客在园区互动式的体验活动。因此，游客消费体验对游客的消费情感的直接影响性高于游客对服务满意的感知度，主题公园要想获得游客的正向的关于服务质量的感知，可以从提升游客正向消费情感为着手点，打造能够更加满足游客需求的消费体验。

2. 游客消费体验和消费情感的互动关系

从评论数据中发现，游客的消费体验和消费情感之间的关系不是单向的，而是双向的。

（1）消费体验可以直接影响游客的消费情感

如果游客在北京环球度假区游玩过程中获得了积极的消费体验，例如，"非常愉快的一次旅行，大人孩子都玩得很嗨！""特别有意思的地方，玩得特别

尽兴。"游客玩得很开心，他们就会产生积极的消费情感，产生愉悦、放松、开心、高兴等消费情感。反之，如果游客的消费体验不佳，"排队耽误太多太多太多的时间了，带着小孩的根本玩不了多久，小孩一到下午就犯困，我也是给他们看电视才硬撑着玩，小黄人和功夫熊猫就更加无聊了，有足够的时间再带小孩去，总的来说这个门票不值得，有钱的就随意吧。"游客遇到了排队、二次消费高等问题，他们就可能产生消极的消费情感，如无聊、不值得等消费情感。

（2）消费情感也可以直接影响游客的消费体验

如果游客在环球度假区中感受到了积极的情感，比如，他们很享受未来水世界、哈利·波特、变形金刚等主题区给他们带来的刺激和快感，很喜欢观看精彩的表演等，他们就会更加沉浸在环球影视的氛围中，从而获得更好的消费体验。

反之，如果游客感受到了消极的情感，"功夫熊猫景区的戏水项目，真是一股澡堂子味道""来之前对环球度假区的期待值太高了……六百多的门票前天都在排队中度过，而且有的项目真的很幼稚，比如恐龙奇遇记，排了半个小时就为了跟假恐龙拍个照，而且项目介绍一点都不明确，很多人排了半天队都不知道是啥项目"。游客感到失望、不满等情绪，他们就可能对主题公园的印象不佳，从而影响其消费体验。

3. 综合分析

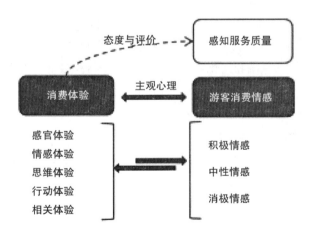

图 5-11　游客消费体验与游客消费情感关系图

通过上述分析，本研究发现游客消费体验与消费情感和服务质量感知均可以建立直接的关系，此外，游客消费体验与消费情感之间存在双向直接的互动关系。

主题公园应该注重游客的消费体验和消费情感。通过提供高质量的服务、创造良好的氛围和文化等手段，让游客获得积极的消费情感和良好的消费体验，从而吸引更多的游客并提升其满意度和忠诚度。

（四）游客消费情感与行为意向

消费情感是游客在消费过程中一系列的情感反应，包括积极情感（如愉悦、兴奋、满意等）和消极情感（如失望、不满、愤怒等）。游客的消费情感会直接影响他们的行为意向，例如是否愿意再次光顾主题公园、是否愿意向他人推荐等。

如果游客在主题公园中获得了积极的消费情感，例如，他们在主题公园中度过了一个愉快的假期、感受到了主题公园的文化魅力等，他们就会产生积极的消费情感，进而产生积极的消费行为意向。"电影主题太适合年轻人啦，门票价格也适中，哈利·波特很有意思，推荐大家去"，这样的评论意味着他们可能会计划再次光顾该主题公园，或者向他人积极推荐该主题公园。

反之，如果游客的消费情感是消极的，例如他们遇到了服务质量不佳、游乐设施故障等问题，他们就可能产生消极的消费情感，进而产生消极的消费行为意向。例如，他们可能不会再次光顾该主题公园，也不会向他人推荐该主题公园。"至于什么鹰马飞行，真是排队1小时游玩1分钟，极其无聊，不建议。""还行吧，但不值得二刷。"

因此，主题公园应该注重游客的消费情感和行为意向。通过提供高质量的服务、创造良好的氛围和文化等手段，游客可获得积极的消费情感，进而产生积极的消费行为意向，从而提升其满意度和忠诚度。

（五）游客的文化感知能力

1. 游客文化感知及影响因素

主题公园游客对本土文化的感知能力是一个综合性的概念，涉及游客对主题公园所呈现的本土文化的认知、理解和评价等方面。游客对本土文化感知能力的影响因素主要有如下几个方面。

（1）文化背景。游客的文化背景和成长环境会影响他们对主题公园本土文化的感知能力。具有相似文化背景的游客可能更容易理解和欣赏主题公园中的本土文化元素。

（2）知识水平。游客的知识水平和文化素养也会影响他们对主题公园本土文化的感知能力。具有较高知识水平和文化素养的游客可能更容易理解和欣赏主题公园中的本土文化元素。

（3）参与程度。游客在主题公园中的参与程度也会影响他们对本土文化的感知能力。参与程度较高的游客可能更容易理解和欣赏主题公园中的本土文化元素。

（4）信息来源。游客获取信息的方式和来源也会影响他们对主题公园本土文化的感知能力。信息来源越全面、准确和详细，游客对本土文化的感知能力可能就越强。

（5）情感体验。游客在主题公园中获得的情感体验也会影响他们对本土文化的感知能力。积极情感体验可能使游客更容易理解和欣赏主题公园中的本土文化元素，而消极情感体验则可能降低游客对本土文化的感知能力。

2. 游客对北京环球度假区中中国文化的感知

文化全球化的背景下，外来娱乐旅游项目与本土文化高质量融合发展，已成为其国际化品牌战略的重要组成部分，北京环球度假区也融入了多种中国元素以及京味、古都、创新等首都文化。本报告采用专家访谈和问卷调研的方法，探究了游客对北京环球度假区中中国元素和首都文化的感知。

本报告调研对象为游玩过北京环球度假区且日期距调研日期两个月内的游客，期望他们在填写问卷的时候对环球影城游玩体验和感受还保持着较为深刻的印象。在调研游客样本选择上，随机选择了获得开园体验票、在园顶岗实习两个月内的学生、自购票游客以及部分旅行社团体游客。调研问卷用问卷星编写并用问卷星实施收集游客数据。通过调研数据分析，研究发现以下内容。

（1）近90%的游客能够感受到北京环球影城主题公园的中国元素，比如中式餐饮、中式建筑、中式游乐项目、中国特色纪念品和语言文字方面等，这说明游客能够明显感知到北京环球影城主题公园与中国元素的融合。

（2）游客对北京环球度假区与中国元素的融合大多持认可态度，66.06%的游客认为融合度合适，30.77%的游客认为现有中国元素过少，建议在园区互动活动、园区公共区域员工服饰、主题IP、建筑装饰上增加中国元素。3.17%的游客认为现有的中国元素过多，认为太多的中国元素会影响对环球主题IP的感受。

（3）北京环球度假区需要进一步深化与我国本土文化融合的发展策略，主要包括，秉承融合发展理念，满足游客文化多元体验需求；重视文化符号传播效能，打造文化融合新路径；细分游客文化需求，精准化文化传递与文化融合；

坚持科技服务，引导游客形成文化认同与可持续旅游；借势品牌溢出效应，辐射首都旅游新业态的发展。

3.综合分析

在上述研究过程中发现，来自北京和河北两地的游客更多地认为北京环球度假区融入首都文化过多，分析其原因，可能是由于这两个地区的游客，生长在京冀大地，对首都文化自幼就有很深的认识，若将他们生活所熟知的文化生活过多地融入具有国际声誉的异域 IP 中，势必会引起他们的负面情绪，达不到不出家门感受异域 IP 的心理体验目标，沉浸体验感在一定程度上受挫。于此同时，来自国内南方游客、西部游客、东北省市的游客，则对首都文化在环球影城中的呈现，有了耳目一新的感触，不仅沉浸体验了异域 IP，同时也能感受北京的首都文化和中国元素。

（六）游客行为意向的形成模式总结

通过上述针对服务业的服务价值、服务质量、顾客满意度与消费者行为意向开展研究，本报告总结出主题公园游客消费行为的意向四种模式：质量感知模式、主观情感模式、文化感知模式、研究模式。

1.质量感知模式

通过游客消费体验、感知服务质量、游客行为意向的关系研究中发现，游客多维度的消费体验可以影响游客对服务质量的感知，而游客对服务态度的感知会直接影响游客的消费行为意向。（见图 5-12）

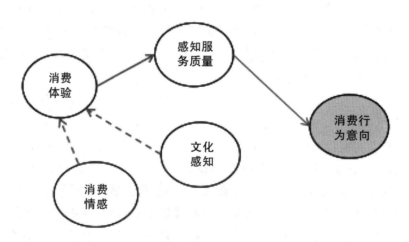

图 5-12　游客消费行为意向形成的质量感知模式

2. 主观情感模式

通过游客消费情感、游客消费体验、游客行为意向的关系研究中发现，游客消费情感可以影响游客的消费体验，从而直接影响游客的消费行为意向。此外，游客的消费体验也可以直接影响游客形成主观消费情感，从而影响游客的消费行为意向选择。（见图5-13）

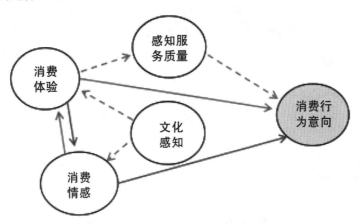

图 5-13 游客消费行为意向形成的主观情感模式

3. 文化感知模式

在游客文化感知能力和游客行为意向的关系研究中发现，游客对于异域文化的感知，可以影响游客的消费行为意向。此外，异域文化的冲击，也能间接地影响游客消费体验和游客消费情感，从而间接影响游客消费行为意向。（见图5-14）

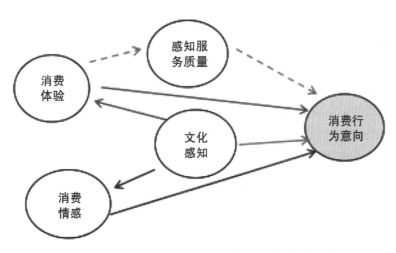

图 5-14 游客消费行为意向形成的文化感知模式

4. 研究模式

通过对上述三种消费行为意向形成模式的综合分析，系统考虑游客消费体验、感知服务质量、游客消费情感、游客文化感知、游客消费行为意向之间的关系，探究北京环球度假区游客消费行为模式形成的机制。（见图 5-15）

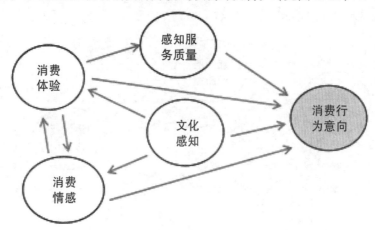

图 5-15　游客消费行为意向形成的研究模式

五、基于消费行为意向差异的游客群体研究

（一）北京环球度假区游客群体消费特征

1. 游客人群基础数据分析

北京环球主题公园于 2021 年 9 月正式开园营业，其运营主体为首寰文化，首旅集团持有其 51.93% 的股权。2023 年 1—3 月，北京环球主题公园实际对外运营天数 90 天，累计入园人数 205 万人次。度假区整体实现营业收入约 17.48 亿元，其中门票收入约 9.78 亿元，餐饮收入约 2.42 亿元，商品销售收入约 2.50 亿元，酒店收入 1.64 亿元，其他业务收入 0.77 亿元。

北京环球度假区的主要游客是北京市居民和国内的游客。根据北方近距离游客占大多数的情况，北京环球度假区自 2021 年 11 月 11 日起，推出了冬春漫游卡、非指定日双次票、两家度假酒店券，三大类产品在环球影城的飞猪旗舰店 10 小时内累计销售额达到 5 万笔。虽然当时还处于新冠疫情防控的特殊时期，但是也可以看出近距离居民对环球主体公园国际大型 IP 的青睐。

通过游客数据分析，游客的客源地主要是北京、天津、河北京津冀城市圈以及上海、苏州、广州等年轻人聚集的南方大型城市。从游客的年龄层次上看，80后、90后占比接近70%，这些人的年龄集中在25~40岁，紧随其后的是00后，占比达到了18%，这部分是以在校学生为主的10~25的国家新生力量。

从出游的目的来看，沉浸式体验、亲子游稳居前列，可以看出，年轻人和亲子家庭最喜欢环球影城，也通过购买年游客卡的形式，进行多次的游玩体验。

2. 游客群体的消费特征

通过环球影城游客消费资料显示，北京环球主题公园游客群体的消费特征主要如下几个方面。

（1）游客群体的消费具有很强的目的性。他们前往主题公园不仅仅是为了娱乐和游玩，更是为了体验不同的文化、历史、科幻等主题场景，以及与之相关的商品和服务。这种目的性消费往往与游客的个人经历、兴趣爱好、价值观等因素相关。

（2）游客群体越来越注重个性化的消费体验。与传统的游乐园相比，现代的主题公园更加注重为游客创造独特的、个性化的消费体验，如定制化的游乐设施、互动游戏、特色餐饮等。这种个性化的消费体验不仅可以让游客更好地融入主题场景，也可以提高游客的满意度和忠诚度。

（3）游客群体对于高品质的商品和服务有更高的期望。随着人们生活水平的提高，游客越来越注重主题公园内的商品和服务的品质。他们希望获得高品质的餐饮、住宿、游乐设施等服务体验，同时也愿意为此付出更高的价格。

（4）游客群体也越来越注重主题公园的社交功能。现代主题公园不仅是游客娱乐和游玩的地方，也是他们社交和交流的平台。游客喜欢在主题公园内与朋友、家人、甚至是陌生人交流互动，分享游玩的快乐和体验。这也为主题公园提供了更多的机会和挑战，如何创造更加友好、互动的社交环境。

北京环球主题公园游客群体的消费特征具有目的性、个性化、高品质和社交性等特点。

（二）游客群体差异化消费意向

前述研究表明，游客消费行为意向的产生有质量感知、主观情感、文化感知和研究四种模式，而对于不同的研究群体，游客消费行为意向也会有所差别。不同群体的游客会有不同的消费意向，消费意向的产生受到游客属性、游客兴趣、消费能力和旅游目的的影响。

（1）游客属性。不同游客属性（如年龄、性别、教育程度、职业等）对消费意向会产生一定的影响。在年龄段和家庭结构方面，北京环球度假区的游客群体年龄段非常广泛，从儿童到老年人都有，不同年龄段的游客群体的消费意向和消费能力存在差异。此外，家庭结构的差异也会影响游客群体的消费意向，例如家庭游客可能会更注重家庭共享的游乐设施和餐饮，而18~35岁年轻的青少年和年轻游客可能更注重刺激和冒险的游乐设施，40~50岁的中年游客可能更喜欢沉浸式体验、表演、4D影院，而亲子游玩家庭则更加注重孩子的体验感，年龄小一点的孩子则适合不那么惊险的游玩项目，年龄大一些的孩子则喜欢寻求刺激。

有的评论攻略中，也提出了不同游客属性的游玩项目方案，以高效的游玩，"寻求刺激派的年轻人路线（过山车爱好者）：霸天虎过山车→飞跃侏罗纪→哈利·波特禁忌之路→鹰马飞行""寻求刺激派的年轻人路线（电影爱好者）：哈利·波特禁忌之路→鹰马飞行→飞跃侏罗纪→霸天虎过山车""喜爱4D影院派：小黄人神偷奶爸闹翻天→哈利·波特禁忌之旅→侏罗纪世界大冒险→变形金刚火种源争夺战→功夫熊猫神龙大侠之旅""家庭亲子带娃派：小黄人主题的室内设施→侏罗纪主题的室内设施→大黄蜂回旋机→功夫熊猫全部项目→未来水世界→好莱坞主题驯龙高手舞台剧"。

（2）消费偏好。游客群体的消费偏好也会影响他们的消费意向，一些游客可能更注重主题场景的体验和互动，而另一些游客可能更注重游乐设施的刺激和乐趣。此外，游客群体的消费偏好还会影响他们的消费行为，例如在主题公园内的购物、餐饮等方面。在游客兴趣方面，游客的兴趣爱好也会影响他们的消费意向。例如，一些游客可能更注重主题公园的文化氛围和场景再现，而另一些游客可能更注重游乐设施的刺激和乐趣。因此，可以针对不同兴趣爱好的游客进行消费项目的优化和调整。

（3）消费能力。游客的消费能力也会影响他们的消费行为意向，有的游客可能更注重高品质的消费体验，不会特别在意高价游乐项目、VIP服务、高档餐饮等的高价支出，而另一些游客可能更注重性价比，更倾向于选择价格相对合理的游乐项目和餐饮。因此，可以根据不同消费能力的游客进行价格策略的制定和调整，因此，在制定价格策略时，主题公园需要考虑不同消费预算的游客群体的需求和购买力，以及如何在价格与服务质量之间找到平衡点。

（4）旅游目的。游客的旅游目的也会影响他们的消费行为意向，以度假为目的的游客可能更注重舒适的住宿和休闲的氛围，而以游览为目的的游客可能更注重游览项目的数量和质量。此外，不同的旅游目的也会影响游客群体的消费行为，例如在线购票、快速入园等方面。因此，可以根据不同旅游目的的游客进行旅游产品和服务的优化和调整。

（5）消费行为习惯。游客的消费行为习惯也会影响他们的消费行为意向。比如，一些游客可能更注重在线购票和快速入园，而另一些游客可能更注重现场购票和现场体验。因此，可以针对不同消费行为的游客进行售票策略和服务流程的优化和调整。

（三）服务差异群体的发展策略

1. 识别不同群体的消费特征，有针对性地制定服务策略

人民生活水平的提高增加了对休闲度假产品的消费需求，主题公园类产品成为消费热点。针对不同的游客群体，北京环球度假区也制定了不同游客套票活动方案，包括普通主题公园门票、北京环球影城年卡、礼品券、门票＋酒店家庭套餐、环球优速通等，以满足不同游客的需求。

2. 保障服务质量，注重游客消费体验和消费情感，提高游客满意度

提高环球度假区内各商店纪念品与各主题餐厅餐品的质量，提高观赏演艺类节目的表演质量，创作优质的故事情节，引起游客共鸣。此外，形成差异化服务特色，加快服务型团队建设，加强工作人员素质教育，不断优化提升服务质量，严格规范服务标准，保证服务的持续性高品质输出，要激发工作人员的工作热情和工作积极性，强化工作人员与游客的交流互动，注重游客的自我表达，让游客从有代入感的"观"转换为真正沉浸其中的"演"。

3. 秉承融合发展理念，满足游客文化多元体验需求

北京环球度假区的成功运营不仅在于好莱坞文化的成功输出，也在于跨文化融合传播对游客的吸引力。环球度假区在世界打造的好莱坞影视文化IP在不同的国家和城市有不同的特色，这是基于原先的文化IP融合当地本土文化所碰撞出来的新的文化吸引力。因为新冠疫情等影响，本次调研对象以国内游客居多。尽管在调研之初，研究者认为选择调研对国内文化非常熟悉且急于体验异域文化的本土游客，可能会因为游客过于关注好莱坞而影响调查结果。可是调研结果让研究者惊奇地发现，大部分本土游客关注到了北京环球度假区精心设置的与本土文化融合，包括他们购买沙琪玛、煎饼等小吃，也发现了中西方服饰文化的融合，装修设计上对好莱坞文化和首都文化的良好融合。因此，未来北京环球度假区可以在异域传播自身影视IP的同时，更加注重融入本土文化，满足游客多方位的旅游体验和文化旅游需求，能够收获更多的潜在游客市场。

4. 坚持科技服务，引导游客形成文化认同与可持续旅游

科技赋能景区智慧管理，借力新技术丰富内容创作，优化游客体验感。针

对主题公园普遍存在的排队时间长以及节目内容有待丰富完善等问题，北京环球度假区要积极推动数字化旅游服务设施的构建与全方位覆盖，利用文化与科技提升游客体验感。伴随全球数字经济的发展，人工智能、虚拟现实广泛应用于旅游业。当代消费者追求新、奇、快的娱乐产品，同时又被不断更新的产品所吸引。创新文化融入了北京环球度假区的方方面面，从代表了世界科技先进水平的游乐设施到炫酷特效的高科技 LED 屏幕，北京环球影城建设过程中应用了诸多中国工匠特有的工艺巧思和技术革新，如哈利·波特"禁忌之旅"采用了 360 度摄影技巧和精密的自动装置，打造 4D 情景，高速的飞翔过程加入了大量烟雾和水滴，使游客拥有沉浸式的"飞行体验"；对于地下预埋机电管，我国中铁二局机电团队采用了"BIM（建筑信息模型）+ 三维扫描"核心技术，使机电管线在无建筑结构参考定位的情况下末端中心定位精度误差不超过 1 毫米；霍格沃茨城堡下 15 米高的人工假山，表面的钢筋网片采用自主创新研发的 Chip-Tab（网片 - 挑杆）工法进行安装。通过调研发展，这些北京环球影城所创新的新科技和新工艺，大部分游客并不知晓是国内的先进工艺。如果游客在游玩前已经知道这些新的科技融入，会对游客产生更大的吸引力，恰如 2022 北京冬奥会的设计理念和先进的科技，成为众多游客和网民的打卡和自豪的地方。对于在国际知名品牌中应用了我国的先进科技，势必会给国内游客更多的文化认同和文化自信。

生态可持续发展是全世界各国人民的共识，北京环球度假区在设计、开发和建设过程中，中美双方在此问题上看法也是一致的。我国旅游业在全球应对气候变化、绿色发展、低碳发展等也做了很多积极的研究、探索和实践，从北京环球影城可见一斑，如采用正向 BIM 高精度建模设计的飞龙居综合体、荣获 LEED "能源环境设计先锋"金级认证、建筑垃圾资源化率达 97%、应用数字技术（三维技术、动态投影、全息影像等）减少实体建筑、直饮水减少塑料瓶等垃圾投放、绿色建材、绿色能源、节能设计、资源再生利用和循环利用等。这些绿色、低碳、生态环保、绿色科技的应用，不仅提升了游客感官体验，还助力了大型旅游项目的节能低碳环保，契合世界游客的节能环保理念，促使游客形成文化认同，提升游客的综合满意度。

六、研究总结与展望

（一）研究总结

1. 研究主要过程

本课题研究过程主要有如下几个方面。

（1）文献综述。针对研究课题"北京环球影城主题公园游客消费行为意向研究"的主要研究内容和要解决的关键问题，凝练"主题公园游客消费行为研究""旅游者消费动机研究""游客消费行为意向研究"三个研究基础，并围绕这三个方面进行文献综述。

（2）数据采集。在课题研究期间，课题负责人学习并获得了"1+X 旅游大数据分析"高级教员和考评员的证书，并将学习过程中所使用的金棕榈旅游大数据分析平台工具用于本项目的数据采集。由于数据量比较大，且受到携程网评论数据保护机制，本报告数据采集在金棕榈数据平台基础上，结合使用了八爪鱼数据采集器，采集到了包含游客网名、评论时间、评论数据、游客来源、游客打分、游客评价字段在内的游客留言评论数据。

（3）数据整理与数据清洗。本报告对搜集来的数据进行数据整理和分析。评论数据中有无效数据、重复数据和噪音数据，本报告采用 Excel 数据筛选的方法，将数据进行初步整理，删除无效数据、重复数据等，对数据进行清洗再整理，形成可用于分析的评论数据集。

（4）情感分析。由于数据量比较大，本报告借助 Gooseeker 情感分析工具，对评论数据进行关键词分析，得出游客的正向情感、负向情感和中性情感分类，并对各类情感的用词词频进行分析。之后采用 Gooseeker 词云分析工具，分析游客评论数据的词云图。然后，采用系统中加载的关联分析，分析不同词之间的相互关联，为后续的质性分析提供数据基础。

（5）质性分析。本报告引入质性分析工具，对游客数据进行分析。本过程安排3组人员同时开展，此外本研究过程需要大量的时间和精力，历经多次讨论，开展开放式编码、主轴式编码，逐渐形成初始范畴、副范畴和主范畴。

（6）机制分析。本课题针对质性分析所提出来的主范畴的五个方面进行关系研究，以探究北京环球度假区游客消费行为意向形成的机制。

（7）群体分析。在机制分析中发现，不同群组游客行为机制存在差异，因此开展了北京环球度假区游客群体分析，并就游客群体体验感以及对首都文化的感知进行分析。

（8）课题总结。将本课题的研究进行整理，形成研究报告。

2. 主要研究结论

本课题以游客消费行为意向产生机制为核心进行研究，综合采用游客情感分析、质性分析、问卷调查等方法，研究的主要结论有以下几点。

（1）游客感官体验、情感体验、思维体验、行动体验、其他体验与服务质量感知存在直接和间接的关系。游客的消费体验与游客服务质量感知之间存在正相关关系。

（2）游客的感知服务质量与消费者行为意向存在相关关系，游客感知服务质量好，则更倾向于再次体验或者将其推荐给朋友。因此，感知服务质量是游客体验与行为意向之间的连接体。

（3）游客消费情感受到游客消费体验的影响，游客不仅会对主题公园的服务质量进行评价，同时在游客心里会形成一定的消费情感。北京环球度假区游客消费的正向情感远高于负向情感，这也反映出来游客在环球度假区有好的消费体验。

（4）不同游客群体的服务感知与文化感知。通过游客评论数据分析和问卷分析，得出中青年游客群体是北京环球度假区的主要游客群，他们的服务感知比较敏感，注重沉浸式体验，而对本土文化的感知能力偏弱。

（二）研究展望

本研究以游客在线评论数据为基础进行研究，取得了一定的研究成果，未来随着北京环球度假区的持续优化发展，本研究提出如下研究展望。

（1）游客评论数据持续更新与分析。本报告研究期间，处于北京环球度假区新开业的两年，受到新冠疫情影响，在线评论数据的代表性和有效性存在一定的局限。未来伴随旅游业的快速反弹和北京环球度假区服务的持续优化，将会获得更多的游客数据，应用本报告的研究思路和研究过程，可以进行新一轮的研究，以期获得更有说服力的游客消费行为意向模型。

（2）基于计量经济分析的游客主题公园消费体验、体验价值和行为意向关系的研究。从北京环球度假区游客消费体验出发，采用问卷调查分析的方法和计量经济分析的方法，探究不同游客群体的沉浸式体验对体验价值和行为意向的影响，为北京环球度假区的分群体营销战略提供一定的研究支持。

本课题负责人：郝珍珍，北京财贸职业学院，副研究员，副教授。

本课题组成员：刘雁琪，北京财贸职业学院，教授；侯雪艳，北京财贸职业学院，副教授；刘洪利，首都师范大学，教授，博导；王丽娟，北京财贸职业学院，副教授；翟倩，首都师范大学，研究生；郭翠，首都师范大学，研究生；朱田田，首都师范大学，研究生；倪庆华，首都师范大学，研究生；祁建坤，首都师范大学，研究生；秦安琦，首都师范大学，研究生；喻幻，首都师范大学，研究生；钟翠，首都师范大学，研究生。

参考文献

[1] 赵莹，汪丽，黄潇婷等.主题公园演艺项目对旅游者活动空间的影响：基于时空可达性的分析 [J].旅游学刊，2017，32（12）：49-57.

[2] 梁增贤，保继刚.主题公园黄金周游客流季节性研究：以深圳华侨城主题公园为例 [J].旅游学刊，2012，27（1）：58-65.

[3] 梁增贤.基于时间节律的主题公园旅游流管理策略 [J].旅游规划与设计，2017（1）：110-115.

[4] 董观志，刘萍，梁增贤.主题公园游客满意度曲线研究：以深圳欢乐谷为例 [J].旅游学刊，2010，25（2）：42-46.

[5]Charlotte M. Echtner, J.R. Brent Ritchie. The Meaning and Measurement of Destination Image[J].Journal of Tourism Studies，1991,2(2): 37-48.

[6] Rajshekhar G. Javalgi, Edward G. Thomas, S.R. Rao.US Pleasure Travelers' Perceptions of Selected European Destinations[J].European Journal of Marketing，1992,26(7): 45-64.

[7]Xinyi Liu, Ying Zeng, Zhiyong Li, Dan Huang.Understanding consumers' motivations to view travel live streaming: Scale development and validation[J]. Tourism Management Perspectives,2022: 44.

[8] 杜佳毅，陈信康.主题乐园游客重游意愿影响机制研究 [J].科学决策，2022（6）：113-124.

[9]Frisvoll S, Forbord M，Blekesaune A.An empirical investigation of tourists consumption of local food in rural tourism[J].Scandinavian journal of hospitality & tourism, 2016, 16(1): 76-93.

[10]Martin-Santanana J D, Beerli-Pal Acio A, Nazzareno P A.Antecedents and consequences of destination image gap[J].Annals of tourism research, 2017(62): 13-25.

[11]粟路军，何学欢，胡东滨等．服务质量对旅游者抵制负面信息意愿的影响机制研究：基于 Stimulus-Organism-Response（S-O-R）分析框架 [J].旅游科学，2017（6）：30-51.

[12]施思，黄晓波，张梦．沉浸其中就可以了吗？：沉浸体验和意义体验对旅游演艺游客满意度影响研究 [J].旅游学刊，2021（9）：46-59.

[13]陈志军，徐飞雄．乡村民宿旅游地游客忠诚度影响因素及作用机制：基于 ABC 态度模型视角的实证分析 [J].经济地理，2021（5）：232-240.

[14]马天．基于扎根理论的旅游体验作用路径研究：以迪士尼主题公园为例 [J].旅游导刊，2020，4（3）：43-61.

[15]Barbara R. Lewis.Service Quality: An International Comparison of Bank Customers' Expectations and Perceptions[J].Journal of Marketing Management,1991,7(1):47-62.

[16]杨洋．旅游者消费行为代际差异研究：以出境旅游者为例 [D].湖北大学，2015.

[17]郑璐．大学生旅游动机与旅游消费行为的分析 [J].西部旅游，2020（5）：61-66.

[18]Chang Jia-li, Hui Li, Wu Jian. How tourist group books hotels meeting the majority affective expectations: A group selection frame with Kansei text mining and consensus coordinating [J]. Group Decision and Negotiation, 2023, 32(2):327-358.

[19]Parasuraman A., Zeithaml V.A. and Berry L.L. .Servqual: A Multiple-Item Scale for Measuring Customer Perceptions of Service Quality[J].Journal of Retailing, 1998:12-40.

[20]Cronin, Brady, M.K., Hult, G.T.M. Assessing the effect of quality, value,and customer satisfaction on consumer behavioral intention in service environment[J]. Journal of Retailing, 2000(76):193-218.

[21]李幼瑶．主题公园消费体验、体验价值和行为意向关系的研究 [D].浙江大学，2007.

[22]徐虹，李秋云．主题公园顾客体验质量的评价维度及前因后果研究：基于迪士尼和欢乐谷携程网上评论的分析 [J].旅游科学，2017，31（1）：57-68.

[23]姚作为，刘人怀．基于品牌关系的服务消费决策行为研究：理论模型与实证检验 [J].管理评论，2010，22（9）：59-74.

[24]姚作为．关系质量的关键维度：研究述评与模型整合 [J].科技管理研究，2005（8）：132-139.

[25]江苏佳，郑雷，郑立波．沉浸感制造与沉浸人养成：从沉浸传播角度透视环球

影城 [J]. 新闻战线，2019（8）：43-48.

[26]陈晓琴，蔡瑞林.主题公园消费体验与旅游行为意向关系分析[J].商业经济研究，2016（23）：191-193.

[27] 高李想.主题公园服务场景对消费者行为意向的影响研究 [D]. 桂林理工大学，2015.

[28]孙平，邵帅，石佳云等.基于扎根理论的短视频抖音用户出游行为形成机理研究 [J]. 管理学报，2020，17（12）：1823-1830.

[29]孙治，包亚芳.浙江购物旅游消费行为模式实证研究[J].旅游研究，2009，1（4）：67-72.

[30] 高李想.主题公园服务场景对消费者行为意向的影响研究 [D]. 桂林理工大学，2015.

[31] 刘旸.旅游者时空行为分析与旅游出行仿真模型研究 [D]. 清华大学，2019.

[32] 贾跃千.游客景区体验的构成因素及其内在作用机制研究 [D]. 浙江大学，2011.

[33] Sehiffman, L.G，Kanuk, L.L. Consumer Behavior[M]. New Jersey：Prentice-Hall, Inc, 2000.

北京国际商贸中心研究基地项目
项目编号：ZS202002
项目名称：通州区街区尺度商业空间结构特征分析及优化研究

通州区街区尺度商业空间结构特征
分析及优化研究

杨博

一、理论研究

城市的商业空间结构理论起源于海外，经过多个阶段的发展：包括最初的零售形态转变论、中央地点理论、商业位置理论、商场区域理论、聚集效应理论以及消费行为理论等。在这个过程中，商业空间的研究思路和方法已经由 20世纪 80 年代的人文主义转向经济学的交融，并吸收了来自地理学者、社会科学家及经济学者的贡献（Steinfield et al.，2001； Hernandez，2001；Cao et al.，2012；Zhou et al.，2014）。作为城市空间构造的关键元素之一，商业的空间组织方式对评价一座城市商业繁荣水平至关重要，它直接影响着城市商业设施的空间布置是否科学且是否具有前瞻性（管驰明，2003；宁越敏，2005；叶昌东，2014；王宇渠，2015；王宇渠，2015；方创琳 2016；丁亮，2017）。地理事物种类的多样性、分布状况、集中程度、差异化特性及其与空间环境之间的关联都体现在空间结构中。虽然现有的研究已经为理解城市的商业发展模式、结构特点和空间组织提供了相对完善的基础知识（Zhou Y，2014；林清，2019），但是利用调查统计信息或经济普查数据来展开研究通常会耗费大量的精力和人力资源，这可能导致研究结果的不精确和不完整，并且由于更新的速度较慢，无法适应当前的信息化社会对城市商业数量分析的需求（郭迟等，2014；杨振山，2015；邢汉发，2017；浩飞龙等，2018；曹芳洁等，2019）。

（一）商业空间分布规律的早期探索

商业功能的空间分布是多学科领域研究的热点话题。早于1916年，罗伯特·帕克（Robert Park）就已经明确表示，零售行业的利润水平在相当大的程度上有赖于对地理环境的选择。同时，普劳德富特（Proudfoot）也把20世纪初期美国的城市零售商的主导空间布局按照产品出售方式、店铺集聚还是分散以及消费者群体划分为五个类别，即中央商务区域、外部商业核心地带、主干道上的购物场所、社区商业街道、独立店面聚集处（庞天宇，2021）。这五类零售模式一直延续到今天，并随着发展得到不断的补充。沃尔特·克里斯塔勒（Walter Christaller）是一位来自德国的著名地理学者，他在20世纪30年代进行了大量关于德国南部城市及核心区域的研究工作，从而提出了一种基于三角形与六边形的"中心地理论"模式（见图6-1）。他提出传统的商业空间布局是以城市的地理中心为基准点。奥古斯特·洛施（August Losch）则于1940年的著作《经济空间秩序》（*Economic Space Order*）中，利用市场需求这一空间变量去探究位置论，深入讨论了市场的定位系统及其可能带来的最高收益，由此构建出一种名为市场定位理论的新概念，并且强调这种最佳效益的市场形式呈现出类似蜜蜂巢穴般的正六边形状。贝瑞和帕尔（B.J.L.Berry and John B.Parr）在其著作《商业中心与零售业布局》中阐明了中心地级别的存在，产品供应区域和中心功能的发展历程，提出了市场的门户人数概念，并且利用数量模型对中心地的商业结构进行了分析。

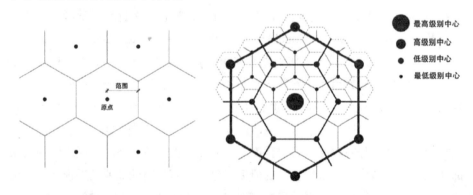

图6-1　中心地理论模型

（二）地理信息大数据对商业空间分布规律的研究

近些年，由于网络技术的飞速进步与大数据的高效可及性，新的数据来源持续出现，例如，兴趣点数据（Point of interest, POI）。这些数据包含了实体位置和属性的详细信息，比如名字、种类、定位等，它们具备大量化、广泛覆盖、高度准确、实时更新的特点，可以有效地辨识城市的商业形态及其空间布局，从而为街道级别上的城市商业区域特性分析提供了大量的支持（孙宗耀等，2017；邢汉发，2017；吴丹贤等，2017；张明山等，2018；张美芳，2018）。王芳等（2017）以北京市中心城区和近郊区为研究对象，使用 POI 数据获取该地区的商业网点信息，借助地理信息系统（GIS 技术）和区位竞争力选择模型构建了一种用于选择城市商业地点的辅助决策工具。另外，周素红等（2014）的研究则关注于商业场所的空间吸引力衰退现象，结果显示城市的商业核心地带具有显著的幂函数关系。同样，王德等（2015）利用手机信令数据比较了上海市不同等级的商圈，这些商圈等级的不同体现在消费者的活动范围、聚集程度以及对称性等方面。胡庆武等（2014）利用微博签到数据对城市商圈进行了研究，得出利用签到数据挖掘到的商圈分布与城市规划商业圈位置基本一致。池娇等（2016）利用 POI 数据对武汉城市功能区进行了定量识别，并且成功辨识出了包括商业区和其他混合功能区的各类功能区。浩飞龙等（2018）通过采用 GIS 技术中的核密度估计、区位熵指数和多距离空间聚类分析（Ripley's K）函数分析法，以研究长春市中心地区商业的城市兴趣点 POI 数据为基准，在系统分析城市商业空间布局特点的基础上，进而从城市区域空间结构分异的角度，研究城市商业空间的行业分布及集聚特征。焦耀等（2015）利用 POI 数据的特性，建立数据库，分析多要素相互作用下广州市商业业态空间布局，并考虑工业产品发展趋势、城市用地、城市交通发展趋势以及消费者行为习惯，通过研究广州市的土地使用规模与空间结构及其城市化扩张的方向趋势，研究出了城市用地增长与地产的规模增长及其与城市商业产品和服务空间之间的关联关系。

（三）城市街区商业空间结构特征分析方法研究

通常，对城市街区商业空间结构特征的研究会利用地理空间信息作为数据来源，并借助 GIS 的空间分析技术去探究城市商业形态的空间分类、排布、集中与差异化特性，以此揭示城市商业空间配置的有效性和改进空间的可能性，从而向城市的规划和高效率的发展过程提供科学性的指导依据。

1. 核心商业中心区识别

对于城市的商业核心地区，我们可以采用核密度分析技术（陈蔚珊，2016；薛冰等，2018；林清，2019），该技术使用移动样方来估计空间点位分布的集聚程度。此外，这种方法也被广泛应用于空间热点的探究，它可以借助空间平滑处理方式去解析点位信息的数据空间组织特性。比如，我们根据 POI

数据的核密度估算结果绘制出标准差值等值线的图形，从而确定城市 CBD 的边界（Ord J K et al.，2010）；另外，也可以依据商业 POI 数据进行广州市商业活动热点及零售业态集中地区的空间特性的探讨（陈蔚珊，2016）。

2. 城市街区商业集聚特征分析

城市街区商业的集聚特征是在基于对商业设施网点密度分析的基础上，分析商业设施的空间集聚状况，以此判断不同空间的商业设施集聚等级，分析不同集聚等级的区域分布特征（张艺真，2018；殷立琼，2018；林清等，2019；祝晔，2019；宋辞等，2019）。POI 热点在城市街区的尺度上一般是用其特定的属性来衡量的，记录局部区域内某一属性的空间集聚程度。局部莫兰指数（AnselIn Local Moran's I）与热点分析（Getis-Ord G_i*），是两种比较常见的局部特性测量指标。因为局部 Moran's I 仅表现出在空间上相近或不同程度的观测值空间集聚现象，而并不体现出该特性值的高低。所以，应当使用 AnselIn Local Moran's I 指标确定要素属性值的空间自相关性，并经 Getis-Ord G_i* 统计指标的运算，反映研究区内商业设施空间上的聚集情况，进而可对城市商业集聚热点区域变化情况进行分析（曹芳洁等，2019；邢汉发等，2019；翟青，2020；周丽娜，2020）。

3. 城市街区商业行业分异特征分析

因为商业职能的多样化，使得各种类型的商业业态在空间上有显著区别。商业设施的配置在不同的空间尺度下，其分布特征可能会发生改变。在小尺度上，其分布可能表现出集聚态势，但在大尺度上有可能呈现随机分布或者均匀离散分布。比较有效的工具是使用 Ripley's K 函数来研究空间结构（葛宏立，2008；尤海舟等，2009；秦丰林，2014；李强，2016；刘钰欣等，2017；文英姿，2017）。不同于热点分析的特征，可对一定距离范围内商业设施空间聚类特征或扩散特征进行空间相关分析，表明其随中心点的空间聚集或空间扩散是如何变化的，确定商业配置在某一距离范围内统计意义显著的聚类或离散。区位熵是另一个反映商业业态空间分异特征的指标（郭宏盼，2020；吴康敏等，2018；张志斌等，2018），常被用于研究区域主导产业的专业化水平，有助于评估某个商业模式的空间差异性。区位熵指标可以表征不同商业业态在不同区位的发展优势程度，其值越高则越表明该类型的商业业态在该区域的主导作用越高。

（四）城市街区商业空间结构与优化布局研究

伴随着社会的进步和经济发展，城市的范围持续扩大，而商业核心区作为一个城市中最具活力的因素，它汇聚了各类功能元素、人群及交通路线，并能满足多元化的城市空间需求。这种区域对于城市空间形态变化具有重要影响作用（Weltevreden，2007；Calderwood et al.，2014；周长林等，2015）。城市街区商业的空间结构的形成是其商圈的培育与发展过程，商圈的扩大与成熟也使得城市中心的功能更加完善（胡新，2003；管驰明，2003；方创琳，2016；叶昌东，2014）。商业活动的空间组织特性对于商业运作具有关键影响，合理的配置能有效推动经济发展并满足消费者需求（Krizek et al.，2005；Cao et al.，2013）。城市核心区的商业分布与其发展的关联度极大，也直接关系到民众日常生活，因此必须有科学且合理的商业设计来推进城市的健康成长，以满足人们的需求（孙铁山，2013）。伴随着北京市副中心项目的实施，通州区需要引领约60万至80万的市区人群迁移至此地，为了提高都市管理效率和生活质量，我们亟需研究和改善城市商业区域的布局及其优化策略。

街道设计要素与商业分布之间的关系，近几年的研究主要包括：库萨利、欧文等（Mohammad Javad Koohsari，Neville Owen et al.）人通过探讨土地利用多样性与步行交通网络系统之间的关系，结论得出可步行性（Walkability）量值较高的街道地区拥有更多的商业用地（Koohsari et al.，2016）；徐磊青和施婧（2017）以问卷调查和客观测量为主要研究方法，通过分析上海市三条商业街的可步行性活力，认为历史建筑、舒适的空间尺度等均能促进商业街的步行活力；张书瑜和张琳玥（2019）对商业街区的相关研究中，认为街道的高宽比是影响商业活力的主要因素，并且指出街道空间的连续性对商业功能的影响。不难发现，街道设计要素与商业分布的关联性研究中更多是关于可步行性问题的探讨，三者互为因果。基于此，在对于可步行性的研究发现中，徐磊青等人基于建筑界面和绿视率测量人在街道上行走的体验感受，得出不同的建筑界面对步行者影响感受不同，以灰空间界面为最佳，实墙界面最无趣，绿视率对步行体验的影响位于两者之间（徐磊青等，2017）。

（五）研究述评

1.跨学科研究的必要性

随着"互联网+"时代的到来，大数据分析为城市街区尺度的商业空间结构研究提供了可行的途径，而街区商业类POI数据的获取与分析是本研究有效的研究途径。该领域未来的研究趋势必须以应用为主要目标，以地理信息系统、城市地理学、区位经济学等多学科交叉的综合研究为手段，才能有效地推进城市商业业态的适宜性研究由定性向定量化方向发展。

2. 基于 GIS 的城市街区商业空间结构研究缺乏系统性

目前，利用 POI 数据研究城市商业空间结构方面大多比较片面，如分别就城市的商业中心区识别、网点聚集程度、类型功能区划分等，尚没有对城市街区尺度商业类型、格局、聚集、行业分异等特征进行系统性研究，造成主观性较强。因此，开展系统化的城市商业空间结构的研究十分必要。

3. 城市街区商业空间结构及优化的研究还远远不够

结合传统的理论和地理信息空间分析方法，有助于提升城市商业的发育规律与演变机制、结构特征与空间布局以及功能范围与优化配置等方面的研究，然而仍然存在许多亟待解答的问题。例如，在大数据背景下如何进一步细分城市商圈的空间构造，深入理解城市商业空间结构与其周围自然资源和人文因素之间的关联等，这些都要求相关领域专家们持续探究。

二、研究数据和研究方法

（一）研究设计

基于通州区街区商业类 POI 数据，运用 GIS 空间分析方法，定量化描述通州区核心商业中心分布、街区商业业态空间聚集度、行业分异等空间结构特征，分析通州区街区商业业态分布的制约因素及适配性等，探讨通州区商业业态优化配置与城市高效发展的关系，为通州区城市规划和商业发展提出可供参考的科学依据。

1. 城市商业空间结构的形成、特征与演变机理研究

通过文献检索、资料收集和专家访谈，基于商业中心区位、商圈理论、商业设施集聚等相关传统理论，分析当代城市商业空间结构体系的形成及演变特征；基于 GIS 空间分析手段，系统性探讨新型城市商业空间结构特征及优化布局的研究框架。

2. 城市街区尺度商业空间结构特征因子分析

根据 GIS 空间分析理论与方法，梳理城市街区尺度商业空间结构特征及演变机理，遴选可用于表征城市商业中心区、商业设施空间集聚与离散、商业行业分异等空间特征的因子，建立系统性的城市街区商业空间结构特征分析指标体系。

3. 通州区街区尺度商业空间结构特征分析

基于通州区街区商业类 POI 数据，运用核密度方法识别通州区不同职能

类型的商业中心，判断其冷、热点分布和等级结构特征。利用 Anselin Local Moran's I 和 Getis-Ord G_i^* 等指数，分析通州区街区商业各业态的空间集聚或离散特征，判断不同空间的商业设施集聚等级，分析不同集聚等级的区域分布特征；利用 Ripley's K 函数和区位熵等指标，分析通州区街区商业各业态在不同空间尺度上的集聚差异程度，判断商业各功能区块之间的差异及主导功能。（见图 6-2）

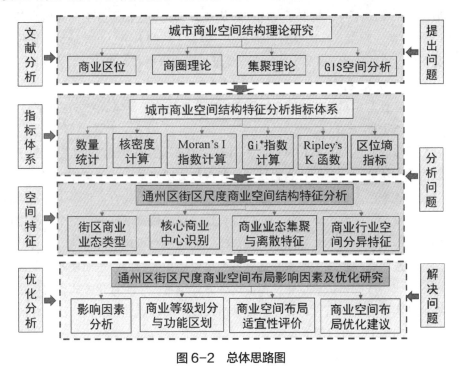

图6-2　总体思路图

4.通州区街区商业空间结构影响因素分析及优化研究

通过理论研究与实践分析，结合通州区城市定位和商业空间结构特征，对通州区各商业业态影响因素及适配性进行评价分析，探讨商业功能区布局及等级划分，为通州区商业的空间布局优化提供参考性建议。

（二）研究数据

本文选用了两个数据来源：高德地图和美团。为了研究通州区域内的商业点信息，我们在 2019 年 6 月选取了高德地图的 POI 数据。经过纠偏和地址匹配，我们从研究区域中取得了共 32748 条商业点信息，然后按照业态进行了合并划分。为了确定数据的真实可用性，我们采用了抽样调查和电话询问等方法。与此同时，我们还获取了通州区 2019 年的路网矢量地图，该地图包含了主干道路如高速公路和环路，以及次干道和支路等城市内的道路。美团是国内领先的生活服务电子商务平台，拥有美团、大众点评、美团外卖等消费者熟知的 App，服务涵盖餐饮外卖、酒店、电影、休闲娱乐等多个服务行业品类，业务覆盖全国 2800 个县区市。美团人均交易用户总数达 4.1 亿，用户接近 8600 万，平台活跃商家总数达 580 万，能够有效地代表现实生活需求。我们利用爬虫软件鱼采集器这个爬虫工具，爬取了美团网通州地区美食和生活服务类商家信息条，共计 1673 条。爬虫工具采集的主要字段，包含了店铺名字、商家地址、评价、消费评分、消费数量、商品类别、商家地址、平均价格和所在城市、关键词等。

（三）研究方法

采用定性与定量分析相结合的研究方法开展研究。具体研究方法如下。

1. 核密度估计法

核密度估计法是一种在概率论中用来估计未知的密度函数的方法，属于非参数检验方法之一。其核心思想是通过非参数方法来估计基于核作为权重的随机变量的概率密度函数，基本步骤是利用给定的样本点集合，将每个样本点视为概率密度函数的某个点，然后通过计算这些点的核密度来估计整个概率密度函数。在基于商业类 POI 数据识别城市核心商业中心可运用此方法。通过利用核函数，按照点或折线等要素来估算各个单位体积的数值，进而使各个单位体积内的点或折线的密值连续化模拟。这种方式也是一个可视化方式，可以用来描绘地理实体的集聚特性，并在研究城市尺度下的热点地区中被广泛应用（曹芳洁等，2019）。可以用下式表示：

$$f(x) = \sum_{i=1}^{n} \frac{1}{h^2} \left(\frac{x-c_i}{h} \right)$$

式中，$f(x)$ 为空间位置点 x 的核密度预测值；h 为带宽（即核密度函数的搜索半径）；n 为 POI 的总量，$x-c_i$ 为两个 POI 点位的距离。

2. Getis - Ord G_i^* 统计指数法

一般来说，城市尺度的 POI 热点分布以局部特征为主要衡量标准，针对每个空间单元的局部情况，对某个区域特征的空间聚集程度进行描述。Getis-Ord G_i^* 是对数据集中的每一个要素进行统计，通过计算 z 得分（G^* 值）和 p 值，得到高值或低值要素在空间上发生聚类的位置（周鹏等，2018）。可以用下式表示：

$$G^* = \frac{\sum_{j=1}^{n} P_{ij} Q_j}{\sum_{j=1}^{n} Q_j}$$

式中，P、Q 是第 j 个空间单元的要素属性数；n 是 POI 数；P_{ij} 是空间权重矩阵。在局域 Getis – Ord G_i^* 中的量可以检验，并通过相应的标准化形式 (z 值) 表示，如果 G^* 值 (z 值) 是正数，则表明很显著，因为这表示了空间单元周围的数值相对较高，构成了高值空间集聚；否则，说明空间单元 i 为低值空间集聚。

3. 最临近距离指数

我们使用最临近距离来研究各种商业形态的聚集特性。最临近距离指标（Nearest Neighbor Index，NNI）是一种衡量最近邻点均距和预期近邻点均距之差的方法，它可以用来评估与随机分布模式之间的偏离程度（王士君等，2015）。

$$NNI = d_{NN} / d_{ran}$$

式中，d_{ran} 表示为最近邻距离；d_{ran} 表示为期望平均最近邻距离，d_{ran} 的值可以通过下式得到：

$$d_{ran} = 0.5\sqrt{A / N}$$

式中 N 为研究样本个数；A 为研究区域的面积。当 NNI 值等于 1 时，表明研究区内的样本数量呈现随机的分布特点；当 NNI 值小于 1，则表明样本点呈现高度集中的均匀分布特性；当 NNI 值大于 1，则表明样本点呈现均匀的离散分布特性。可以通过 z 检验来测试结果的准确性。

4. K 均值聚类

K 均值聚类算法是一个典型的聚类算法，其核心是使用样本点之间的距离来评估特征相似性。根据该算法，距离越近的两个对象相似度越高。一般认为，样本点的集聚团状特征是由距离接近的点要素组成的，因此这种集聚特征是该算法追求的最终目标（佟昕，2018；方博平等，2021）。可以用下式表示：

$$V = \sum_{i=1}^{k} \sum_{x_j \in s_i} (x - \mu_i)^2$$

5. 区位熵

区位熵是一种用来描述城市空间结构的指标，也是衡量某一区域要素的空间分布情况，反映某一商业业态的专业化程度以及某一区域在高层次区域的地位和作用等方面的指标。它通过计算某一区域内某种功能设施的分布密度与相同功能设施在更大区域内的分布密度之比，来衡量该设施在该区域内的集中程度。区位熵越大，说明该商业业态在城市中分布越不均匀，集中度越高；相反，区位熵越小，说明该商业业态在城市中分布越均匀，分散度越高。可以用下式表示：

$$S = {}^{e}_{K-A} \Big/ {}^{e}_{K}$$

式中，S 为区位熵；${}^{e}_{K-A}$ 为区域 K 中行业类型 A 的网点数量与整个区域内行业类型 A 的所有网点总数的比值；${}^{e}_{K}$ 为区域 K 中总的网点数量与整个区域中网点数量的比值（浩飞龙等，2018）。

6. 多距离空间聚类分析（*Ripley's K* 函数）

在不同的空间尺度下，要素的空间分布特征可能会发生改变。在小尺度上，其分布可能表现出集聚态势，但在大尺度上有可能呈现随机分布或者均匀离散分布。通过对比每个网点在其半径内的邻居个数，衡量点要素是否空间聚集（王士君等，2015；浩飞龙等，2018）。*Ripley's K* 函数是可以分析在不同空间尺度上，空间点要素所表现出来的分布模式。计算公式为：

$$K(d) = A \sum_{i}^{n} \sum_{j}^{n} \frac{W_{ij}(d)}{n^2}$$

式中，A 为调查区域面积；n 为各行业的商业网点数量；d 为研究距离阈值；$W_{ij}(d)$ 为在距离范围内，某一行业商业网点 i 与网点 j 之间的距离。贝萨格（Besag）提出用 $L(d)$ 代替 $K(d)$，并对 $K(d)$ 进行了开方的线性变换，以提高方差贡献率和稳定性。一般可以用下式表示：

$$L(d) = \sqrt{\frac{K(d)}{\pi}} - d$$

$L(d)$ 与 d 的关系可以检验在距离 d 范围内各零售行业的空间分布格局。$L(d) = 0$，表示该商业业态呈现随机的分布特征；$L(d) > 0$，表示该商业业态呈现集聚的分布特征；$L(d) < 0$，表示该商业业态呈现出分散的分布特征。

三、通州区街区尺度商业空间结构特征分析

（一）数量密度特征

北京市通州区的行政区划，现包括四个街道、十个镇和一个乡，包括中仓街道、新华街道、北苑街道、玉桥街道、永顺地区（镇）、梨园地区（镇）、

宋庄镇、张家湾镇、漷县镇、马驹桥镇、西集镇、台湖镇、永乐店镇、潞城镇和于家务回族乡等地。通过互联网地图上的网络爬取，我们获得了覆盖整个通州区商业地点的 26736 个 POI 点。这些信息点根据商业业态和职能划分为综合购物、生活服务、公共服务、餐饮住宿、休闲娱乐和金融服务等六个商业业态类型（见表 6-1）。由于城市发展的历史、城市规划、人口密度和道路网络结构等因素的影响，通州区的不同业态网点在空间分布上存在明显的区域差异。综合购物类网点的比重最高，占总数的 29.03%，其次是生活服务类（25.06%）、公共服务类（24.11%）和餐饮住宿类（14.72%），比例较低的是休闲娱乐类和金融服务类，分别为 4.22% 和 2.85%。这表明通州区的商业仍然以传统商业业态为主导发展（杨博等，2021）。

表 6-1　通州区各业态商业网点数量的统计分析

业态类型	POI 点属性	数量 / 个	比例 / %
综合购物类	大型商场、家居建材、超市、专卖店和便利店等	7761	29.03
生活服务类	居民服务场所、修理站、洗衣店、汽车服务、美容美发、物流仓储、生活服务相关等	6700	25.06
公共服务类	政府机构、社会团体、科教文化服务、医疗保健服务、交通设施等	6447	24.11
餐饮住宿类	宾馆、旅馆、招待所等住宿餐饮服务等	3936	14.72
休闲娱乐类	风景名胜、旅游胜地、电影院、运动健身场所、度假疗养中心、其他娱乐场所等	1129	4.22
金融服务类	银行机构、保险公司、自动取款机、证券公司等	763	2.85

从表 6-2 的统计数据可以看出，马驹桥镇和玉桥街道均超过 3000 个；北苑街道、宋庄镇、永顺地区（镇）、梨园地区（镇）和张家湾镇次之，在 2000~3000 个；中仓街道、潞城镇和台湖镇再次之，在 1000~2000 个；漷县镇、新华街道、西集镇、永乐店镇和于家务回族乡则分布较少，低于 1000 个。若按城中心区[①]统计，POI 点数量为 12998 个，占通州区 POI 总数的 48.62%，接近半数。就密度而言，通州区平均 POI 分布密度为 29.86 个 / 平方千米，城中心区的六街道和区（镇）均超过该值，北苑街道的密度最高，达到 445.81 个 / 平方千米，远远超过商业网点的平均密度。除城中心区外，只有马驹桥镇商业网点的密度超过平均值，为 43.74 个 / 平方千米，其他镇和乡均低于平均值，其中漷县镇、

---

① 含新华街道、北苑街道、中仓街道、玉桥街道、梨园地区（镇）、永顺地区（镇）。

西集镇、永乐店镇和于家务回族乡均不足 10 个 / 平方千米（杨博等，2021）。由此可见，通州区商业网点分布的内部结构差异较大，城中心区是商业网点数据和密度的高值区。

表 6-2　通州区各行政单元业态商业网点拥有情况表

	类型	餐饮住宿类	生活服务类	公共服务类	金融服务类	休闲娱乐类	综合购物类	总数
全区	数量（个）	3936	6700	6447	763	1129	7761	26736
	密度（个 / 平方千米）	4.40	7.48	7.20	0.85	1.26	8.67	29.86
城中心区	数量（个）	2115	3427	2725	512	462	3757	12998
	密度（个 / 平方千米）	29.66	48.05	38.21	7.18	6.48	52.68	182.25
宋庄镇	数量（个）	331	504	865	46	108	720	2574
	密度（个 / 平方千米）	2.86	4.36	7.48	0.40	0.93	6.23	22.27
马驹桥镇	数量（个）	622	1149	657	40	101	1027	3596
	密度（个 / 平方千米）	7.57	13.98	7.99	0.49	1.23	12.49	43.74
张家湾镇	数量（个）	202	524	569	24	86	646	2051
	密度（个 / 平方千米）	1.93	5.00	5.43	0.23	0.82	6.16	19.56
漷县镇	数量（个）	80	214	276	21	22	343	956
	密度（个 / 平方千米）	0.70	1.88	2.43	0.18	0.19	3.02	8.41
西集镇	数量（个）	27	102	164	13	129	120	555
	密度（个 / 平方千米）	0.30	1.12	1.80	0.14	1.41	1.32	6.09
台湖镇	数量（个）	327	406	469	41	63	561	1867
	密度（个 / 平方千米）	4.56	5.66	6.53	0.57	0.88	7.81	26.01
永乐店镇	数量（个）	44	112	189	17	21	227	610
	密度（个 / 平方千米）	0.41	1.05	1.78	0.16	0.20	2.13	5.73
潞城镇	数量（个）	139	204	411	42	124	243	1163
	密度（个 / 平方千米）	1.91	2.81	5.66	0.58	1.71	3.34	16.00
于家务回族乡	数量（个）	49	58	122	7	13	117	366
	密度（个 / 平方千米）	0.74	0.88	1.85	0.11	0.20	1.78	5.56

注：城中心区包括中仓街道、新华街道、北苑街道、玉桥街道、永顺地区（镇）、梨园地区（镇）等。

就区域拥有量情况分析，六类业态网点主要集中于城市核心地带，马驹桥镇和宋庄镇次之，其他乡镇数量较少。从网点密度看（见表6-2），城中心区的综合购物类、生活服务类、公共服务类、餐饮住宿类、休闲娱乐类和金融服务类的密度均为通州区最高，分别为52.68%、48.05%、38.21%、29.66%、7.18%和6.48%，远超本区各业态商业网点密度的平均值（分别为8.67%、7.48%、7.20%、4.40%、0.85%和1.26%）。从各业态网点的结构来看，通州区全区以综合购物类的分布密度最高，其次是生活服务类、公共服务类、餐饮住宿类、休闲娱乐类和金融服务类的分布密度则较低；城中心区呈现出类似的分布规律。其他乡镇则有所不同，如宋庄镇以公共服务类和综合购物类分布密度较高，休闲娱乐类和金融服务类较低；马驹桥镇的生活服务类和综合购物类的分布密度较高，相比之下，金融服务类和休闲娱乐类的分布密度较低；其他乡镇各业态网点分布密度较为均衡，但普遍分布密度较小。这表明各行业网点的空间布局不平衡，作为通州区的中心，城中心区拥有较强的商业吸引力，因此商业网点大多选择在此布局。

（二）空间总体分布特征

通州区的城镇空间结构呈现出"一城三辅四重点"的模式，"一城"即承接中心城功能与新增职能的通州新城城区；"三辅"即新城的重要组成部分宋庄镇、潞城镇与张家湾镇，是县城行政功能的主要承载空间与城市功能一体化的关键环节；"四重点"即漷县镇、台湖镇、西集镇和永乐店镇，是通州城的主要经济发展支柱城镇，又是承载农业人口向城区迁移、解决农村剩余劳动力就业问题和资源节约的主要工业重镇。

通州的商业空间布局与城镇的空间结构相辅相成，为分析通州区商业网点的空间分布特征，对POI数据进行核密度计算。计算结果发现：商业网点整体上表现出多中心聚集与外围分散并存的分布特征（见图6-3）。从地理区位来看，以城中心区为主中心密集分布，宋庄镇和马驹桥镇为两个副中心。主中心以新华西街、新华东街沿线密集分布，是通州区具有较强商业金融吸引力和行政吸引力的商业中心区域。宋庄镇和马驹桥镇政府所在地为两个副中心，近年来，随着经济发展，吸引了众多商家纷纷在此开设商铺，商业发展潜力巨大，成为较之主中心区外的次商业中心，商业空间结构表现为"多点牵头、节点特色"的网络型格局。"多点"包括由城市副中心形成的主导核心点，亦庄新城形成的经济增长点及永乐店新市镇主导的区域联动点，各城镇在网络体系中发挥自身优势，进行职能分类分工、信息链条整合，形成新城区与城镇协同相生的局面，

并呈现出城镇向高水平均衡发展的趋势。（见图6-3）

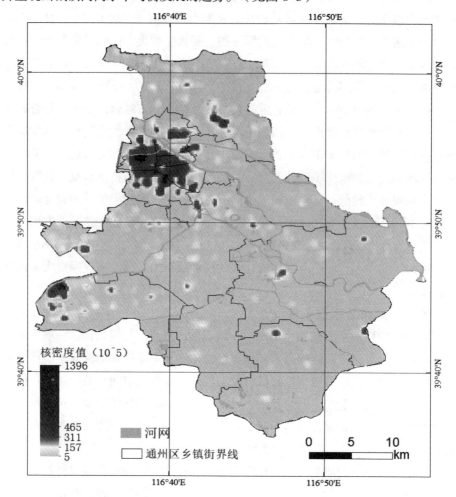

图6-3　通州区服务类POI核密度分布图

（三）各商业空间分布特征

从通州的规划战略和政策指导方针分析，各个地区的发展方向有所不同但又相互补充。城中心区（行政服务核心区、高端商务中心区）主要承载高端商务商业发展引擎，高端商务装备产业；宋庄镇（文化创意聚集区）、潞城镇（智慧城市服务区）、台湖镇（演艺文化聚集区）和马驹桥镇（智慧物流口岸区）则被视为新城区的功能扩展，旨在提高城乡一体化的承载力；张家湾镇（文化旅游涉猎区）、西集镇（休闲旅游观光区）、漷县镇（古镇文化特色区、医疗康体带动区）作为城镇功能转型提升，致力于推动文化交流创意产业、旅游休闲联动产业、健康服务培育产业和生态保护保障产业；于家务回族乡（籽种农业研发区）和永乐店镇（智慧生态创新区）是区域功能协调增长区，新型产业发展孵化基地，专注于科技创新型的农业能源产业和智慧生态先驱型产业的研究与开发。

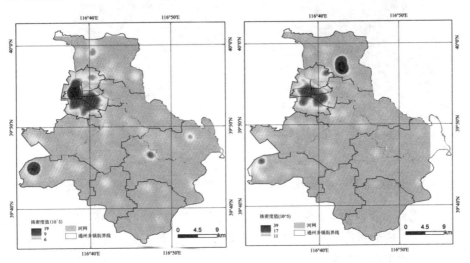

图6-4　餐饮住宿类POI核密度分布图　　图6-5　生活服务类POI核密度分布图

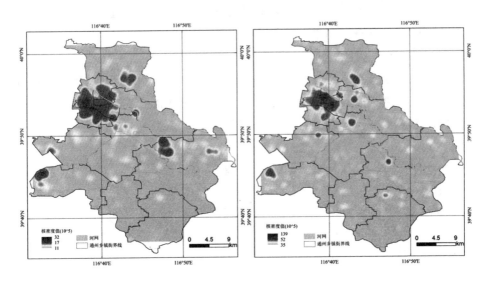

图6-6　公共服务类POI核密度分布图　　图6-7　金融服务类POI核密度分布图

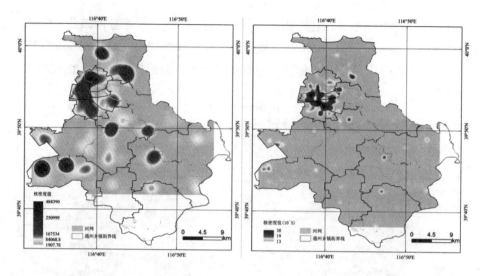

图 6-8　休闲娱乐类 POI 核密度分布图　　图 6-9　综合购物类 POI 核密度分布图

　　根据商业业态的空间集聚程度（见图 6-4 至图 6-9），不同类型的商业业态展示了不同的集聚特点，由于业态结构的不同，综合购物和生活类商业中心的集聚程度最高，呈现在中心城区的集中趋势。其次是餐饮住宿类、金融服务类和公共服务类商业中心，明显集中在通州区的核心功能区和扩展区。而休闲娱乐类商业中心则呈现出较为分散的放射状分布（曹芳洁等，2019）。

　　综合购物类集聚区与满足城市居民基本生活需求的商业功能紧密相连，聚集在商业中心和新兴区域的核心位置，形成点状融合生长的模式。

　　生活服务类集聚区主要位于城中心区和宋庄镇，其集聚区域大致对应着市区内的综合商业核心区的分布情况，并呈环状向外扩展，逐渐减少密度。这种模式不仅注重距离市民最近的服务点，同时也追求服务的覆盖面最广，因此在城市的边缘住宅区也开始出现新的聚集群体。

　　餐饮住宿类集聚区主要位于城中心区和马驹桥镇，其集聚区域与中心城区内生活服务类、金融商务类和公共服务类有着互补性的分布模式，这表明这些服务型商业与其他类型的商业紧密相连，并展示出了一种寄居生存的趋势。

　　金融商务类与公共服务类商业呈现相似的聚集模式，形成了密集的多点型聚集现象，城中心区分布高度集中，该区域集聚了大量的政府企事业单位、商业机构等。然而，伴随着北京市副中心的发展，一些重要的公共服务和商务任务正在向新的城市发展区域转移。

　　休闲娱乐类在各区形成了不同的密集度聚集点通州区的休闲娱乐设施表现

出显著的分散布局特征，并采用多个集中点的群落型增长策略。近些年，伴随着北京市副中心的推进，休闲娱乐业的郊区化现象日益明显。

（四）各商业空间分异特征

1. 区位熵特征

从区位熵测度结果来看（见表6-3），各业态网点在不同区域的专业化程度不同。从不同业态商业网的专业化程度来看，餐饮住宿类以马驹桥镇、台湖镇和城中心区专业化程度较高；生活服务类以马驹桥镇、城中心区和张家湾镇专业化程度较高；公共服务类以于家务回族乡、宋庄镇和潞城镇专业化程度较高；金融服务类以城中心区和潞城镇专业化程度较高；休闲娱乐类以潞城镇和西集镇专业化程度较高；综合购物类以漷县镇和永乐店镇专业化程度较高。城中心区表现出行业集聚的特征，综合购物类、生活服务类、金融服务类和餐饮住宿类专业化程度较高，这与城市中心的职能密切相关，作为较早发展起来的城市核心，吸引了大量的基础商业网点。

表6-3 通州区各业态商业网点区位熵

辖区	餐饮住宿类	生活服务类	公共服务类	金融服务类	休闲娱乐类	综合购物类
城中心区	1.08	1.05	0.87	1.38	0.84	1.00
宋庄镇	0.86	0.78	1.40	0.63	0.99	0.96
马驹桥镇	1.15	1.28	0.76	0.39	0.67	0.98
张家湾镇	0.66	1.02	1.16	0.41	0.99	1.08
漷县镇	0.56	0.90	1.20	0.77	0.55	1.24
西集镇	0.32	0.74	1.23	0.82	5.51	0.74
台湖镇	1.17	0.87	1.05	0.77	0.80	1.04
永乐店镇	0.48	0.73	1.29	0.98	0.82	1.28
潞城镇	0.80	0.70	1.47	1.27	2.53	0.72
于家务回族乡	0.89	0.63	1.39	0.67	0.84	1.10

注：城中心区包括玉桥街道、中仓街道、北苑街道、新华街道、梨园地区（镇）、永顺地区（镇）等。

2. Ripley's K 函数特征

通过对通州区生活服务类、综合购物类、餐饮住宿类、公共服务类、休闲娱乐类和金融服务类商业网点进行 Ripley's K 函数特征分析，以进一步探究商业网点空间分异格局，分析各业态网点区位选择的最佳范围，发现不同业态网点在不同空间尺度上的聚集特征。Ripley's K函数分析结果如图6-10，图中观测值L（d）值均大于上包迹线，说明六类商业网点空间分布都呈显著聚集性。通州区各类商业网点的L（d）值在1~11千米的距离空间内都大于0，并且全部通过检验，说明各类商业网点在研究范围内显著性集聚。从L（d）函数曲线变化趋势来看（见图6-10），随着距离的增加，曲线呈现出先缓慢增长后又缓慢降低的曲弓形变化，即在一定距离范围内先集聚后分散，但其峰值不同，表

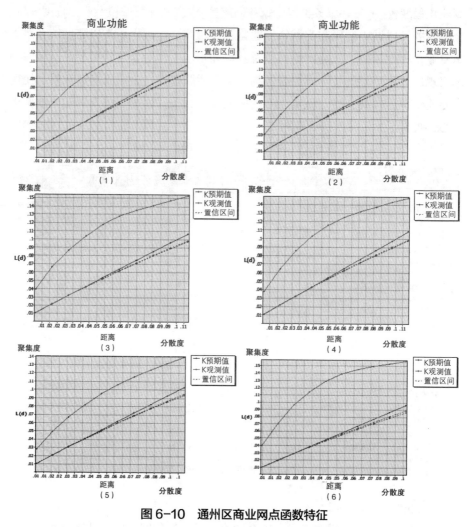

图6-10　通州区商业网点函数特征

注：（1）综合购物类；（2）公共服务类；（3）生活服务类；（4）餐饮住宿类；（5）休闲娱乐类；（6）金融服务类。

明六类业态网点区位选择的距离阈值存在差异。其中生活服务类的峰值在6千米左右，说明当d达到6千米左右时通州区生活服务类商业空间集聚强度最大；综合购物类、餐饮住宿类和金融服务类的峰值均在5千米作用，说明当d达到5千米左右时通州区综合购物类、餐饮住宿类和金融服务类商业空间集聚强度最大；而公共服务类和休闲娱乐类均在5千米达到峰值后无明显的下降趋势，说明公共服务类和休闲娱乐类商业网点在研究范围内随着距离的增加，其集聚程度一直在增加。

（五）通州区商业空间结构特征分析

通过通州商业POI点空间分布特征，我们分析了包括综合购物、金融服务、休闲娱乐、公共服务、餐饮住宿和生活服务在内的商业中心集聚和行业分异特征，得出以下主要结论。

（1）尽管在空间上分布不均匀，但通州区的商业业态在地理位置上的布局呈现出明显的集中趋势。位于城中心区的部分区域如中仓街道、新华街道、北苑街道、玉桥街道、永顺地区（镇）、梨园地区（镇）被视为通州区的商业核心地带，这些地区的商业密集度明显高于其他地方。而相较之下，一些边缘的新兴商圈则更倾向于提供较为单一的商业服务，且很少能看到大规模的购物中心出现。

（2）通州区商业等级体系较为完善，基本形成了区、社区、乡镇三级商业中心覆盖的商业网络体系，而且具备强劲的核心凝聚力增长态势。区商业中心呈现"中心聚集＋外围组团式"结构，不同功能类型商业中心分布特点不同（曹芳洁等，2019）。从空间聚集程度分析，因功能属性差别，各类别的商业中心展现出各自独特的空间密集特性。生活服务类集聚程度最大，呈现向中心城区聚集的形态；其次为公共服务类，这类商业中心主要位于通州区的主要功能区域及扩展地带；而较为分散的则是休闲娱乐类型，它们的分布形式更像是一个扩散辐射的状态。

（3）6类商业类型分布符合商业职能在地理空间的分布规律，即城市中心以大型综合购物、金融商务以及公共服务为主，城市边缘区以休闲娱乐、文化产业为主。大型商业中心主要沿传统商业区和交通沿线分布；城市功能拓展区和生态涵养发展区的商业中心因出行距离较远，布局有待优化。

（4）乡村级商业网点一般以乡镇政府所在地为商业中心，多以烟酒副食、蔬菜水果便利店、饭馆、美容美发店、服装店、杂货店等为主，以满足生活所需；还有与生产配套的化肥、种子等农资经销部和农机修理店等，由于乡镇人口稀少，商业网点呈现分散、规模小、服务单一等特征。

（5）随着逆城市化和居住郊区化的趋势显现，通州地区的经济扩散效果越来越明显。位于运河东部的商业区域主要由新建项目构成，其居民入住比例相对较小，且大部分商业设施仍在待开发状态中。而周边地区则具备巨大的商业扩展空间。因此，充分利用地缘优势促进京津冀城市群快速协同发展是目前通州区商业发展的重点之一。

（6）从不同职能类型商业空间格局差别来看，商业功能分区已成为通州商业空间构造演变的主要方向。为了有效地贯彻"一核五区"的空间布局理念，其中"一核"指的是运河的核心地区，而"五区"则包括了宋庄文化创意产业集聚区、文化旅游区、环渤海高端总部基地集聚区、国际医疗服务区、国际组织集聚区等，在承接各自功能的同时发展相应的商贸业，实现联动发展（冯庆艳，2012）。

四、通州街区尺度商业空间布局影响因素及优化

（一）通州街区尺度商业空间布局历史发展

元代通州就担任了兼具漕运枢纽、保卫京都、抵御外侮的职能，这表明通州能够成为现今北京城市副中心的历史因素。通州是唯一一个与北京、天津、河北毗邻的区县，其优越的地理位置是京津冀协同发展中的关键部位，拥有极高的历史、经济和社会战略价值（单超，2020）。

1. 通州街区历史

明代通州使用"里坊"，城内原著居民由 27 里扩至 36 里，最终归并至 26 里的过程。清朝通州居住区制度已经由里坊制变为街巷制，同时旧城内分为五所，即前、后、左、右、中。城内主要有东西南北四条大街，将城市分为四个部分，每个部分有多条胡同。现在通州城内"十八个半截"胡同，是清朝传承下来的城市格局（单超，2020）。

在城市空间布局上，通州旧城内东西南北四条大街有明显的纵横两条大街作为城市轴线，两轴相交的地方是通州钟鼓楼，轴线末端连接通州城四门。营建新城时，横轴向西延伸，自旧城西门朝天门连通了新城西门，现在是北京长安街延长线。在城市道路骨架方面，旧城东南的十八个半截胡同也是通州城市空间特色，这片居住区非常典型地反映出了社会文化的模式和历史发展的进程（单超，2020）。（见图6-11）

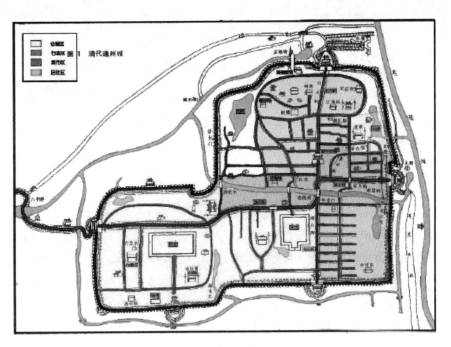

图 6-11 古代通州城市功能和城市格局

通州城市中的粮仓、码头和商业街反映了通州的城市功能有以下三点：仓储、漕运和商业。通州城市商业繁荣的原因有两个，一个是运河带来了南来北往的商贸交流；另一个是通州东门外东关大街为代表的码头、驿站等形成的商业区。东关大街自州城东门折向东南，与运河平行，因靠近货运码头而形成商业街，长三四里（1 里 =500 米），商业十分繁盛。

2. 城市布局调整

通州在规划城市副中心时，充分考虑了城市布局结构。为减轻旧城压力，通州城在运河的东岸开辟了新区，这有利于协调经济发展与旧城保护之间的关系。从总体布局来看，为避免人口、经济、交通等方面已经处于饱和状态的旧城过度发展，新建设城市副中心的行政办公区定位和功能引入新区。北京市级机关单位的选址与新城规划，既使通州古城历史景观得以保持和延续，又为城市发展注入了新的活力。（见图 6-12）

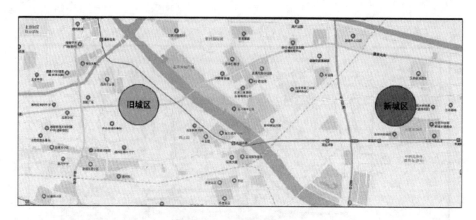

图 6-12　通州城市布局

　　通州城市的城市空间轮廓、城市平面、城市路网结构和道路轴线、城市内河网水系等自然地理环境，与通州城内有标志性的历史建筑、清真寺、旧城墙、大运河等共同构成了城市格局的全部要素。尽管如此，通州城内大运河形成的通州东、北两个方向上的城市轮廓，至今仍然保留城市内的街道轴线和"十八个半截"胡同的街道等（单超，2020）。（见图 6-13）

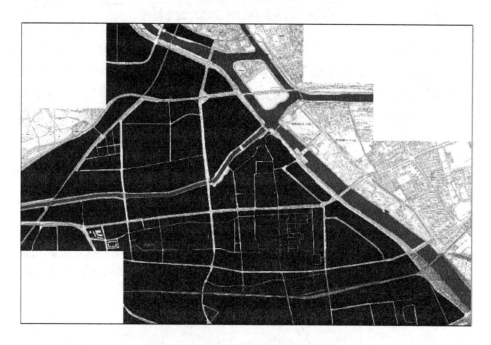

图 6-13　通州城市水网与路网结构

3. 商业街发展

城市商业街是城市最繁华区域。明通州新城未修建之前，通州古城九城南北略长，南城为方形似船尾，北部为圆形似船头，燃灯塔高高耸立为桅杆。明中期修筑新城，将古城向西扩展，似给通州大船加盖了船舱，体现了通州城的运河文化理念。另外，市区的道路也具有深厚的历史底蕴：通州北大街被认为是最古老的城市道路之一，拥有超过千年的历史；而通州东大街则从建立通州城市之始就形成了，距今已经有六百多年了；其他如贡院胡同、司空分署街和静安寺胡同等，都曾是通州古城的重要历史路标（单超，2020）。

对通州商业街的优化整治，应以突出其绿化环境和视觉效果为主。主要做法是：（1）为了便于城市街道立面的统一性，需要控制街道内建筑物的高度，使得在城区的任何一个道路节点都能看到城市制高点；（2）为了达到行人目视的强化的效果，街道立面需要统一风格，做到整体性和完整性；（3）为了使居民生活更加舒适和便利，需要整治街道的环境；（4）为了使城区交通更加安全便利，需要规划市区内的与车行道分离的步行系统（单超，2020）。

（二）街区尺度商业空间布局影响因素

影响城市商业空间布局的因素主要有交通和市场、街区规模尺度和道路系统优化等。街区的规模大小在一定程度上影响城市居住性街区的功能布局，街区的规模越小，相应活力也越强。提高路网密度开放式居住区道路系统通常呈现网络状的布局模式。路网清晰，城市路网延伸到街区，并与现状城市路网具有较好的衔接。网络状的路网可以提供更多的路径选择，越接近城市中心区建筑密度越高，路网密度越高，街区规模越小。

影响街区尺度商业空间布局的因素通常可以依据街道空间形态要素来描述。街道空间形态要素主要包括街道景观绿化街道高宽比、人行道宽度、街道栏杆等。通常认为街道空间形态要素中建筑贴线率、街道景观绿化、街道高宽比、街道宽度四类街道空间形态要素是影响商业活力的正面因素（庞天宇，2021）。

1. 建筑贴线率

建筑贴线率是建筑街墙立面跨及所在街区长度的百分比，建筑贴线率的控制对于保证建筑物的稳定性、安全性和美观性具有重要意义。它是衡量街道空间连续性的指标之一，反映建筑物的稳定性、安全性和美观性。一般来说建筑贴线率比值越高，沿街立面越连续整齐，高建筑贴线率对商业分布的影响较大，居民对街道空间安全认知指数越高，对发展商业中心较为有利。

2. 街道景观绿化

街道景观绿化的宽度和道路宽度比例要适宜，道路两边有建筑物绿化带不宜超过 3 米。人行道和建筑物之间的绿带，可以减少人流、车辆的噪声干扰。街道绿化可为行人提供优美的活动空间，商业布局同样需要高质量的街道空间，对整个城市商业布局中影响重大。

3. 街道宽度

街道宽度可以根据不同类型和规模的城市或地区进行划分。对于城市街道，根据街区的性质，一般分为城市街道和居住区街道。城市道路宽度一般为15~30 米，而居住区道路宽度一般为 10~20 米。在住宅区内，由于建筑密度较高，所以其路面宽度不宜小于 8 米。另外，还要注意交通性街道宜宽不宜窄，生活性街道可窄可宽，景观性道路宜窄不宜宽。对于快速路、主干道、次干道和支路等不同等级的道路，其宽度也有所不同。

4. 街道高宽比

街道高宽比是一个重要的参数，可以影响街道的空间感受和舒适度。这些比例可以帮助塑造宜人的街道空间，让人们感到舒适和愉悦。这些比例并不是固定的标准，而是可以根据具体情况进行调整。在实际设计中，需要考虑诸多因素，如街道的功能、地形、气候等，以及当地的文化和历史背景等。因此，建议在设计和规划时，结合实际情况和具体需求来确定街道的高宽比。

（三）通州街区尺度商业空间布局优化建议

为缓解北京的规模化发展引起的大城市病，急需疏解和调整非首都功能，通州区城市副中心的建设步入日程，明确了通州作为城市副中心的定位。在2012 年的中国共产党第十一届代表大会上，北京市委及市政府确定并宣布"集中于通州策略，构建完善的功能型城市辅助区域"，从而确立了通州区作为城市辅助区的角色。此后，从 2013 到 2014 年度的北京市政府工作计划都对加速推进通州城市辅助区的发展做出了明确指示。2014 年 2 月，中共中央、国务院明确要求以疏解北京非首都功能推动京津冀协同发展，推动河北雄安新区和北京城市副中心建设。同年，北京市主要官员视察通州时指出，通州作为城市的辅助区在推动京津冀一体化的过程中起到了关键性的作用。2018 年 6 月，《北京城市副中心控制性详细规划（街区层面）》草案编制完成，并于同年 12 月得到国务院批复实施。同年 11 月，北京市扶贫援助办公室、市级机关党委、市级机密保护机构、共青团等各部门已经开始搬迁至城市副中心的工作场所，这意味着城市副中心的行政办公区已经启动运行。2019 年 1 月 11 日，北京市级的行政总部终于搬进了北京城市副中心。2020年3月，城市副中心举行新闻发布会称，副中心与廊坊北三县地区协同开展统一规划和管控。为了落实京津冀协同发展规划要求和实施党中央国务院批复的北京城市副中心控制性详细规划，北京市委围绕重要的战略布局开始逐步推进城市副中心规划和建设。

目前，通州区商圈的空间利用仍有待完善，在消费空间、多元体验、时尚发布、商业活动方面还存在设施不足的问题。商业业态结构优化有待提升，品牌引进方面仍有较大提升空间，缺少高端特色要素，消费升级驱动力不足，特色消费吸引力不足。随着首都副中心的发展，通州商业空间格局将随着人口的迁移和商业功能布局的调整而变化，商业空间布局的发展注定是一个不断发展、逐步迭代的优化过程。

1. 促进商业空间布局由点和线状向多点发散的网络状转变

传统布局上，通州区商业的空间分布模式是以大运河为主线、沿主要街道布局的点线状分布格局。目前，需要按照"五大区域、四大系统及三大基地"的设计原则来调整其商业策略，逐渐构建起运河核心地区和商贸区、环渤海核心商业区、宋庄文化的创意体验区—文化和旅游区—农产品物流区，并且已经建立了宋庄商业中心、台湖商业中心、西集商业中心、马驹桥商业中心、潞县商业中心、于家务商业中心和永乐店商业中心这些重要的城镇商业中心。随着副中心的发展推动力，各类交通工具如地铁、轻轨等都汇聚到通州区，这使得该地区的商业空间布局将会呈现出一种由核心商业区与新型商业中心、多个地区级商业中心等组成的多中心分布式格局（王盼，2014）。

2. 构建"区域级—地区级—社区级"三级商业中心体系

《北京城市副中心控制性详细规划（街区层面）（2016年—2035年）》中规划表明，加速推动构建合理布局、层次分明、保障有力、功能完善的商业网点体系，包括区域级商业中心、地区级商业中心和社区级商业中心。集聚优质商业资源和品牌资源，完善物流节点网络布局，打造智慧高效的现代物流体系，以服务产业发展和居民生活应急保障，并促进北京东部商业的发展。发展区域级的商业中心，在运河商务区打造环球主题公园，鼓励引进优质、有特色、具有时代感的商业业态，为首店提供"绿色通道"服务，鼓励引进一些首店、旗舰店、体验店、概念店和定制中心。在副中心站交通枢纽、北苑商圈和九棵树商圈地区级商业中心的建设中，突出本地商业特色，提升业态体验性，优化应用场景，提升商品和品牌层级，增强本地商业活力。积极促进社区级商业中心的建设，建设城市副中心的12个组团和36个街区的"市民中心—组团中心—

邻里商业中心—便民服务网点"公共服务体系，使居民生活的"5—15—30"分钟圈更加便利。

3. 强化与提升现有商业中心的轴心作用

通州区原有商业中心功能单一，要充分兼顾城市中心区、重点商业区的重要支撑能力和引领作用。新华大街沿线位于该区传统的居民聚集地区，住宅密度较高，是传统商业核心区域，万达广场得益于良好的地理位置，已成为通州的消费地标性建筑，然而，由于北京副中心的发展计划和实施，这一区域的商业负载已经无法满足消费者的需求了。八通线商圈凭借便利的交通和巨大的人流，建立了集中在通州北苑站、九棵树站、梨园站附近的商业密集区，但商场业态相对单调，竞争相对严重。随着通州的交通更加便利，目前的大型购物中心还将通过改扩建逐渐改善功能，进一步扩大经营规模，逐步完成对城市核心区商场的主要功能提升，向规模更大的商业区方向发展。

4. 整合和催生新的商业中心

伴随着工业集中度的变化与零售物业设备和服务基础设施的发展完善，当前的城市空间结构正经历着新的调整过程，这将会引发新兴贸易区的兴起。新城建设需要淘汰一些业态功能落后的商业，促进新型业态功能的商业发展，可在新建居民生活设施附近、交通枢纽或沿线布局多主题消费新地标等新型商业（王盼，2014）。在运河商务区布局高端商务产业，打造运河商务区和文化旅游区两大国际消费中心；在张家湾设计小镇布局科技和设计服务新集群；在宋庄发展原创艺术品设计与交易中心；在台湖发展综合演艺中心；在于家务、西集、马驹桥、潞城、永乐店、漷县等培育城乡结合部的功能节点，促进文化、旅游、商贸多种业态发展态势（代金光等，2022）。

课题负责人： 杨博，北京联合大学，副教授，博士。

课题组成员： 庞世明，北京联合大学，副教授，博士；陈利军，国家基础地理信息中心，正高级工程师，博士；曹静，上海商学院，教授，博士；黄毓慧，北京联合大学，副教授，博士。

参考文献

[1] 浩飞龙，王士君，冯章献等 . 基于 POI 数据的长春市商业空间格局及行业分布 [J].

地理研究，2018，37（2）：366-378.

[2] 王宇渠，陈忠暖.基于流动的商业空间格局研究综述 [J].世界地理研究，2015，24（2）：39-48.

[3] 丁亮，钮心毅，宋小冬.上海中心城区商业中心空间特征研究 [J].城市规划学刊，2017（1）：63-70.

[4] 郭迟，刘经南，方媛等.位置大数据的价值提取与协同挖掘方法 [J].软件学报.2014，25（4）：713-730.

[5] 杨振山，龙瀛.大数据对人文——经济地理学研究的促进与局限 [J].地理科学进展，2015，34（4）：410-417.

[6]Xing H，Meng Y，Hou D.et al.Exploring Point-of-interest Data from Social Media for Artificial Surface Validation with Decision Trees[J].International Journal of Remote Sensing，2017，38(23)：6945-6969.

[7]Xing H，Meng Y，Hou D. et al.Employing Crowdsourced Geographic Information to Classify Land Cover with Spatial Clustering and Topic Model[J].Remote Sensing，2017，9(6)：602.

[8] 陈蔚珊，柳林，梁育填.基于 POI 数据的广州零售商业中心热点识别与业态集聚特征分析 [J].地理研究，2016，35（4）：703-716.

[9] 林清，孙方，王小敏等.基于 POI 数据的北京市商业中心地等级体系研究 [J].北京师范大学学报：自然科学版，2019，55（3）：415-424.

[10]Ord J K，Getis A. Local Spatial Autocorrelation Statistics：Distributional Issues and an Application[J]. Geographical Analysis，2010，27(4)：286-306.

[11]宋辞，裴韬.北京市多尺度中心特征识别与群聚模式发现[J].地球信息科学学报，2019，21（3）：384-397.

[12] 张志斌，王凯佳.基于 POI 数据的兰州市商业网点及其空间结构[J].开发研究，2018（4）：80-86.

[13] 周丽娜，李立勋.基于 POI 数据的大型零售商业设施空间布局与业态差异：以广州市为例[J].热带地理，2020，40（1）：88-100.

[14] 翟青，郭素萍，魏宗财，等.基于 POI 数据的城市服务业空间分布与集聚特征研究：以南京主城区为例[J].资源开发与市场，2020（3）：259-267.

[15] 迟璐，宋伟东，朱霞.城市 POI 的空间数据分析与可视化表达 [J].测绘与空间地理信息，2020，43（2）：109-117.

[16] 廖嘉妍，张景秋.基于 POI 数据的北京城市文化设施空间分布特征研究 [J].北

京联合大学学报，2020，34（1）：23-33.

[17] 白永平，张文娴，王治国. 基于 POI 数据的医药零售店分布特征及可达性：以兰州市为例 [J]. 陕西理工大学学报（自然科学版），2020，36（1）：77-83.

[18] 胡新，赵颖. 城市副中心商圈定位研究 [J]. 城市发展研究，2003，10（6）：35-40.

[19] 管驰明，崔功豪. 中国城市新商业空间及其形成机制初探 [J]. 城市规划汇刊，2003（6）：33-36.

[20] 方创琳. 中国城市发展空间格局优化的总体目标与战略重点 [J]. 城市发展研究，2016，23（10）：1-9.

[21] 叶昌东，周春山. 近 20 年中国特大城市空间结构演变 [J]. 城市发展研究，2014，21（3）：28-34.

[22] 孙铁山，王兰兰，李国平. 北京都市区多中心空间结构特征与形成机制 [J]. 城市规划，2013，37（7）：28-32.

[23] 奥古斯特·勒施，王守礼. 经济空间秩序 [M]. 北京：商务印书馆，2010.

[24]Berry BrianJ.L.. 商业中心与零售业布局 [M]. 上海：同济大学出版社，2006.

[25]Skinner，G W.Marketing and Social Structure in Rural China，Part I [J].Journal of Asian Studies，1964/1965，24 (1) 3-44；24 (2)：363-399，24 (3)：195-228.

[26] 王芳，牛方曲，王志强. 微观尺度下基于商圈的北京市商业空间结构优化 [J]. 地理研究，2017，36（9）：1697-1708.

[27] 周素红，郝新华，柳林. 多中心化下的城市商业中心空间吸引衰减率验证：深圳市浮动车 GPS 时空数据挖掘 [J]. 地理学报，2014，69（12）：1810-1820.

[28] 王德，王灿，谢栋灿，钟炜菁，武敏，朱玮，周江评，李渊. 基于手机信令数据的上海市不同等级商业中心商圈的比较：以南京东路、五角场、鞍山路为例 [J]. 城市规划学刊，2015（3）：50-60.

[29] 胡庆武，王明，李清泉. 利用位置签到数据探索城市热点与商圈 [J]. 测绘学报，2014，43（3）：314-321.

[30] 池娇，焦利民，董婷，谷岩岩，马雅兰. 基于 POI 数据的城市功能区定量识别及其可视化 [J]. 测绘地理信息，2016，41（2）：68-73.

[31] 王士君，浩飞龙，姜丽丽. 长春市大型商业网点的区位特征及其影响因素 [J]. 地理学报，2015，70（6）：893-905.

[32] 焦耀，刘望保，石恩名. 基于多源 POI 数据下的广州市商业业态空间分布及其机理研究 [J]. 城市观察，2015，40（6）：86-96.

[33]Koohsari M J，Owen N，Cerin E，et al.Walkability and walking for transport:

characterizing the built environment using space syntax[J]. International Journal of Behavioral Nutrition and Physical Activity, 2016, 13(1): 121.

[34] 徐磊青, 施婧 . 步行活动品质与建成环境: 以上海三条商业街为例 [J]. 上海城市规划, 2017 (1): 17-24.

[35] 张书瑜, 张琳玥 . 街道空间对商业运营的影响: 以三峡大学小吃街为例 [J]. 住宅与房地产, 2019 (12): 283-284.

[36] 徐磊青, 孟若希, 陈筝 . 迷人的街道: 建筑界面与绿视率的影响 [J]. 风景园林, 2017 (10): 27-33.

[37] 庞天宇, 基于街道形态的天津市商业空间分布及演变规律研究 [D], 北京: 北京交通大学, 2021.

[38] 杨博, 王秦 . 基于兴趣点 (POI) 数据的北京市通州区商业空间格局分析 [J]. 科技促进发展, 2021, 17 (5): 1029-1036.

[39] 邢汉发, 曹芳洁, 郭旋, 等 . 基于 POI 数据的北京市商业中心识别与空间格局探究 [J]. 地理信息世界, 2019, 26 (1): 66-71.

[40] 张艺真 . 基于多源 POI 数据的郑州市商业设施空间分布特征研究 [D]. 郑州大学, 2018.

[41] 周鹏, 谢婉婷, 隗剑秋, 等 . 基于基础设施 POI 和可达性的房价空间分异研究 [J]. 科技经济导刊, 2018 (15): 7-9.

[42] 佟昕 . 基于改进自适应遗传算法的 K-means 聚类算法研究 [J]. 应用能源技术, 2018 (1): 1-4.

[43] 方博平, 郭佳怡, 陆欣怡, 等 . 基于文本挖掘技术的智慧政务舆情分析研究 [J]. 科技风, 2021 (34): 86-88.

[44] 冯庆艳 . 构建 "北京副中心" [J]. 中国经济和信息化, 2012 (19): 74-77.

[45] 单超, 北京城市副中心定位下通州城市遗产保护利用研究 [D]. 北京建筑大学, 2020.

[46] 王盼 . 首都副中心下的通州区商贸业空间布局重构研究 [J]. 中国商贸, 2014 (11): 153-154.

[47] 代金光、季旭 . 建设国际消费中心城市新增长极 [N]. 北京城市副中心报, 2022-01-12.

报告七

北京国际商贸中心研究基地项目

项目编号：ZS2022B11

项目名称：北京全国文化中心建设背景下老字号品牌文化传承创新研究

北京全国文化中心建设背景下老字号
品牌文化传承创新研究

牛晶

一、绪论

（一）研究背景和意义

1.研究背景

文化代表着一个国家的整体力量，它是一个国家和一个民族的精神支柱。在我们国家，文化建设一直被放在国家战略的最前面。习近平总书记自十八大召开后两次到北京考察，并作了重要讲话，明确提出了北京以"政治中心、文化中心、国际交往中心、科技创新中心"的"四个中心"的城市战略定位。创建国家文化中心，是北京在新世纪发展的战略使命。

北京市响应习近平总书记的号召，积极开展国际消费中心城市培育建设，效果明显。北京作为六朝古都，有历史悠久的文化底蕴，建设现代化国际消费中心城市，必须立足全国文化中心的战略定位，深挖首都文化富矿为消费添亮色，让消费插上文化的翅膀，带上"文化＋"的浓厚色彩。

推动老字号品牌传承和创新发展是构建全国文化中心必不可少的战略环节，是提升国家综合实力、体现首都魅力的重要举措，同时也是推动城市高质量发展、提高居民生活品质的有效方法。作为传承百年甚至千年的北京老字号品牌不但拥有巨大的商业品牌价值，而且承载着巨大的文化价值和社会价值，是我国珍贵的历史文化遗产。激发老字号品牌活力，满足消费新需求，对带动市场活力、刺激消费、提升品牌力、弘扬中华传统文化、促进北京经济社会发展具有不可替代的作用,对于实现首都城市的战略地位,推进建设国际消费中心,建设国际消费中心,具有十分重要的意义。如何适应时代需要,挖掘老字号"老"的优势，让其焕发新的活力，成为政策着力点。为了提升老字号的高质量发展,2022年3月，商务部等8部门联合印发《关于促进老字号创新发展的意见》，鼓励老字号传承文化,激发行业新活力、发展新业态,推动老字号走出国门;《关于促进老字号创新发展的意见》提出了保护老字号文化遗产、盘活老字号文化资源等意见。2023年，商务部会同多个部门联合印发了《中华老字号示范创建管理办法》，提出建立"有进有出"的动态管理机制，促进传统老字号适应新经济形势下的市场,实现守护传承创新发展。北京出台了《进一步促进北京老字号创新发展的行动方案(2023—2025年)》，提出要实施"十大行动"，进行制度机制改革，推出30项举措，出台4项保障举措，推动老字号的创新发展。

在老字号的继承中，老字号的文化内涵与"字号"的精神是一个不容遗失的问题。在确保上述内容得到传承的情况下，要根据所处时代的特征与要求，制造出符合人们要求的商品。只有这样，老字号品牌才能真正地走上健康平稳的发展之路。然而，在新的时代背景下，企业间的竞争已升级到品牌及其文化的竞争，一些老字号陷入了经营困局，面临"传承难、表达难、创新难"等问题。在此背景下，如何推动老字号品牌文化传承与创新，是当前面临的重要课题。

2. 研究意义

（1）发扬传承中国优秀传统文化

传统老字号有着悠久的发展历程，有着深厚的群众基础、良好的信誉、广受欢迎的市场，这是我们国家商业文明的光辉结晶。经过一百多年的发展，老字号品牌所传承下来的产品、技术或服务，都是中国的一笔宝贵的财富。

（2）提升老字号创新速度，增强老字号企业品牌影响力

随着中国经济的发展和改革开放的深入进行，许多外国品牌纷纷涌入中国，它们的产品与管理理念紧跟时代，深受广大消费者的欢迎。这就迫使中国的老字号品牌更加注重品牌形象的构建，将老字号的品牌优势与历史优势，在确保产品品质的前提下,为其量身创造出一个品牌价值和市场竞争力。构建品牌框架，创新产品，构建品牌设计系统，从形象、功能、质量三个层面激活老字号的生命力与消费价值。

（3）弘扬传统老字号，推动特色品牌发展

习近平总书记曾经指出，要"创造性转换、创造性发展"，要把"民族的优秀基因和现代文明的和谐发展结合起来"。老字号是一种历史，一种文化，一种传承，一种精神，一种寄托着数代人的生命与回忆。加强老字号的品牌价值，促进老店的继承与创新。增强老店的文化信心，是实现首都的基本职能，也是国家文化名城建设的一个重点。

（二）研究现状及文献综述

1. 关于品牌文化的相关研究

（1）国内品牌文化的相关研究

中国的文化是如此的丰富。因此，中国的古典学者们对于商标文化的研究一直很有激情。任慧娟（2020）对此进行了解析和证明，并对此进行了实证研究，并认为：品牌文化是一种软的物质，是企业的核心能力，构建好的品牌文化有助于企业在某一领域取得领先的位置。王雯（2020）则是从品牌文化的含义等方面进行了剖析，并对此发表了自己的看法。她认为，一个好的公司非常看重品牌的构建，愿意在产品的品牌文化方面下更大的功夫，推动其品牌文化的构建，提高企业的市场竞争力。对于品牌文化的构建，我国也有不少学者发表了自己的看法，例如郝玲（2019）认为，通过品牌文化的构建，可以促进现代企业的运营和管理水平的提高，只有通过强化品牌文化的构建，企业才能持续地发展下去。本文重点对企业品牌文化的构建进行了详细的剖析，指出了企业文化意识薄弱，定位模糊，以及品牌文化建设的僵硬等方面存在的问题，并对企业构建品牌文化的方法进行了归纳和归纳，为企业进行品牌文化构建的最佳战略提供了借鉴。

（2）国外品牌文化的相关研究

目前，国际上许多相关的研究都集中在如何促进企业的发展上。例如道格拉斯（Douglas，2002）认为：品牌文化是一个故事，它的创造者是公司、它的社会主流文化、它的影响范围、它的消费者自身。而在国际上，也有一些学者将其视为企业的生命之源。正如杰克韦尔奇（2011）所言："对一个品牌来说，没有区别就是最大的伤害。"在他看来，在构建品牌文化的过程中，一方面可以体现出自己独特的吸引力，由于品牌形象、品牌关系和产品服务作为强大的支持，可以用品牌形象来连接与顾客的感情；另一方面，这个连接机制和纽带，可让企业构建的品牌文化与顾客产生共振，让品牌拥有某种灵性与灵魂。

2. 老字号品牌相关研究与实践

（1）国内老字号品牌调研与实践

对于老字号的调研一直热度不减，通过对中国知网数据库里的学位论文和期刊文献进行查询和检索，以"老字号"为主题进行相关文献检索，得出文献共 6722 篇；再以"老字号传承创新"为主题进行相关文献检索，获得文献共127 篇，研究趋势一直在上涨。而在相关学术论文主题分布中，相关研究主要集中在老字号（2364 篇）、老字号品牌（459 篇）、中华老字号（558 篇）等几大主题，这为后续研究提供了主要研究方向。

诸多专家学者对"中华老字号"开展了深入研究。高旭红（2004）以"同仁堂"为例，通过对"同仁堂"的研究分析，提出了企业生存和发展四要素：企业真诚的态度、独特的企业文化、适合自身的品牌管理模式以及不断升级的技术。潘希颖和伍青生（2005）也指出，中华老字号有必要加强品牌保护，积极推广，重塑品牌形象，关注品牌文化，不断变革创新。

国内对老字号品牌传承与创新的研究热度持续升温。高建华认为要在老字号传承创新中重塑品牌价值。王方明和廖雪华指出，中华老字号企业文化的革新，既要从制度文化层面也要从物质文化层面进行建设；同时，要从制度、机制和载体三个层面进行全面的推动。孔微巍和谭奎静（2008）通过对中外老字号的比较研究，认为中国的老字号之所以发展缓慢，主要是因为其不完善的产权制度、不完善的企业治理结构和缺乏创造力，提出了完善产权制度、建立现代企业的管理机制以及提升企业的传承创新能力等对策。

（2）国外老字号品牌调研与实践

凯勒（Keller，1999）指出，持续发展某一品牌，保持并延长品牌成熟期是最重要的，这样可以减缓品牌老化，使品牌保持活力。保持并延长品牌成熟期的基本原则是基于消费者的角度明确品牌定位并激活品牌。布朗（Brown，1992）阐述了重振老品牌的七种策略：重视销售人员、重塑品牌形象、强化管理者效率、对品牌进行适当品牌延伸、重新思考品牌形象、价格促销和加强品牌联想。

3. 文献综述

综上所述，众多学者对品牌文化及传统老字号的研究，对老字号文化传承创新开辟了一个新的方向。但是在新时代的背景下，在北京建设全国文化中心城市政策以及建设国际消费中心城市背景下，如何提高北京老字号品牌文化传承与创新的专项研究和具体实践还有待进一步的发展。本课题拟在综合前人研究的基础上，在研究视角和研究内容上有所创新，立足于北京老字号品牌在北京全国文化中心建设和国际消费中心城市的重要作用，将"老字号＋国潮消费新风尚"和"老字号＋直播推广"等新理念、新举措有效纳入课题研究，试图在这些方面进一步探索和研究，为解决北京老字号企业发展瓶颈问题提供理论和实践参考。

二、相关概念及理论基础

（一）相关概念

1.老字号的概念

（1）老字号的概念

老字号是一个约定俗成的概念，通常是指年代比较久远、具有鲜明的中华民族传统文化背景和深厚的文化底蕴，被社会广泛认同，形成良好信誉的品牌，历史悠久，拥有世代传承的产品、技艺或服务等。

老字号的业务涵盖了食品加工、餐饮住宿、居民服务等二十多个行业，可谓是涉及面非常广。到2023年底，全国共有中华老字号1128家、地方老字号3277家，其中历史悠久的老字号企业700多家。

（2）中华老字号的标识

为了更好地传承发展中华老字号，标识的管理和使用得到了政府的重视和规范，商务部制定了《"中华老字号"标识使用规定》。"中华老字号"标识由标准图形和"中华老字号"中英文文字组成，图形既可以作为醒目的标识单独使用，也可与文字相结合更好地突出老字号特征。"中华老字号"标识只能用于与获得"中华老字号"称号相一致的产品或服务上，不得扩大使用范围。

图7-1 "中华老字号"品牌标识

"中华老字号"的外观轮廓以中国印章为主体表现形式，一方面用金石篆刻的手法表达了深厚的中国传统文化味道与历史悠久的特征，另一方面"字""号"二字的组合极具现代感的巧思和设计，展现了老字号品牌与时俱进、开拓创新、生生不息的旺盛的生命力。

（3）老字号品牌的意义与价值

①文化是民族和企业的灵魂。传承与发扬中华优秀传统文化是中华老字号可以历经百年沧桑、发展百年基业的伟大生命力"精神密码"。从远古时代起，中国人就以书写与象征为根基，先后将工商业制造、传统工艺与传统产业相结合，形成了一个宽广而深刻的系统。所以，追溯中华老字号的起源，最早是同中国古老工艺相联系的。其次是以汉字为中心的语义构建与符号化的关系紧密，二者相辅相成、相互交融。

②具有珍贵的科技价值。不少老字号采用传统制作工艺，无法依靠现代化流水机器进行产品生产。但是这些传统制作工艺在传承过程中不可避免地出现了传承断层、后继无人等情况，这对整个民族来说是不可估量的损失。正因为如此，我国分批次将中华老字号传统技艺列入中国非物质文化遗产名录，尽最大的努力来保护中华老字号的价值。

③具有广泛认同感的市场价值。在消费升级的大背景下，消费市场迎来了全面革新，消费市场商品间的竞争十分激烈，各种新品牌层出不穷，给消费者提供了更多选择的同时也增加了挑选的烦恼与纠结。一般来说，顾客会倾向于购买他们所熟知的牌子，并为此支付费用。历史悠久、具有良好信誉和广泛知名度的中华老字号产品就成为消费者的不二选择，这就是老字号历史文化价值优势的体现。老字号企业的品牌价值是借助中华民族的文化长期积淀下来的，市场消费者对其有很大的认同性，是巨大的无形资产。

2.品牌文化的相关概念

美国著名的经济学家菲利普·科特勒（Philip Kotlr）于1999年提出，商标是一种用来辨别公司产品或服务的标志，是一种名称标志等，并由文化、个性等要素组合而成，在这些要素中，文化和属性对品牌的含义有很大的影响。戴维森（Davidson）于1997年对品牌文化作了一个生动的比方：在我们每天所见到的商标、产品、服务等，就像是一座冰山浮出了海面的一小块，而隐藏在海水下面的那一小块则是品牌的内在价值、品牌文化等无形资产，它支撑着商标、产品、服务等外部要素，也就是品牌文化和品牌之间形成了一种相互融合、相互支持的关系。随着经济的快速发展，品牌和服务的生命周期也在逐步缩短，因此，品牌文化对企业竞争能力的影响也在逐步减弱。

综上所述，通过对老字号品牌进行分析与归纳，从品牌文化的视角出发，可以归纳出老字号品牌的四大价值内涵，具体如下。

（1）悠久的历史是老字号的核心价值源泉

老字号与其他企业品牌最大的区别就是它有悠久的历史，在各自的领域里独领风骚，传承百年。只有经营了数百年的企业，才有资格被称为"老字号"，在激烈的行业竞争中脱颖而出，在数百年激烈的竞争中留下的"极品"使得每一个老字号品牌都显得更加弥足珍贵，而这种珍贵反射到品牌本身就是它的品牌价值。

（2）老字号的品牌性格是其价值意蕴的主要特点

我们都知道，大部分的老字号都是以小作坊为起点，再由小作坊成长起来，每个小作坊都有着各自的特色，这让它们可以凭借自己独特的技术流程和服务，在经历了几个世纪残酷的市场竞争之后存活了下去。通过品牌的显著特征，老字号可以得到顾客的认可，让他们对品牌产生信赖和喜欢，从而鼓励他们选择或倾向于购买这个品牌项下的产品。因此，在企业中建立起了品牌忠诚，它对企业的存在和发展有着非常重要的影响，丰富了老字号品牌文化的价值内涵。

（3）老字号的品牌形象是其价值意蕴的外部表现

品牌形象是表现企业文化及内源的重要载体，也是老字号展现外在美的重要载体，是品牌活化的关键之一。对中国"老品牌"进行整理，可以看到"老品牌"的标识多采用"商号""企业名称"的组成部分、商店名称，乃至"技艺之父"的名称或别名等。北京现存仍在营业的商家，其店名大都由著名人物亲笔所写，并用其题字的匾额来做商标。他们是老字号悠久的经营文化精髓，蕴含着独特的品牌价值。

（4）老字号的品牌文化是其价值意蕴的主要源泉

诸多老字号传承创新的重要因素是其悠久的品牌文化，也是老字号品牌价值内涵的核心。老字号品牌文化在中华民族漫长的历史中，继承和弘扬了中华民族优秀的传统文化，获得社会的广泛认可和价值认同，形成了良好的品牌文化，这是任何新生品牌无法比拟的。

在长达百年的市场竞争中，老字号企业能够在激荡的市场中杀出重围，独占鳌头，除了产品本身的传承和创新，还有其品牌文化的日新月异。深入挖掘老字号品牌文化意义重大，传承好、利用好、发展好老字号的文化符号，有助于企业高质量发展。

（二）理论基础

1. 马斯洛的需要层次理论

美国心理学家马斯洛提出了著名的需要层次说，用来说明人的自我实现的潜能发展趋向。他认为在个体的个性中，包括五个不同的需要层次：生理需要、安全需要、社交需要、尊重需要、自我实现需要，这些需求都是由从低到高递增。从需要层次来说，由低向高发展，当基本的需要满足后就会产生更高层次的需要，直到需要层次的顶峰。马斯洛需求层次理论，后来扩展到七大等级，在原来的基础之上增加了认知需要、审美需要。

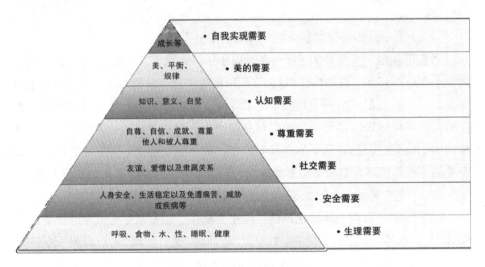

图7-2 马斯洛需要层次

近年来，老字号的品牌持续发展，高质量的内容和高质量的消费趋向越来越强烈，它的市场份额也越来越大，这表明了我们国家越来越强大的文化信心和文化实力。按照马斯洛的需要层次论，文化消费的发展呈现出个性化、参与性和互动性。在这种情况下，人们会变得更加积极。他们会积极地参加并提高自己的消费体验，创造出一种能够让顾客更开心的消费环境，这些都是对消费者的一种更高层次心理需要的一种满足。根据当前的社会生产力与科学技术发展水平，强化设计，优化体验，塑造品牌；在高质量的产品、更高的审美水平、互动的多样性以及文化的交流等层面上，运用现代的方法和工具，创造性地发展老字号的文化资源，加快老字号的传统和现代的文化结合，促进老字号品牌的创新发展。

2.营销理论

营销是一门艺术，也是一门科学。社交媒体营销理论是清华大学专家刘东明提出的，包括四大原则，分别是趣味、利益、互动、个性。该理论为企业电商营销提供了突围方向，帮助企业强化营销深度，为老字号企业传承创新提供了实现市场营销全过程的方法论。

（1）原则一：趣味

在资讯高速发展的今天，单调乏味的广告已渐渐失去吸引力，要取得更多的注意力，取得良好的市场效应，想要吸引观众的注意力，就得让他们感兴趣。在现实生活中，越有趣的广告就越能吸引人的注意力。

（2）原则二：利益

趋利是人的本性，这个"利"不仅仅是经济利益，还包括产品的功能利益、情感利益和自我表达利益。营销活动也必然需要让目标群体深切感受到营销的产品可让他们取得预期的利益，才能实现从"心动"到"行动"进而购买相应的产品。

（3）原则三：互动

互动是社会化媒体营销的最大特性，互动营销主要强调的是商家和客户之间的互动。生产商收集消费者对商品的预期设想和体验反馈，有利于生产商及时修正完善商品功能，设计出更符合消费者需求的产品。

（4）原则四：个性

在设计生产过程中，应让基于消费端的社交媒体，根据用户的需求为消费者提供更为个性化的服务，方便消费者自由选择，让消费者获得"量身打造"的满足感。

三、北京老字号发展现状及问题

（一）北京老字号发展现状

北京有中华老字号 117 个，数量居全国第二，北京老字号等 247 个，涉及的行业种类繁多，包括餐饮服务、工艺美术、中医药等九个行业，队伍得到进一步壮大，主要分布在东、西城区。其中，百年品牌 132 家，占比达 53%，最长的超过 600 年历史，拥有非物质文化遗产 105 项。这些老字号品牌让北京文化更加具象化、生活化。

（二）北京老字号存在的问题

历史沉沉浮浮，有些老字号早已湮没在历史的长河中，而有些老字号却能流传至今。但我们不得不正视的问题是，即便是流传至今的老字号，在全球化市场经济的冲击下，不仅面临着与国产新品牌的竞争，还要参与到国外品牌的竞争中。品牌的竞争归根结底还是品牌文化的竞争，而传统老字号在品牌文化建设上的落后是个不争的事实。北京老字号在品牌文化上主要面临以下四个方面的问题。

1. 品牌形象老化、刻板，个性缺失

品牌形象和人的外表形象一样，是一种企业或品牌在顾客的感知中和在市场中呈现出来的个性特点，它通过营销把品牌的印象、口碑和评价传递到了消费者的心中。品牌独特的性格特征更能引起顾客的注意，并能在感情上引起强烈的共鸣，进而俘获顾客。但是很多传统老字号品牌在漫长发展过程中都是相对保守的，品牌形象个性不够突出。

首先，品牌理念不够鲜明。很多老字号品牌得不到年轻人的认可，主要原因是年轻人觉得老字号更适合长辈，不适合现代年轻人的生活方式。一直保持着"年长"的刻板印象，对年轻消费者所关心的价值理念不够敏感。传统老字号企业想要长足发展下去的话，不仅要进一步深挖自身悠久的历史以及时间赋予、沉淀的文化底蕴，还要勇敢走出历史的光环，接受全球化市场的挑战。转变目前缺乏品牌概念的状况，把时光所带来的文化内涵与品牌概念有机地融合在一起，并与公司的运作方式高效地结合在一起，使企业的品牌价值得以提高。

其次，品牌名称的传播性不强。字号作为商家店铺的名称，具有招牌和标识的功能，表现商家店铺的经营理念和追求，儒家文化对中国传统文化影响颇深，比如"××居""××楼""××堂""××斋"等都是比较常用的店铺的字号，这些文字虽然底蕴丰富，但与现代的生活方式已经拉开了距离，不容易与消费者产生共鸣，拉近与消费者的距离。努力让消费者在茫茫市场中记住的品牌才是真品牌、好品牌。怎么样将字号这种形式运用于商业之中，并让消费者记住才是老字号企业应该着重考虑的。

最后，视觉标识不够醒目。企业视觉形象设计在现代社会各行业领域中是非常重要的发展竞争元素，特别是当前全球市场竞争日趋激烈，树立优质企业视觉形象，可以说是相当关键。许多老字号在表达视觉标识的颜色、图案、文字等方面，更习惯墨守成规地沿用传统的民族的特色元素。一定程度上有助于体现其历史文化底蕴，但并不一定符合现代消费者的视觉审美。老字号企业要

注意传统元素重构策略，只有这样才能更符合现代社会发展要求，并能凸显品牌价值观以及文化，让品牌价值更加厚重，同时还能在视觉创新过程中，体现历史文化底蕴和发扬传统品牌文化。

2. 品牌文化创新力度缺乏、内容单一

品牌文化是指在品牌运营过程中，文化特性的沉淀和所有文化现象及其所体现的利益认知、情感属性、文化传统和人格意象等价值观的总和。品牌文化建设包括诸多方面，比如明确品牌的定位、制定品牌策略、品牌文化的整合传播以及物化的品牌形象等方面。只有多方面的开发品牌文化，才能满足消费者的不同层面要求。但实际上由于受到人才、资金等多方面因素的限制，绝大多数老字号对品牌文化的建设比较单一，只针对其中一个方面开发建设。这就容易造成老字号刻板、缺乏活力、不符合当下消费者的自身需求、品牌个性特征不突出等问题。借鉴和学习优秀的品牌文化建设经验是包括老字号企业在内的所有企业进行品牌建设的最有效方式之一，比如福特汽车公司掀起的以品牌为契机的企业文化改革，使福特不仅实现了复苏，而且一骑绝尘，达到其他汽车制造商难以企及的高度。

3. 品牌传播手段单一、滞后

大部分传统老字号品牌在宣传时的手段，已经满足不了当前新经济形势下的市场需求，不善于利用新媒体手段进行形象塑造和品牌传播，全球化的市场营销理念较为缺乏和滞后，不能充分结合和利用市场的整体大趋势，从而在很大程度上制约了品牌的发展，也严重阻碍了老字号品牌文化建设的脚步。

首先，品牌传播的意识不是很强。许多老字号抱守老字号的"金字招牌"，仅靠单一的传统的产品做生意，抱着只要产品好生意就会好的老旧思想。再者，品牌传播的渠道单一、老旧，许多老字号还沿用电视、广播等传统手段来进行宣传，忽略了借助社交媒体进行品牌传播。最后就是品牌传播技巧的滞后，传播技巧包括传播时机、广告投放、受众群体的选择、媒体的选择等多方面，只有灵活掌握传播技巧，才能提高品牌传播效果，让品牌真正发光发亮。

4. 品牌价值创新不足

老字号招牌见证了中国漫长的历史，代表和传承着中华民族工匠精神和优秀传统文化，具有广泛的群众基础和巨大的品牌价值。然而，目前部分老字号企业存在品牌价值淹没、创新动力不足等问题，例如在文化理念上，注重对传统工艺、理念的宣传，而忽略对品牌文化内涵的挖掘与宣传；在产品形式上，对瞬息万变的现代化市场把握不足，固守产品的传统特色，造成产品陈旧、品种单一，最终产品滞销、日益没落，在品牌文化传播方面，许多老字号还沿用电视、广播等传统手段来进行宣传，在新时代的发展浪潮中，忽略了借助社交媒体、微信公众号、电商平台等渠道进行宣传。

所以老字号企业迫切需要顺应当下瞬息万变的市场变化和日新月异的技术创新，在对老字号保护、传承、创新和发展的基础上，提升"老"品牌的"新"价值。

5. 品牌经营狭隘、产品单一

诸多传统老字号不注重产品技术创新，一直以来以单一的产品作为经营基础，经营范围狭窄，又不能及时推出新产品，没有对产品进行向下或向上的延伸，更没有产业升级。比如拥有近 600 年历史的北京永安堂，一直专门从事药品经营，直到现在经营的产品基本没什么变化。而北京王致和有 300 多年历史，以臭豆腐起家，后来产品线不断延伸，围绕自己品牌的核心价值，不断在变化的市场中寻找和开发新的关联性的产业，现如今也经营酱油、醋等调味品。中医药老字号品牌北京同仁堂积极响应市场变化，对品牌进行更新换代的拓展，借助传统医药背景及资源优势，积极向大健康产业进行线上线下的延伸，包括美妆、餐饮业等，拓展多方向经营，为中医药老字号的品牌创新提供了新思路。

此外，不少老字号经营辐射范围较小。首先，有的老字号普遍经营规模小，销售半径较小，仅在当地有一定知名度，而打破地域限制，让产品和品牌走出去，延伸到更多市场以及消费者，成为横亘在老字号面前的拦路虎。有的老字号虽然走出了当地，在全国赫赫有名，但是并没有实现国际化。

还有不少企业经营目标市场较为固定和狭窄，不少老字号的忠实消费者一般为中老年群体，老字号伴随着他们一起度过童年和青年，形成了特殊的品牌记忆。吸引更多年轻消费群体的青睐，把握年轻消费群体消费体验，是老字号企业创新发展需要直面的问题。

最后是经营管理方式保守、落后，有的甚至传承百年都没有改变和创新，缺乏现代化的管理理念和手段，秉承"酒好不怕巷子深"的信条，故步自封，停滞不前，最终只能被市场淘汰掉。

（三）传承创新北京老字号与全国文化中心建设、国际消费中心城市建设的关系

北京是我国的一个重要的城市，它的独特的地方就在于它的京味儿。北京的老店是京城的一个主要部分，它反映着北京的历史特征，也是京城的一个主要组成部分。促进北京老字号品牌发展是落实首都城市功能定位，更是建设全

国文化中心的重要内容。2016 年，北京发布实施《北京市"十三五"时期加强全国文化中心建设规划》，该规划中的主要任务中（五）和（八）明确提到了老字号。在该规划中的主要任务（五）加强中华优秀文化保护、传承与发展中，提出"深入挖掘老字号的文化内涵和商业价值"；在该规划中的主要任务（八）激发文化创意产业创新创造活力中，提出"按照非首都功能疏解要求，以东城区、西城区为主要空间载体，着力加强古都历史文化遗产保护，促进传统历史街区风貌、各类老字号品牌的传承复兴……"

同时，促进老字号的复兴，是推动我国经济高质量发展和融入新时期经济发展新格局的关键。北京老字号是构建北京品牌的关键，北京市相关部门对此十分关注，于 2021 年发布《北京培育建设国际消费中心城市实施方案》，其中提到，到 2025 年，全市已有 230 个以上的老字号被确认，并形成 10 个以上的老字号集聚地。

老字号只有走好守正与创新的平衡木并不断创新，才能为加速培育全国文化中心建设和国际消费中心城市带来更多强劲动能。

四、个案分析——北京稻香村文化传承与创新研究

（一）公司简介

1.案例选取原因

本研究选择北京稻香村作为案例企业，主要基于以下四个原因：

（1）北京稻香村历史悠久，已在北京薪火相传悠悠百年，时间跨度长，经营周期较为完整，符合老字号的特征要求，可以当作典型的研究案例，具有较强的稳定性和客观性。

（2）时代的变迁，外资品牌的进入，使得众多曾经辉煌多年的中华老字号品牌的市场份额急剧衰减，直至消失，而北京稻香村却抓住了机会，不断创新，成功实现了复兴与赶超，其代表性和可借鉴性。

（3）北京稻香村作为大众品牌，其公开信息充足，透明度与可行度高，且研究团队有机会通过大量的实地调研获得充足的一手资料。

（4）与其他同类老字号品牌相比，北京稻香村在同样的市场、技术环境下，识别与把握机会，围绕文化进行创新的行为较为系统，创新成长路径清晰可见，品牌价值持续提升，可以为其他老字号企业树立一个典范。

2. 数据收集与来源

本次针对北京稻香村的调研，其数据来源主要有以下三种：

（1）对管理层与普通员工的访谈；

（2）北京稻香村内部梳理的发展历程与成功经验档案文件；

（3）公开的文献资料，包括北京稻香村年报、网站平台、媒体报道、有关北京稻香村报道的期刊、学位论文等资料。

在数据收集的过程中，立足于公司公告和年度报告等具有法律效力的资料，充分利用公开数据，并检索万方、维普、中国知网等数据库相关文献，通过整合上述多源资料，确保资料充分、翔实、可靠。

3. 传统老字号北京稻香村概述

（1）老字号历史

大家所熟知的北京稻香村，成立于清朝的光绪年间，金陵人氏郭玉生将南方的精致糕点带到了北方，于前门观音寺开店营业，前店后厂，很有特色，（时称"稻香村南货店"），这是当时京城经营南方食品的独一家。到1983年老掌柜刘振英勇担重任，小胡同里艰难复业，再到现在第五代掌门人毕国才继往开来、开辟发展新篇章，北京"稻香村"已在京城薪火相传悠悠百年。

（2）老字号品牌文化

企业愿景	把美食、健康和快乐带给所有的人
企业使命	弘扬传统中华美食，用美食把健康和快乐分享给所有人
企业价值观	诚信做人，认真做事
经营理念	诚信为魂，质量为纲

（3）北京稻香村产品特点

北京稻香村的主营项目首先是食品类中的糕点，其次是熟食，最后是其他供应品，这三大类的占比分别为60%、30%、10%。其产品特点如下。

①时令性强。北京稻香村的糕点种类繁多，其中常年供应品种很多，大概有70个品种是常年供应的，而有60多个品种随季节变化而变换。比如说在春天的时候会供应白糖雪糕，大方糕等，在夏天的时候，会供应薄荷膏、茯苓糕、绿豆糕等，在秋天的时候会供应巧果、苏氏月饼、佛手酥等，在冬天的时候会供应糖年糕，马蹄糕，核桃酥等。

②传统正宗。稻香村经久不衰的一个重要秘诀就是世代传承的技艺和对匠

心精神的尊重。稻香村糕点在制作的过程中，技艺传承全凭口传心授，工艺复杂，手工技艺性强，质量要求严格，形状要求美观，但是不可以使用模具。比如苏式月饼，它的皮是非常薄，所以在制作的过程当中，对于制作者的技艺要求是非常严苛的。

③选料讲究。稻香村糕点在制作的过程中，所制作的糕点选料精良，馅料、面粉都要经过严格筛选，选择上好的部位和品质。比如，使用的核桃仁都是从河南进货，使用的鸡蛋一般都是三天之内生产的鸡蛋。另外，在山东、江苏、云南和内蒙古等地区都建有原料产地，所以制作出来的食物是非常有保障的。

④绿色、健康。稻香村勇于甩开历史包袱，在科技创新、绿色生产、健康口味三个方面综合发力，走出一条可持续高质量发展之路。近年来，稻香村在产品制作上，一直秉持着天然、绿色、健康的原则，并注重将创新和传统相结合。稻香村糕点的糖分降低了7%，比以前更低糖、低脂、低油，更加符合现在健康的生活理念。

（二）案例分析

1. 传统文化元素活化于创新

（1）传统文化的个性表达

中式糕点拥有悠久的历史文化传统，与当地的风土人情紧密相连，积淀着各个地方的性格、习惯和生活方式，除了满足口腹之欲，还在祭祀祖先、农事播种、婚丧嫁娶、新屋乔迁等生活大事上，发挥着重要的作用。另外，中式糕点推崇"应时而食"，将时节、文化习俗与食物紧密结合，按照季节生产时令产品，每逢婚丧嫁娶、祭祀乔迁之类的家庭大事，也必然少不了糕点的点缀。所以中式糕点带给国人的不仅是舌尖上的美味，能唤醒我们对节日与文化的记忆人们独特的记忆与情感。

在过去，生日、寿辰之际招待亲朋好友，糕点都是首选的馈赠佳品。随着西式烘焙涌入国内市场，一系列西式糕点品牌开始受到消费者青睐。中式糕点在日常生活中的饮食价值变小了，但作为中华民族传统文化的饮食载体，中式糕点承载了人们对传统文化的热衷。未来要进一步挖掘好文化要素，形成将历史与时代相融合的中式点心，将会成为许多国人的另类文化消费驱动。

（2）产品推陈出新花样多

①在生产工艺、口味和消费需求方面，对品种上进行了较大的改进。北京稻香村通过延伸产品线，改善生产工艺，研发新产品，以满足当前的消费需要。另外，精简了一些陈旧的食品，如在工艺、口味及食品卫生安全上与时代不符的，

在生产工艺上实行"三少"，即少盐、少油、少糖，提倡低盐、少油、少糖。例如，通过对大量节日糕点和食物的重新制作，利用自己的品牌优势，将中国的饮食文化融入了社会的主流价值观之中，从而在不知不觉中对顾客产生了一种潜移默化的影响，让二十四节气的健康理念得到了传播和传播。提倡健康的膳食理念，如现已上市有关二十四节气的保健食品——立秋肘子。譬如，还有多年来大家熟悉的食物，比如炸串儿、江米酒、坛子肉等，都能引起一些有怀旧情怀的人的共鸣。对于很多人而言，这不仅是刻在骨子里难以忘怀的味道，同时也是对已经逝去的时光与生活的一种怀念与不舍。北京稻香村赋予了这些食物不同的文化意义，比如为了迎合当下年轻消费者的个性特征和需求变化，北京稻香村开发了二八酱冰淇淋、五仁味奶茶等产品，以及枣花抱枕、牛舌抱枕、文创盲盒等产品的售卖，充分满足年轻消费者的口感需求，这种传统口味与现代创新的碰撞，西式中用，中西结合的混搭，将稻香村这个老字号与北京人的日常生活结合起来，不仅可以迎合现代人的消费需要，还可以继续传承与发扬中国的民族饮食文化。

②产品外形：运用传统元素中创新文化进行表达。北京稻香村多年来厚植传统饮食文化，他们以"美"为沟通点，扎入传统文化的深海中，不断淘洗那些颇具审美价值的文化因子，将中国传统的诗词、传说等用现代科技演绎到包装礼盒上。比如他们打造的零号店中的一窥乾坤、龙头门环、狮子门墩等，这些中国传统文化中的朴素元素以产品视觉的形式呈现出来，与其底蕴保持了高度一致性。而像盲盒周边以及文创产品等则融合了审美与实用属性，通过新的方式击中新一代消费者的情感心智。

2. 消费圈层拓展以及传播渠道创新

在许多人的印象中，老字号被贴上了"一成不变""抱守残缺"的标签，而北京稻香村，则是最善于适应和创新的先锋。

随着产业的不断发展，烘焙产业也从单一的产品为王，转变成了以品牌、定位和流量为核心的多样化的竞争，尤其是在 2018 年左右，部分得到了资金支持的新型烘焙品牌，在话题和体验等方面进行了广泛宣传，成为一股不可阻挡的力量。

趋势不可逆，有着坚实口碑、200 多家门店支撑的北京稻香村深谙此道，进行渠道创新和活动创新。

（1）消费圈层拓展

以"95 后""00 后"为代表的年轻消费群体已逐渐发展成为新的主流消费

群体，追求着以"我"为中心的个性化定制服务。北京稻香村深刻洞悉市场变化，为了解年轻消费者个性化、多样化消费趋势，主动和年轻人"交朋友"，将产品和年轻人的生活、社交深度结合，以高品质的产品来满足他们的多元化、个性化需求。

一方面在满足健康的基础上开发满足年轻人需求的多种流行热门口味，借此来拉近与年轻人之间的距离。而北京稻香村则通过开展多种线上和线下的活动，来触及年轻人的喜好，以此来吸引更多的年轻人，让老字号的品牌生命力得以重新焕发活力。近年来，北京稻香村借助中国（北京）国际服务贸易交易会、中国国际进口博览会等一系列平台，并通过与"故宫淘宝"、央视网《国家宝藏》的成功跨界合作，与时代同频共振，实现了"破浪出圈"，并引起了很多年轻人的共鸣。稻香村还启动了进校园活动，比如在2023年大学生中华老字号创意创新创业大赛总决赛上，北京某高校大学生团队以年轻人的视角为稻香村第三家零号店的开设提供借鉴，以北京稻香村为主体，将宋朝的多彩文化和生活方式融进稻香村品牌，助力老字号品牌年轻化。

（2）传播渠道创新

①对内：牵手互联网，开启全渠道营销。

线下：发挥门店联动的优势长板，开展丰富的互动活动丰富多彩，呈现出趣味性与独特性。比如新春佳节，线下门店店内写福字的活动，顾客可以自己书写新年祝福，这种互动式的体验形式让顾客的融入感、互动感大大加强，顾客在贴心的服务创新中不知不觉中沉浸其中。

线下+线上融合：在网络的年代，在传统的线下商店互动模式之外，通过实体商店的文化传播，让老字号商店拥有了更加丰富、新颖的文化传播方式。例如北京稻香村，通过"线下+线上"的双轨模式，在用户和平台、用户和用户间搭建了一个交流平台，例如"带着小稻去踏青"，就是鼓励用户通过平台上传北京稻香村的食品和风景照片，就能参加这个项目。它既是给大家一个共享和沟通的平台，又是一个激发大家热爱生活的机会，激发大家对中国传统文化的重视。除此之外，北京稻香村"微信小程序"也正式上线，并不断升级和完善各项功能，不仅支持门店自提，也开始支持周边配送，大大方便了百姓生活。无论是几年前的电商平台，还是如今的购物小程序，线上渠道的创新助力了老字号的发展，老字号也在不断迎接着新顾客群体，并提供新的顾客体验。

②对外：寻求跨界合作，激发新的消费场景。目前北京全力建设国际消费中心城市。北京稻香村也在努力挖掘自身的文化底蕴和特色，探索品牌的跨界

营销，实现破圈层互动，拓宽消费场景挖掘双方品牌的内核特性，用新的方式去表达和呈现，激活消费潜力。首家合作"故宫淘宝"，后又与《国家宝藏》节目、伊利安慕希、御茶膳房等热门 IP 合作，深耕节日热点，衍生出炫潮十足、情怀浓厚的跨界产品，融入年轻人喜欢的新消费场景或生活方式，彰显着京味文化的魅力，续写"不老传奇"。

③场景翻新营造新卖点。实体老店的特殊情怀，与厚重的品牌底蕴互相交织，以记忆之力与怀旧之感，实现一种场景赋能。北京稻香村通过时尚新潮的空间展现中华传统美食，将门店塑造为有文化艺术感的公共空间。比如北京稻香村则试行"一店一策"的经营发展战略，根据门店地理位置、文化背景、消费人群等不同特点，陆续打造了 7 家特色门店，零号店是其中一个。零号店除了做一些更有传统味道的糕点外，还尝试一些新品类，比如牛舌饼味的奶茶、二八酱味的冰淇淋，还有枣花酥的抱枕和冰箱贴等，吸引了一大批年轻消费者来打卡。

3. 总结

作为北京老字号的典型代表——北京稻香村，传承了百年历史，兼具着文化底蕴和人间烟火气。多年以来的经久积淀，北京稻香村的品牌底蕴自带仪式感。难能可贵的是，经历时光洗礼，北京稻香村并没有满足于品牌文化的记忆积淀，而是不断突破舒适圈，并凭借着独有的文化赋能在产品与业态的双重维度实现精准超越，以更贴近时代的新鲜叙事，把握好传承与创新之间的关系，持续为消费者带来新惊喜，为消费者提供更合心意的产品、更全面丰富的体验。

北京稻香村的创新表现，刷新着人们对老字号的固有认知，让人们看到了老字号品牌争当新时代弄潮儿的决心和不断推陈出新的可能性。

五、北京老字号品牌文化传承与创新策略

老字号的传承与发展，是时代的命题，创新发展、合作共赢，已经成为破解老字号发展瓶颈的必由之路。创新发展老字号，发挥其文化内涵和赋予其现代理念、更好地融入生产生活，对促进人类文明进步具有十分重要的作用。创新发展是繁荣老字号、持续焕发老字号生命力的根本途径。本文从讲好故事化、规范制度化、深化创新化、走向国际化、拥抱数字化五个方面来探讨北京老字号传承与创新。

（一）讲好故事化

梳理历史脉络不难发现，每一个中华老字号其实都是跨越时间的奇迹，狗不理有一百五十多年的历史，同仁堂有三百多年的历史，更有老字号鹤年堂的历史已有六百余年了，是京城历史最悠久的老字号，发展到今天，代表的已经不仅 是品牌了，更多是一种文化传承，当我们提起这些品牌，让人念念不忘的还是那些流传至今的动人故事。中华老字号的每个故事，都承载着浓郁的国家文化内涵与价值观，既有可敬的传统道德，也有鼓舞人心的爱国情怀。老字号通过一个一个的小故事或者被诉诸笔端，散见于品牌家史，或者将故事中的小元素放在店里，或者什么也没留下，仅仅是在人们之间口口相传。凭借着历史积淀的品牌精神和传承百年精益求精的产品制作流程，中华老字号持续焕发出强大的生命力。

许多重新焕发生机的老字号之所以能够取得如此巨大的成就，其秘诀就是顺应了这个时期的发展潮流，不断地对其进行改革，并主动将其与现代科技相结合，并进行了一系列的跨界整合创新策略。通过新的方式，多角度地讲述了一个品牌的故事，将老字号的鲜活和亲民的特点表现得淋漓尽致，同时也将品牌形象的科技化、时尚化和年轻化全方位地展示给消费者，吸引、留住和扩大了年轻的消费人群。所以，要想提高并维持其在市场上的竞争能力，就需要寻找新的表达方式，才能达到跨界与突破。

1. 讲好老字号的品牌故事

做得较好的老字号，其故事新讲法主要表现：以老字号企业为背景，建立"老字号＋"的故事思维，充分挖掘老字号原有的文化积淀、历史价值和人文内涵，促进老字号资源与工农、文旅、体育、健康、科技、艺术等资源的结合，创新文化、工艺、业态、产品、服务等，通过新技术、新媒体、新场景等形式进行更具感染力和说服力的有效传播，让更多人了解老字号企业，全面提升老字号企业知名度，增强老字号品牌价值和影响力，发挥老字号"金字招牌"在促消费中的引领作用。比如王老吉积极冠名知名网络剧，就是重视利用网络营销力量、不断创新潮流营销、讲好品牌故事的老字号典型。

2. 挖掘当代企业家故事

在传承好品牌故事的同时，老字号也应进一步挖掘现代企业家精神与企业家创业发展故事。比如为百年老字号鼎丰再创辉煌的"85 后"陈沈融，带领着拥有一百多年历史的上海老字号——上海鼎丰酿造食品有限公司，坚持传承与创新并举，以"优质举鼎、文明双丰、科技振兴、管理促旺"的企业精神，走科学发展、自主创新之路，进一步擦亮"鼎丰"金字招牌，在新时代再创企业辉煌，付出终有回报，他的努力得到了社会各界的认可和多家媒体的广泛宣传。

（二）规范制度化

老字号源远流长的文化积淀需要后辈的传承和弘扬，将老字号所蕴含的中华优秀传统文化更多地融入现代生产生活，积极推动全国文化中心建设，需要政府政策方面的大力扶植以及企业自身引进现代化管理方法，实行企业的制度化、科学化运行。

1. 政府方面

老字号想要焕发新的生命力，离不开国家的政策扶持。幸运的是，在中央政府的带头号召下，各地政府近年来为保护老字号做了不少工作，重视并加大老字号的保护和发展工作，陆续出台振兴和培育老字号方案，并采取了一系列措施支持老字号企业传承、创新和做强做大，提供宽松适宜的发展环境，来保护和传承老字号，使其跟上时代的脚步。例如，要把中华老字号的保护发展工作，融入各个地区的规划之中，突出老字号在商场布局规划上的地位和功能，编制专门规划和控制性、修建性详细规划。例如，设立一项专门用于保护老字号创新发展的基金，鼓励各种金融组织为其创新发展提供贷款和信贷担保，为其提供技术创新、经营创新、技艺传承等方面的扶持。研究制定促进老字号企业创新发展的税费激励措施。对有资格的老字号企业进行挂牌融资。协助和支持中华老字号企业走向世界，在审批手续、协调境内外业务、资助发展项目等给予方便和协助。

以北京市为例，在老字号的发展问题上，北京市商务局等9部门印发《进一步促进北京老字号创新发展的行动方案（2023—2025年）》的通知，促进北京市老字号创新发展，进一步挖掘老字号潜力，顺应国潮新趋势，满足消费新需求，增强传统文化的影响力，大力推进构建老字号自主创新品牌，发挥全面促进消费，坚定文化自信等方面的积极作用。

2. 企业方面

老字号企业需要引进现代化企业的管理制度，只有制度规范化了，才能实现企业各项管理活动的规范化，进而才能将品牌的文化精神变成规范化合理化的管理制度，才能保证品牌文化的可持续发展。以建立中国特色的现代企业制度为核心，加大改革力度，加快股份制改革步伐，完善股权结构，进一步推动管理制度创新、服务创新、产品创新、营销创新，从而提升老字号品牌影响力，实现健康、有序、可持续发展。利用当前社会的先进科学技术改造提升传统手艺；

鼓励和支持老字号企业打造全渠道线上线下相融合的新零售模式；通过加大科技研发投入来改造、改进和提高落后的生产方式，实现专业化生产，规模化经营，引导企业规模化、集团化，满足不断升级的消费需求。

（三）深化创新化

为确保老字号的继承和创新发展，让老店的消费重新焕发生机，我国商务部等部门印发了《关于促进老字号创新发展的意见》，从加大老字号保护力度、健全老字号传承体系、激发老字号创新活力、培育老字号发展动能等方面提出了 13 条建议。源源不断的政策支持进一步推动了老字号的创新发展。老字号、传统品牌是我国经济发展、文化传承的一笔宝贵财富，穿新鞋、走新路，才能打开新天地。

1. 品牌精神文化的创新

（1）深挖老字号品牌文化内涵

加大对老字号的宣传力度，政府和相关文化部门不仅可以利用报纸、电视台等传统媒体宣传老字号标杆企业，以采访、拍摄纪录片等方式，深挖老品牌文化内涵，反映老字号传统工艺和近现代发展。还可以利用互联网的便捷性，突破地域限制，发散新思路，进行校企合作，让更多的大中小学生通过了解老字号来认识和学习中华民族的传统文化及悠久历史，加深青少年对老字号的了解和喜爱，为老字号注入新活力。另外，企业还可以利用当前发展势头强劲的自媒体，利用短视频来进行推广，散发品牌魅力，得到更多当代年轻人的认可。

（2）工匠精神，传承创新

工匠精神就是对自己的工作和产品精雕细琢、精益求精的精神理念，是一种情怀、一种执着、一份坚守、一份责任。

我国的大国工匠精神更是彰显着这个时代的气质，坚定踏实、创新突破、精益求精。最能代表工匠精神的企业恰恰就是老字号企业。一直以来，老字号发扬精益求精的工匠精神，得到了消费者的广泛认可，他们延续百年，兴旺至今的原因主要是坚持了品质、传承、创新。比如，内联升的布鞋，一双普通千层底布鞋，要纳 2100 多针。制作一双成鞋，不仅需要精心的选材，还需要经过90 多道工序。内联升的鞋穿着不但柔软吸汗，走起路来还能身轻如风。正是秉承着这样的工匠精神，才拥有了过硬的产品品质，才能让产品和技艺得以传承下来，所以老字号得到了人民的青睐，这既是对工匠精神的认可，也是对高品质产品的期待。

新时代的工匠精神不仅仅是传承，更高的要求是创新，是创新和匠心的融合。只有创新精神和工匠精神相融合，才能顺应时代的发展，满足当代人民的新需求，才能保证不被时代抛弃。每一个老字号招牌的背后，都承载着中华民族的工匠精神和优秀传统文化，老字号的灵魂是工匠精神，需要一代又一代匠人的薪火传承，弘扬新时代的工匠精神更是老字号义不容辞的责任和使命。

此外，还要让有工匠精神的老字号劳动者活得体面、有尊严，老字号企业要加强自身建设，积极参与健康的市场竞争，让工匠精神成为全社会的一种精神象征，形成"人人是工匠、工匠是人人"的氛围。

2. 品牌物质文化的创新

（1）产品推陈出新

老字号企业对市场要有敏锐的嗅觉和积极的创新意识，根据市场变化，主动调整产品定位，不断推出特色产品的新品种、新花色、新样式，以变应变，最大限度地满足消费者的需要，特别是对老字号产品赋予新概念，满足新兴消费人群时尚、个性化的新需求，在质量、服务、设计、审美等方面推陈出新，重塑品牌活力，走出一条老字号引领新国潮的道路，从而获得新的市场增量。例如，山东某药企通过研究阿胶配方，了解到现代人工作忙时间紧没有多余的时间进行保养这一问题，创造了即食阿胶糕等食品，不仅保留了阿胶的传统口感，更贴近便利了现代人的生活方式，得到广泛的认可。

（2）技术迭代更新

新技术是老字号不变的竞争力。中华老字号企业要在守正的基础上大胆创新。在保证产品特色的前提下，引入先进的技术与设备，使加工过程定量化、标准化、自动化、连续化，以此提高产品质量和标准化程度。比如大家耳熟能详的同仁堂，坚持与时俱进，古方今用，将传承千年的中医传统养生智慧与现代先进的制药科技相融合，打造出众多高效便捷的创新健康产品和健康解决方案，满足了消费者对健康生活的更高追求。

3. 品牌营销文化的创新

（1）电子商务

随着网络科技的日益完善，网络经济也随之飞速发展，电子商务也随之诞生，它有着庞大的用户和庞大的消费市场；多元化的生态为电子商务的发展奠定了坚实的基础，同时也给部分老牌企业指明了转型的道路。大部分的"老字号"企业都是在自己的区域内发展起来的，他们在自己的区域内拥有比较稳固的市场，而且他们的顾客群也比较固定。但是，因为他们的文化具有区域性，他们的目标客户是固定的，所以他们很难将他们的市场拓展到其他地方去。而新型的电子商务的营销方式则可以更好地突破这一时空上的局限，通过因地制宜的发展战略，针对不同的市场需要来发展具有地方特色的产品。

通过大数据的流动，电子商务既能满足客户的多样化需求，又能通过大数据的挖掘，筛选出满足客户需要的商品，从而指导企业的经营。同时，通过大数据分析，为特定人群进行个性化定制，提升消费者的总体购物满意度。还可以通过对大批消费者的购买偏好进行分析，有选择地制造出消费者感兴趣的商品。基于大数据的电子商务市场营销十分精确，可以为老字号企业制定适合自己的市场策略，并为其制定相应的市场策略提供技术支撑。

（2）跨界合作，共创共赢

①加强与政府的部门的合作来提成知名度。老字号企业的存在和发展始终围绕着政府方面的政策支持，政府与老字号企业开展合作带来的是共赢的局面。对城市而言，让城市文化形象更加鲜明、凸显城市文化与历史底蕴，让城市的形象更加立体，创造出一张独特的城市名片。于企业而言，通过与政府合作可以让老字号企业积极响应政府政策优化发展，而政府提供的资金与技术支持可以让老字号企业顺利度过转型期，依托政府的广大影响力可以提高老字号的知名度，进一步开拓市场。比如2023年的杭州亚运会，杭州市就开展开展"老字号新国潮，进亚运添新彩"主题活动，整合杭州知名老字号企业全面参与，以品牌促销秀、文化艺术秀、公益服务秀、老字号节气中医养生展等形式，进入亚运村等地，推广老字号品牌。

②与众多高校的合作跨界可以争取到更多人才资源。随着老字号企业的持续发展，必然会面临着人力资源不足的问题，而企业与高校的跨领域合作，同样能够达到双赢的效果。这样不仅可以缓解目前的毕业生的工作压力，还可以为企业提供更多的人力物力，同时也可以通过双方的合作来理解青年们的需要，制作出更受欢迎的创意产品。同时，还应根据学生的特点，服务于北京市老字号企业、政府，强化地方文化和教育，为专业技术人员提供专业知识。

（四）走向国际化

老字号品牌走向国际化可以增强中国的国家文化影响力，商务部等相关部门也在积极推动老字号走出国门。商务部等部门在2023年联合印发了《关于加强老字号与历史文化资源联动促进品牌消费的通知》。文件明确指出，支持符合条件的老字号企业参加境外专业展会，推动老字号等国潮品牌走出国门、走向国际。近年来，在政府政策的大力扶持以及企业自身开拓创新、锐意进取下，老字号品牌国际化进程不断加快，国际化程度得到了显著提高。为了更好地发挥老字号品牌国际化发展对首都文化贸易的推动作用，需要老字号品牌在以下几个方面采取措施。

1. 根据市场情况，准确把握顾客的需要动向

中华老字号长期恪守名牌的保守思维，往往注重自身的商品，缺少与顾客的积极交流，没有把顾客的需要放在首位；对顾客需求的准确掌握和对市场的反应不灵敏。要构建国际消费中心，必须要有一个国际化的消费群体。一方面可以将国际消费者引入北京，评赏和购买老字号产品，另一方面让老字号产品主动走到国际市场中去、走到国际消费者身边，北京老字号内联升在国际化进程中的创新举措给其他企业提供了宝贵的经验，以手工布鞋传统制作工艺为基础，与现代审美追求相对接，推出了诸如迪士尼卡通款、愤怒的小鸟款、网剧《海上牧云记》款等一系列爆款布鞋，通过与流行潮牌、影视 IP 合作推出文创产品。我们不难看出，老字号企业想要开拓国际市场，必须以消费者为中心，精准把握海外市场消费者的喜好、审美等需求心理，进行迭代与升级，品牌产品在延续原先优势的同时，也应当在各方面积极适应国际消费者的口味与特征，进而才能提升和扩大中华老字号品牌的国际影响力。

2. 为企业和跨境电子商务建立一个沟通的平台

"互联网 +"时代的迅速发展，完全突破了区域界限，为老字号企业加速转型、提升自身的品牌效应提供了契机。要主动利用"互联网 +"的思想，利用网络平台等建立"老名馆"，对"老店"进行重点推广，展示"老店"的魅力；对老字号企业和商品进行网络推广和宣传，加速"线上、线下"的深度结合，形成网络零售老字号的品牌集群效应。此外，还应引导、扶持和鼓励老字号企业开展跨境电商业务，建立"境外仓库"，以开拓外贸市场。组织"跨境电商"的资源对接会，促进"中国品牌"和"海外品牌"的合作，为"中国制造"的产品走出去提供一站式服务。

3. 从多个方面进行国际宣传

首先，就是要在国家层面上给予一定的扶持，制定各种扶持和扶持措施，帮助中华老店在全球范围内提高其知名度，帮助老牌企业走出困境，走向世界。其次，充分利用"中国国际服务贸易交易会""中国国际进口博览会"和"中国国际消费品博览会"等重大会展活动的优势，推动老字号在国际上的交流与合作；支持北京老字号参加"北京国际非遗周""北京国际时装周"和"北京国际电影节"等重大活动，展示国潮的新生机。另外，也要通过公司自己的力量，构建多元化的销售渠道，除了依赖于产品的出口或者国外的地区代理之外，还要按照消费者的消费习惯来进行各种渠道的渗透。在营销战略上，将产品、服务、文化三者相结合，从多个方面进行宣传。例如通过"一带一路"孔子学院等途径方式，带动老字号走出去，通过宣传，扩大老字号影响力。

4. 重视国际人才建设

数字经济时代，谁拥有高质量人才，就决定了谁可以掌握未来竞争发展的钥匙。老字号企业要坚持引进来与走出去相结合的原则。一方面，北京老字号企业应通过招聘引进海内外高层次管理专家和高技能人才，建立国际化人才交流平台，与国际知名企业、高校等机构建立合作关系，开展人才交流和合作项目，提高企业的国际化能力。另一方面，建立国际化人才培训体系，通过选拔、出国深造培训等方式提高员工的国际化能力和素质；建立国际化人才激励机制，通过薪酬、福利、晋升等方式，激励员工参与国际化工作，提高员工的国际化意识和积极性。

（五）拥抱数字化

近年来，数字科技的突飞猛进和数字经济的不断创新，推动产业相关的生产方式、生活方式发生深刻变革。对于正在寻求转型契机的老字号而言，正是创新求变的良机。有越来越多的老字号开始加码创新，升级品牌形象，加速数字化转型。深化数字化转型已成为老字号发展的重要战略。企业数字化转型必须"两个拳头都要硬"，左手要有好的产品，右手要有好的数字化能力。

1. 借助人工智能技术，助力老字号品牌形象现代化转型

人工智能的英文缩写为 AI，是研究、开发用于模拟、延伸和扩展人的智能理论、方法、技术及应用系统的一门新的技术科学。

老字号品牌形象设计老旧，需要融入更多受年轻人喜爱的现代化元素。人工智能技术能较好地辅助老字号品牌企业完成品牌形象现代化设计，更好地将老字号品牌传统形象与现代元素融合。例如，针对年轻群体融入青春、时尚元素，针对少数民族群体融入民族元素。此外，在品牌设计中融入 AI 的虚拟设备交互技术，能进一步增加品牌形象的互动感，吸引年轻人的注意力，从而提升老字号品牌的知名度。

2. 借助大数据技术，助力老字号品牌客户精准定位

大数据技术可以有效帮助北京老字号品牌进行市场定位和目标群体定位，随着 5G 技术的成熟运用，数据传输和数据获取实现零时差，老字号品牌企业可以采用购买数据或与平台合作的方式，借助大数据技术进行消费者精准画像，例如消费者的年龄、生活习惯、偏好、性格、收入、消费水平等。针对潜在目

标客户的具体情况，老字号品牌企业可以通过品牌形象设计、品牌宣传推广等方式精准定位目标客户，并设计营销策略，提高市场占有率。

3. 借助"区块链＋新零售"技术，助力老字号转型升级

"新零售"和"区块链"的结合不仅仅是一次商业模式的创新和革命，更是助推加快实体零售等转型升级的历史机遇。加快传统线下业态的数字化改造和转型升级，发展个性化定制、柔性化生产。引导老字号企业积极开发数字化产品和服务，通过直播电商、社交营销等方式提升品牌知名度。鼓励老字号企业组织开展形式多样的线上线下促销活动，促进品牌消费、品质消费。举办展会、博览会等，加强老字号品牌宣传推广。

4. 招聘数字化方面的专业人才

企业数字化转型需要有丰富的技能和经验，因此老字号企业需要招聘一支高素质的数字化人才队伍。招聘方式上可以采取多样化原则，如社交媒体招聘、网络招聘、校园招聘等，以吸引更多的数字化人才加入老字号企业的建设中来。

推动老字号数字化转型，不仅需要老字号积极拥抱数字化，还需要政策的保护和支持、制度的完善和规范、环境的优化和赋能。只有多方合力，才能加速老字号焕新升级，做优做精做强，让老字号更有生机与活力。

六、结论与反思

（一）研究结论

基于北京稻香村的典型案例以及北京老字号的发展现状、存在问题，从讲好故事化、规范制度化、深化创新化、走向国际化、拥抱数字化提出北京老字号传承与发展的建议。主要研究结论如下。

（1）北京老字号是首都文化、皇城文化、京味文化的活化石，有着独特的文化魅力。通过北京老字号品牌的保护、继承和创新，不仅能够提升老字号品牌发展水平，更是推动北京作为全国文化中心建设的重要内容和途径，在国际消费中心城市建设品牌矩阵中也占据着非常重要的作用。

（2）老字号企业只有多方面的开发品牌文化，才能满足挑剔的消费者的日益增长的对美好生活的要求。借鉴和学习优秀的品牌文化建设经验是老字号企业进行品牌建设的最有效方式之一。

（3）创新发展、合作共赢，已经成为破解老字号发展瓶颈的必由之路。老字号的魅力在于"老"，价值也在于"老"，创新发展老字号，发挥其文化内

涵和赋予其现代理念、更多更好地融入生产生活中，对促进人类文明进步具有十分重要的作用。创新发展是繁荣老字号、持续焕发老字号生命力的根本途径。数字科技的发展对于正在寻求转型契机的老字号而言，正是创新求变的良机。

（二）研究不足与展望

在课题研究过程中，从外单位案例和本校实践的情况来看，课题组发现的问题有，本文以北京稻香村为案例的研究结论，能否适用于不同行业、不同地区的老字号企业仍待验证，在未来的研究中，可采用多案例对比方法，深化相关理论的研究，也可以通过定量研究来验证本文研究结论的正确性。本课题对北京老字号传承与创新进行了有益探索，为下一步深化研究提供了宝贵经验，因受到课题研究周期较短、经费预算有限等因素的限制，未来还有更多的工作等待我们去完成，任重道远，待继续探索。

本课题负责人：牛晶，北京经济管理职业学院，讲师。

本课题组成员：刘颖，北京经济管理职业学院，副教授；柯丽菲，北京经济管理职业学院，副教授；张彦欣，北京经济管理职业学院，副教授；王慧敏，北京经济管理职业学院，副教授；曾宪忠，北京经济管理职业学院，讲师；祝晓燕，北京经济管理职业学院，讲师。

参考文献

[1] 马蕾. 中华老字号品牌跨文化传播策略及路径：以河南省中华老字号品牌为例 [J]. 中南民族大学学报：人文社会科学版，2020，40（6）：49-53.

[2] 张广岐，宋伟，田梦雪，林刚. 北京老字号的品牌创新策略及启示：以美味斋饭庄为例 [J]. 视听，2019（12）：232-233.

[3] 关冠军，罗英男. 充分发挥老字号品牌在北京全国文化中心建设中的重要作用：来自北京便宜坊烤鸭集团的积极探索 [J]. 时代经贸，2019（28）：66-69.

[4] 何艳，张宁. 北京老字号的文化传承与创新：北京稻香村个案分析 [J]. 品牌研究，2018（6）：39-41.

[5] 孔微巍，谭奎静，秦伟新. 中华老字号的品牌传承和创新 [J]. 经济研究导刊，2007（11）：46-48.

[6] 张继焦，柴玲，黄莉，尉建文. 传承与发展：老字号企业创新研究 [J]. 青海民族

研究, 2016, 27（4）: 33-37.

[7] 蔡雷, 屈婷. 北京老字号餐饮企业品牌战略研究 [J]. 中国市场, 2019,（22）: 1-3.

[8] 陈晓环. "互联网+"思维下的北京老字号品牌形象创新设计 [J]. 包装工程, 2017, 38（16）: 59-62.

[9] 何艳, 张宁. 北京老字号的文化传承与创新: 北京稻香村个案分析 [J]. 品牌研究, 2018（6）: 39-41.

[10] 关冠军, 罗英男. 充分发挥老字号品牌在北京全国文化中心建设中的重要作用: 来自北京便宜坊烤鸭集团的积极探索 [J]. 时代经贸, 2019（28）: 66-69.

[11] 王琳. 吉林省老字号品牌数字化转型发展研究 [J]. 中国管理信息化, 2023, 26（13）: 82-85.

[12] 赵曼玉. 数字经济下中华老字号品牌国际化探究 [J]. 时代经贸, 2023, 20（2）: 118-120.

[13] 邱志强. 经济全球化下的中华"老字号"企业的营销战略研究 [J]. 北京大学学报: 哲学社会科学版, 2004（S1）: 54-61.

[14] 许敏玉, 王小蕊. 中华老字号品牌发展瓶颈及对策 [J]. 企业经济, 2012, 31（1）: 60-62.

[15] Pecot, Valette-Florence, De Barnier. Brand Heritageasatemporal Perception: Conceptualisation, Measure and Consequences[J]. Journal of Marketing Management, 2019（35）: 17-18.

[16] Bae, Sujin,Jung, Timothy Hyungsoo,Moorhouse, Natasha,et al.The Influence of Mixed Reality on Satisfaction and Brand Loyalty in Cultural Heritage Attractions: A Brand Equity Perspective[J].SUSTAINABILITY,2020，12.

[17] Douglas. B. H.. Brand and Brand Building[M]. Boston: Harvard School Publications, 2002.